# 「十八史略」で読む「三国志」

## 横山「三国志」で迫る具体像

渡邉義浩
Watanabe Yoshihiro



潮新書
058

潮出版社

ブックデザイン――Malp Design
本文デザイン――仁川範子
編集協力――パラレルヴィジョン
図版協力――光プロダクション

# まえがき

日本人は、中国の歴史を『十八史略』で学んできた。三国時代も例外ではない。三国時代を記述した陳寿の『三国志』は、正史の中では短い部類に属する。それでも、魏書三十巻・蜀書十五巻・呉書二十巻の全六十五巻、陳寿の著した本文は約三十七万字、裴松之の注もそれに匹敵する約三十六万字にも及ぶ。一年や二年で通読できる代物ではない。しかも、『三国志』は、本紀（皇帝の年代記）と列伝（臣下の伝記）から成る紀伝体という体裁を取っているため、全巻を通読できたとしても、歴史の流れを把握することは難しい。

すべての正史に共通する、こうした悩みを解決するために書かれたものの一つが『十八史略』である。『十八史略』は、実に見事に三国時代の流れを記述し、『三国志』の中でも重要な文章を要約して掲げる。しかも、『十八史略』は、『三国志』の難しい表現をわかりやすく書き換えている。『十八史略』が著された元代から数えても千年以上もむかしに著された『三国志』は、難しい書物なのである。

もちろん、正史を年代順に整理しながら簡潔にまとめていくという作業は、『十八史略』の著者である曾先之が、ひとりで成し得ることではない。紀伝体の正史を編年体（年表形式）にまとめ直すことは、北宋の司馬光が著した『資治通鑑』により行われた。『資治通鑑』は、北宋の総力をあげた編纂事業として二十年の歳月と多くの学者を動員して、司馬光により完成された。『十八史略』は、『資治通鑑』、あるいは『三国志』を簡単に要約した呂祖謙『三国志詳節』などを参照して、著されたものであろう。ただし、『十八史略』に載せる諸葛亮の「出師の表」は、『資治通鑑』の「出師の表」（ほぼ『三国志』と同文）とも、『三国志詳節』の「出師の表」（『十八史略』よりも削った部分が多い）とも異なる。おそらく、『十八史略』は、後世に伝わることのなかった科挙のための多くの受験参考書の流れを継承しながら著されたものなのであろう。

本書は、『十八史略』の中から、三国時代に相当する部分を抜粋し、書き下し文と現代語訳を加えたものである。三国時代は、狭義には、曹魏が後漢を簒奪した二二〇年から、西晉が孫呉を滅ぼして中国を統一する二八〇年までを指す。しかし、本書は、一八四年の黄巾の乱からという、広義の三国時代を扱っている。したがって、「『十八史略』で読む『三国志』」と銘打ちながらも、本書の範囲は、『後漢書』や『晉書』の一部にも及んでいる。

三国時代の流れが把握しやすいように、本書は書き下し文・現代語訳のほかに、本文に関する解説を附した。また、書き下し文の振り仮名で、分かりにくいものは現代仮名づかいとした。

さらに、地図や系図、写真などを加えて、三国時代を立体的に理解できるよう工夫している。本書を通じて、漢文で記された「三国志」の世界に、一人でも多くの人が足を踏み入れてくれることを期待する。

今回、潮出版社から新書判として公刊していただくに当たり、横山光輝先生の漫画を加えていただくことになった。これにより、一層分かりやすくなったことに感謝したい。

二〇二四年二月二五日

渡邉義浩

# 目次

趙雲像
長坂の街の真ん中にある趙雲の像。
阿斗を胸に抱いている。

**関羽と華佗**
荊州市中央医院には、
関羽が曹仁から受けた
毒矢の傷を名医華佗に
治療してもらっている像がある。

武赤壁
赤壁という文字の上には、白い記号のようなものが書かれる。
これは、唐の道士である呂洞賓が
赤壁で死んだ兵士の亡霊が起こす
災厄を抑えるために書いたものだという。

**周瑜の墓の像**
周瑜の故郷である廬江にある。
小振りの墳墓と石碑のほかに石像が立つ。

**五虎上将**
綿陽の市街地のそばにある富楽山は、劉璋が劉備と会見した地である。
公園として整備され、蜀漢の五虎上将として
関羽・張飛・趙雲・馬超・黄忠の像がある。

# 『十八史略』とその受容

一、『十八史略』の成立

『十八史略《じゅうはちしりゃく》』は、宋《そう》末元《げん》初（一三世紀ごろ）の曾先之《そうせんし》の著書である。曾先之は、盧陵《ろりょう》（江西省吉安県）の人で、元の進士であったというが、『元史《げんし》』はもとより『江西通志《こうせいつうし》』や『盧陵県志《ろりょうけんし》』にも名が見えない。『四庫全書総目提要《しこぜんしょそうもくていよう》』は、礼部《れいぶ》の試験に合格していないためだと手厳しい。合格の有無は分からないにしても、後世に名を残すような文人ではない。

『十八史略』は、今で言う受験参考書の類であり、次に掲げる十九種類の史書の要点を抜粋したものである。

(1)『史記《しき》』一百三十巻、前漢《かん》・司馬遷《しばせん》撰
(2)『漢書《かんじょ》』一百巻、後漢・班固《はんご》撰
(3)『後漢書《ごかんじょ》』九十巻、附『続漢書《しょくかんじょ》』志三十巻、劉宋《りゅうそう》・范曄《はんよう》撰　西晋《せいしん》・司馬彪《しばひょう》撰
(4)『三国志《さんごくし》』六十五巻、西晋・陳寿《ちんじゅ》撰
(5)『晉書《しんじょ》』一百二十巻、唐《とう》・太宗《たいそう》御撰
(6)『宋書《そうじょ》』一百巻、梁《りょう》・沈約《しんやく》撰

(7)『南斉書《なんせいじょ》』五十九巻、梁・蕭子顕《しょうしけん》撰
(8)『梁書《りょうじょ》』五十六巻、唐・姚思廉《ようしれん》奉勅撰
(9)『陳書《ちんじょ》』三十六巻、唐・姚思廉奉勅撰
(10)『魏書《ぎしょ》』一百十四巻、北斉《ほくせい》・魏収《ぎしゅう》奉勅撰
(11)『北斉書《ほくせいしょ》』五十巻、唐・李百薬《りひゃくやく》奉勅撰
(12)『周書《しゅうじょ》』五十巻、唐・令孤徳棻《れいことくふん》奉勅撰
(13)『隋書《ずいしょ》』八十五巻、唐・魏徴《ぎちょう》・長孫無忌《ちょうそんぶき》等奉勅撰
(14)『南史《なんし》』八十巻、唐・李延寿《りえんじゅ》撰
(15)『北史《ほくし》』一百巻、唐・李延寿撰
(16)『新唐書《しんとうじょ》』二百二十五巻、宋《そう》・歐陽脩《おうようしゅう》・宋祁《そうき》等奉勅撰
(17)『新五代史《しんごだいし》』七十四巻、宋・歐陽脩撰
(18)『続資治通鑑長編《ぞくしじつがんちょうへん》』五百二十巻、宋・李燾《りとう》撰
(19)『続宋編年資治通鑑《ぞくそうへんねんしじつがん》』十五巻、宋・劉時挙《りゅうじきょ》撰

このうち、(18)と(19)は、ともに宋の史書であるため一つの史書と考えると、(1)から(17)までの十七の正史（「十七史」と呼ぶ）に宋の史書一つを足したものなので、『十八史略』と称しているのである。

⒄までの正史は、皇帝の年代記である本紀《ほんぎ》と、臣下の伝記である列伝《れつでん》を中心とする紀伝体《きでんたい》で書かれているため、前後を参照しなければ、その時代の動きをつかむことができず、また分量も膨大であった。そうした欠点を補うものとして、北宋・司馬光《しばこう》の『資治通鑑《しじつがん》』、南宋・朱熹《しゅき》（朱子）の『資治通鑑綱目《しじつがんこうもく》』といった、年代順に史実を記載した編年体《へんねんたい》の史書が著されていた。

『十八史略』は、これらをさらに簡潔にしたもので、初学者が知らなければならない、三皇《さんこう》五帝《ごてい》（中国の伝説的皇帝）から南宋の滅亡までの中国史の基本的な事跡を、簡潔に興味深くまとめあげたものである。

## 二、版本と日本での受容

『十八史略』は、本来二巻本であったが、明初に、臨川《りんせん》の陳殷《ちんいん》が音釈を加え、建陽《けんよう》の劉剡《りゅうえん》が補正した七巻本が通行している。二巻本と七巻本では、内容に異同があるが、最も異なる部分は、三国の正閏《せいじゅん》である。二巻本では、『三国志』に従い、魏を正統とし、「三国魏・蜀・呉」としているが、七巻本では劉剡が、朱熹の『資治通鑑綱目』に従って、漢（蜀は、漢という正式名称で呼ぶ）を正統とし、「三国漢、附魏呉二僭国」としている。

曾氏《そうし》は陳寿の旧に仍《よ》り、魏を以て帝と称して、漢と呉とを附せり。（劉）剡既に朱子の

**十八史略**
明治時代に日本で流通した『十八史略』。
七巻本が通行していた。

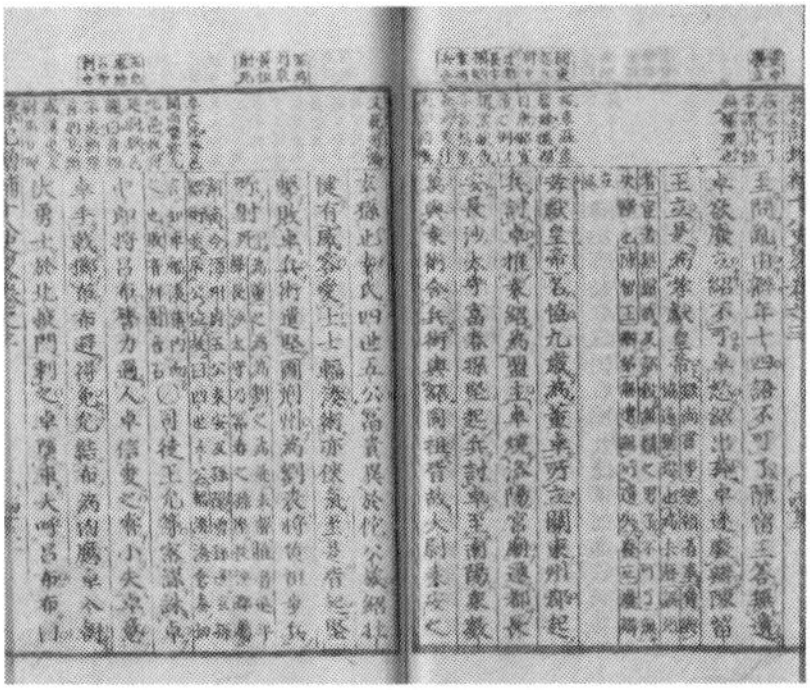

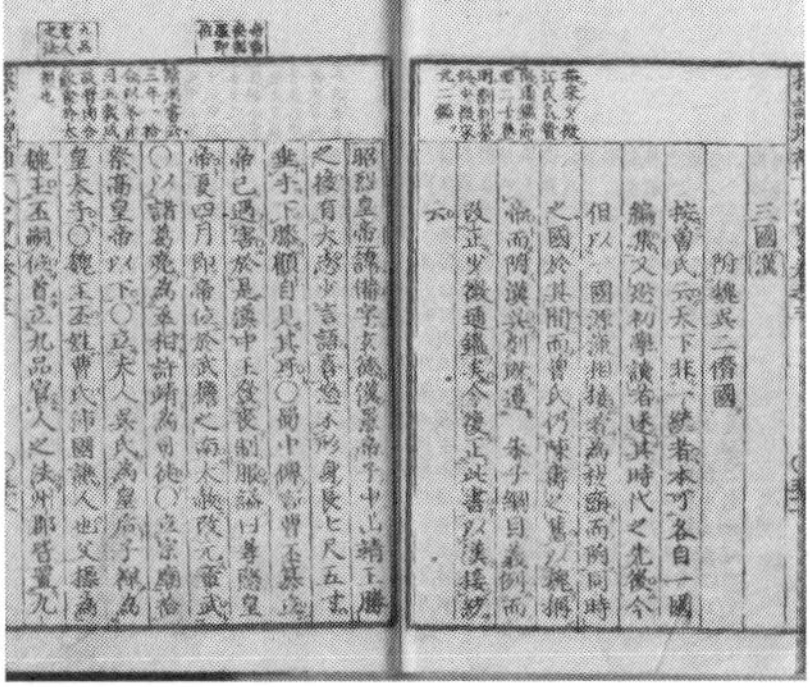

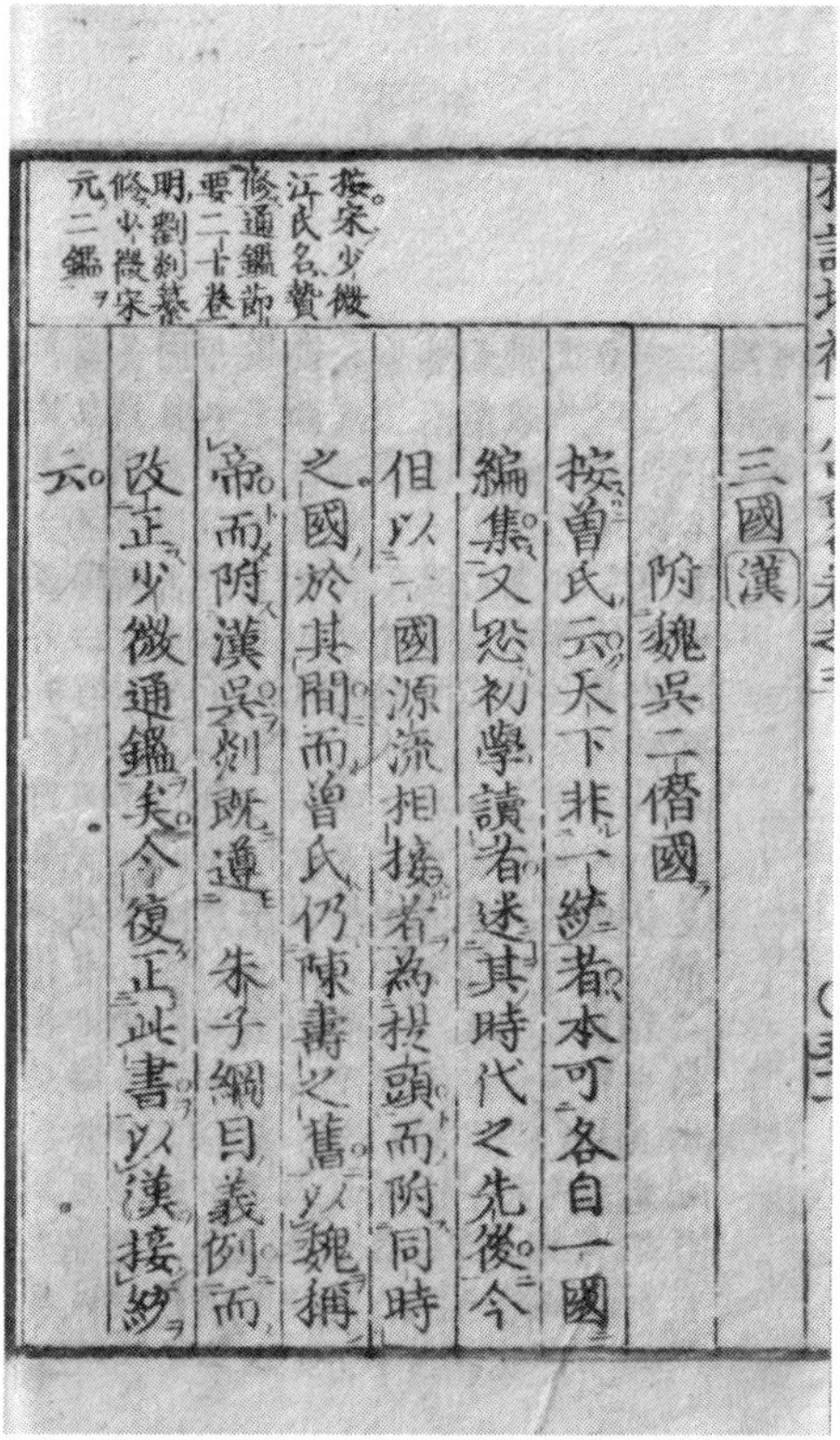
按宋少微江氏名贄修通鑑節要二十巻明劉剡纂修少微宋元二鑑

三國漢　附魏呉二僭國

按曾氏云天下非一統者本可各自一國編集又恐初學讀者迷其時代之先後今但以國源流相接者為提頭而附同時之國於其間而曾氏仍陳壽之舊以魏搆帝而附漢呉列既遭朱子綱目義例而改正少微通鑑矣今復正此書以漢接統云

劉剡の附した文章

綱目の義例に遵《したが》ひて、少微《しょうび》の通鑑を改正せり。今復た此の書を正し、漢を以て統を接《つ》がしむと云ふ。

七巻本の三国の始まりの部分には、右のような劉剡の文章が附され、劉備の建国した漢（季漢《きかん》、蜀は地域名）が正統な国家であることが明記されている。なお、「少微《しょうび》の通鑑」とは宋の江贄《こうし》（少微先生）の『通鑑節要《つがんせつよう》』のことである。

『十八史略』は、室町時代にすでに二巻本が伝来していたが、江戸時代に広く読まれたものは、七巻本である。中国では、ほとんど読まれることのなかった『十八史略』であるが、日本では、『論語《ろんご》』『孝経《こうきょう》』『文章規範《ぶんしょうきはん》』『唐詩選《とうしせん》』と並ぶ初学者入門の必読書の一つとして、江戸時代には各藩の藩校や教塾で、明治時代にも、小学・中学の教科書として、盛んに使用された。

現代でも、高等学校の漢文の教材として、相当量が取り入れられており、『十八史略』を出典とする「背水《はいすい》の陣」、「泣いて馬謖《ばしょく》を斬る」など多くの故事や格言が、日本語の中に生きている。

著者の曾先之も、自分の著作が、自国ではなく、海を隔てた日本で、これほど愛されるとは思ってもみなかったことであろう。

# 「三国志」とその時代

## 一、「三国志」の概略

本書は、『十八史略』のうち、「三国志」に該当する部分を読んでいく。三国時代は、曹丕《そうひ》が即位した黄初《こうしょ》元（二二〇）年からであるが、「三国志」の時代は、後漢《ごかん》末の黄巾《こうきん》の乱から始まる。約四〇〇年続いた漢の支配が外戚《がいせき》と宦官《かんがん》の専横により揺らぎ、知識人たちが党錮《とうこ》の禁により、朝廷から締め出されたころ、符水《ふすい》（お札と聖水）による治病《ちへい》により教線を拡大していたものが、張角《ちょうかく》の率いる太平道《たいへいどう》であった。

やがて、張角は、「黄天《こうてん》」の実現を目指して、後漢に対して立ちあがる。光和《こうわ》七（一八四）年、黄巾の乱の勃発である。乱そのものは、張角の病死により、やがて鎮圧されたが、これを機に各地に群雄が割拠した。それらの中で洛陽《らくよう》の朝廷を制圧した者が董卓《とうたく》である。董卓は、宦官が殺戮された後の朝権を握り、皇帝を廃立した。（第一・二回）

これに対して、群雄は袁紹《えんしょう》を盟主に董卓討滅の軍を起こす。呉《ご》の始祖である孫堅《そんけん》は、董卓を破って洛陽に一番乗りを果たし、董卓が焼き払った陵墓を修め、漢への忠義を尽くした。献帝《けんてい》を擁して長安に遷都した董卓は、やがて部下の呂布《りょふ》に殺され、長安周辺は混乱に陥る。（第三・

四回）
　その間、董卓が放棄した関東では、群雄の角逐が見られた。やがて、後漢随一の名門出身の袁紹が、河北の四州を支配して覇権を握ったかに見えた。しかし、黄河以南では、曹操《そうそう》が次第に勢力を拡大して、長安から逃れた献帝を擁立、天子を差し挟んで天下に命令する地位を得た。曹操は、建安《けんあん》五（二〇〇）年、天下分け目の官渡《かんと》の戦いで袁紹を破り、建安十二（二〇七）年までに河北四州を支配下に収めた。（第六・七回）
　その間、漢の復興を旗印に、蓆《むしろ》売りから成り上がった劉備《りゅうび》は、長江中流域の荊州《けいしゅう》に髀肉《ひにく》の嘆《たん》をかこっていたが、三顧《さんこ》の礼《れい》により諸葛亮《しょかつりょう》を招き、「草廬対《そうろたい》（いわゆる天下三分の計）」を自己の行動方針に定めた。（第五・八・九回）
　建安十三（二〇八）年、曹操が南下すると、荊州牧の劉表《りゅうひょう》は病死した。劉備は諸葛亮を孫権《そんけん》のもとに派遣、魯粛《ろしゅく》との協力により同盟を組むことに成功する。孫権の部将周瑜《しゅうゆ》は、曹操軍を赤壁《せきへき》の戦いで大破し、曹操の天下統一の野望を打ち砕いた。（第一〇・一一回）
　劉備は、赤壁の戦いを機に、荊州南部を支配した。さらに、益州牧《えきしゅうぼく》の劉璋《りゅうしょう》が劉備に援助を請うと、劉璋を攻めてこれを降し、益州の成都《せいと》を本拠地とした。一方、曹操は、赤壁の敗戦後、関中《かんちゅう》へと勢力を伸ばして華北全土を手中に収め、益州の喉元にあたる漢中《かんちゅう》を攻略する。劉備は、漢中を攻めて曹操を撃破し、すでに魏王《ぎおう》を称していた曹操に対して、漢中王を名乗ることに

なった。（第一二回）

そのころ、呉では、劉備を第三極として育成するという独自の天下三分の計を持っていた魯粛が病死したため、荊州の帰属問題が表面化していた。赤壁の戦いで周瑜が曹操を破ったにもかかわらず、劉備が荊州南部を領有できたのは、魯粛が呉の与論を抑えていたからなのである。建安二十三（二一九）年、孫権は曹操と結び、武将の呂蒙《りょもう》を遣わして荊州の守将である関羽《かんう》を挟撃し、荊州を奪取した。ここに三国の境域は、ほぼ画定する。（第一三回）

翌年、曹操が病死すると、子の曹丕は後漢の献帝から禅譲を受けて魏を建国、黄初《こうしょ》元（二二〇）年と元号を立てた。劉備は、曹丕の簒奪を認めず、翌年、漢を建国し、章武《しょうぶ》元（二二一）年と元号を立てた。劉備の国家の正式名称は漢であるが、すでに前漢・後漢という名称が成立していたため、季漢（季は末っ子の意）とも称する。（第一四・一五回）

漢を建国した劉備は、国是である魏の打倒よりも、長年自分を支えてきた関羽をだまし討ちにした呉への征伐を優先した。孫権は、曹丕に臣従して魏と結ぶ一方、陸遜《りくそん》を派遣して、夷《い》陵《りょう》の戦いで劉備を破った。劉備は、白帝城《はくていじょう》に退き、永安宮《えいあんきゅう》と改名して、成都より諸葛亮を呼び寄せ、遺孤劉禅《りゅうぜん》を託して崩御する。（第一六・一七回）

諸葛亮は、呉と同盟を結び直すと、南征《なんせい》を行い孟獲《もうかく》を従え、後顧の憂いを断った後、劉禅に「出師表《すいしのひょう》」を奉り、北伐《ほくばつ》に赴く。涼州《りょうしゅう》を狙う奇策が功を奏すかに見えたが、馬謖《ばしょく》の命令違反により街亭《がいてい》に敗れ、泣いて馬謖を斬って敗戦を詫びた。以後も北伐を繰り返したが、魏を滅ぼすことはできず、諸葛亮は五丈原《ごじょうげん》に陣没する。（第一八～二三回）

諸葛亮を防いだ司馬懿《しばい》は、魏の中で勢力を拡大し、その失脚を図った曹爽《そうそう》を正始《せいし》の政変で誅殺すると、独裁権を掌握した。子の司馬昭《しばしょう》は、景元《けいげん》四（二六三）年、蜀漢を滅ぼし、晋王《しんおう》に封建された。その子司馬炎《しばえん》は、咸熙《かんき》元（二六五）年、魏の禅譲を受けて西晋《せいしん》を建国する。司馬炎は、さらに咸寧《かんねい》四（二八〇）年に孫呉を滅ぼすと天下を統一、三国時代はここに終焉を迎えるのである。（第二四～三〇回）

## 二、陳寿の『三国志』

本書で扱う「三国志」の時代は、正史で言えば、『後漢書』・『三国志』・『晋書』の範囲であるが、もちろん、中心は、西晋の陳寿《ちんじゅ》が著した『三国志』である。

『三国志』は、「魏書」三十巻、「蜀書」十五巻、「呉書」二十巻の三部構成からなる史書である。この構成方法にすでに陳寿の工夫がある。西晋は、魏の正統を継承した国家であるため、魏だけに本紀（皇帝の伝記）を設け、三国の中で魏が正統であることを示した。それならば、『魏書』として書き、蜀と呉の部分は、載記《さいき》として魏の歴史の末尾に附してもよい。

陳寿は、蜀漢の遺臣なのである。このため、同じく臣下の列伝に描きながらも、孫権の死去は「薨《こう》」と諸侯の死として扱いながら、劉備の死去は「殂《そ》」と表現する。もちろん、曹操や曹丕の死去は「崩《ほう》」と表現するが、劉備の「殂」には、思いが込められている。「殂」とは、『尚《しょう》書《しょ》』によれば、帝堯《ぎょう》（五帝の一人、五行相生説で火徳に位置づけられていた）の死去を表現する言葉である。漢は、火徳の国家で堯の子孫と称していた。劉備の死を堯の死去で用いる殂で表現することは、劉備が堯の子孫、すなわち漢の正統な後継者であることを行間に忍ばすことになるのである。

加えて、蜀書の最終巻である楊戯《ようぎ》伝に「季漢輔臣賛《きかんほしんさん》」という書物を引用することにより、蜀の正式名称が「漢」あるいは「季漢」（季は末っ子という意味）であることを後世に伝えた。朱子が確立する蜀漢の正統は、実は『三国志』に内包されていたのである。

### 三、『後漢書』・『晉書』

『後漢書』は、劉宋の范曄《はんよう》が、元嘉《げんか》九～十六（四三二～四三九）年の間に著した史書であるが、范曄の獄死により、予定していた「十志」を欠く。梁の劉昭《りゅうしょう》は、これを惜しみ、先行する諸家の「後漢書」の中から、司馬彪の『続漢書』が備えていた「八志」を補った。現在通行する『後漢書』は、范曄本来の『後漢書』に唐の李賢《りけん》が注をつけた「本紀」と「列伝」に、司馬彪が著し劉昭が注をつけた「志」を合刻したものとなっている。

『晉書』は、唐の太宗李世民《りせいみん》の御撰であり、房玄齢《ぼうげんれい》ら二十余名が、「十八家晉書」と呼ばれる先行する晉代の史書を参考に、三年足らずで書きあげた史書である。そのため、内容的に統一がとれない疎略な史書と評されるが、晉に関する唯一の体系的な史料となっている。

### 四、『三国志演義』

『三国志演義《さんごくしえんぎ》』は、十四世紀に羅貫中《らかんちゅう》がまとめた歴史小説である。羅貫中は、それまで語られてきた三国に関わる説話の中から非現実的な部分を削り、儒教の歴史観に基づきながら、なるべく真実の歴史に近づけようと努力した。そのため『三国志演義』は、「七分の事実に三分の虚構」といわれる歴史的事実に近い小説となった。しかし、小説である以上、そこにはフィクションが含まれる。『三国志演義』に含まれる「三分の虚構」は、ほとんどが蜀漢の活躍に費やされている。羅貫中は、蜀漢を正統に三国を描いたのである。むろん、史実を重んじた羅貫中は、蜀漢が曹魏を滅ぼす、などという安っぽい嘘はつかない。正義であるはずの蜀漢が、劉備《りゅうび》の徳、関羽《かんう》・張飛《ちょうひ》・趙雲《ちょううん》の忠や諸葛亮《しょかつりょう》の義にもかかわらず滅びていく。その滅びの美学を日本人は愛した。『十八史略』の中でも、とくに三国時代が好んで読まれた理由である。

# 第一回　黄巾の乱

鉅鹿《ノ》張角、以《テ》二妖術《ヲ》一教授《シ》、号《ス》二太平道《ト》一。符水《モテ》療《ス》レ病《ヲ》。遣《ハシテ》二弟子《ヲ》一遊《バシメ》二四方《ニ》一、転《タ》相誑誘《ス》。十余年《ノ》間《ニ》徒衆数十万《アリ》、置《ク》二三十六方《ヲ》一。大方《ハ》万余、小方《ハ》六七千《アリ》、各〻立《ツ》二渠帥《ヲ》一。一時《ニ》倶《ニ》起《ル》。皆著《ケ》二黄巾《ヲ》一、所在《ニ》燔劫《ス》、旬月之間、天下響応《ス》。遣《ハシテ》二皇甫嵩等《ヲ》一討《タシム》二黄巾《ヲ》一。

嵩与二沛国《ノ》曹操一、合《ハセテ》レ軍《ヲ》破《ル》レ賊《ヲ》。操《ノ》父嵩、為《リ》二宦者《ノ》曹騰《ノ》養子一。或《イハ》云《フ》、夏侯氏《ノ》子也《ト》。操少《クシテ》機警、有《リ》二権数一。任侠放蕩《ニシテ》、不レ治《メ》二行業《ヲ》一。汝南《ノ》許劭、与《ニ》二従兄《ノ》靖《ト》一有《リ》二高名一。共《ニ》覈二‐論《ス》郷党《ノ》

人物ヲ一。毎月輒チ更ム二其ノ題品ヲ一。故ニ汝南ノ俗ニ有リ二月旦ノ評一。操往キテ問ヒテレ劭ニ曰ク、我ハ何如ナル人ゾト。劭不レ答ヘ。劫スレ之ヲ。乃チ曰ク、子ハ治世之能臣、乱世之姦雄ナリト。操喜ビテ而去ル。至リテレ是ニ以テレ討ツヲレ賊ヲ起ル。

◉語釈

**張角《ちょうかく》**……鉅鹿《きょろく》郡出身。太平道《たいへいどう》をおこし、黄巾の乱を始めた。
**妖術**……中黄太一《ちゅうこうたいいつ》の道を説いた。
**太平道**……張角の創造した宗教教団。黄巾の乱を起こした。
**符水《ふすい》**……お札と聖水。
**三十六方**……方は集団の単位。
**渠帥《きょすい》**……太平道で「方」ごとに置かれた指導者。
**燔劫《はんこう》**……燔は焼くこと。焼き討ち。劫は略奪すること。
**皇甫嵩《こうほすう》**……安定郡出身。左中郎将として黄巾を破り、張角の弟張梁《ちょうりょう》を斬り、乱の平定に大きな功績をあげた。

**機警**《きけい》……機を見るにさといこと。
**権数**《けんすう》……権謀術数に巧みなこと。
**放蕩**《ほうとう》……小事にこだわらぬ豪傑肌なこと。
**行業**《こうぎょう》……品行や家業。
**許劭**《きょしょう》……汝南《じょなん》郡出身。後漢末の人物批評家を代表する。
**覈論**《かくろん》……忌憚なく人物評論すること。

**◉書き下し**

鉅鹿《きょろく》の張角《ちょうかく》、妖術を以て教授し、太平道と号す。符水もて病を療《いや》す。弟子を遣《つか》はして、四方に遊ばしめ、転《うた》た相《あい》誑誘《きょうゆう》す。十余年の間に徒衆数十万あり、三十六方を置く。大方は万余、小方は六七千あり、各〻渠帥《きょすい》を立つ。一時に倶に起こる。皆 黄巾を著《つ》け、所在に燔劫《はんこう》す、旬月の間、天下 響応す。皇甫嵩《こうほすう》らを遣《つか》はして黄巾を討たしむ。

嵩 沛国の曹操《そうそう》と、軍を合はせて賊を破る。操の父嵩《すう》、宦者の曹騰《そうとう》の養子為《た》り。或いは云ふ、夏侯《かこう》氏の子なりと。操 少《わか》くして機警、権数あり。任侠放蕩《ほうとう》にして、行業を治めず。汝南の許劭《きょしょう》、従兄の靖《せい》と与《とも》に高名あり。共に郷党《きょうとう》の人物を覈論《かくろん》す。毎月輒《すなわ》ち其の題品を更《あらた》む。故に汝南の俗に月旦の評有り。操 往きて劭に問ひて曰く、「我は何如《いか》なる人ぞ」と。

劭答へず。これを劫《おびやか》す。乃ち曰く、「子は治世の能臣、乱世の姦雄なり」と。操喜びて去る。是《これ》に至りて賊を討つを以て起《おこ》る。

◉現代語訳

鉅鹿《きょろく》郡の張角《ちょうかく》は、妖術により教え授け、（その教えを）太平道と称した。（太平道は）お札と神水《おみき》により病気を癒《いや》した。弟子を四方に派遣して、つぎからつぎへと民を惑わし仲間に引き入れた。十余年間に、（信徒は）数十万に達した。そこで三十六方を置いた。大方には一万余人、小方には六七千人の部下を配当し、（それを統べるため）それぞれ渠帥《きょすい》（指導者）を置いた。（光和七年）同時に兵を起こした。皆黄色の頭巾をつけ、至る所で焼打ちや掠奪《りゃくだつ》を行った。まる一箇月の間に、天下の州県が、これに応じた。（朝廷は）皇甫嵩《こうほすう》たちを派遣して黄巾を討伐させた。

皇甫嵩は沛《はい》国の曹操《そうそう》と、軍を合わせて（黄巾の）賊を破った。曹操の父の嵩《すう》は、宦官《かんがん》の曹騰《そうとう》の養子である。一説には、夏侯《かこう》氏の子とも言われている。曹操は幼少の時からすばしこく、駆け引きに長じていた。（それに加えて）男気があり遊び歩いて行いを修めなかった。汝南《じょなん》郡出身の許劭《きょしょう》は、従兄の許靖《きょせい》と共に高い名声があった。二人で共に郷里の人物について評論を加えた。毎月一日にそのテーマを変更した。そのため汝南に特徴的な習慣として

曹操を「乱世の奸雄」と評価した許劭《きょしょう》は、単なる「人相見」ではなく、人物批評家で、「三世三公《さんせいさんこう》」（三代にわたり宰相を出した家柄）の出身であった。

「月旦評《げったんひょう》（人物評価）」があるとされた。曹操は出かけて許劭に、「自分はどんな人物か」と尋ねた。劭は答えなかった。曹操はこれをおどした。すると「君は治世には有能な臣下であるが、乱世には悪智恵に長《た》けた英雄となる」と答えた。曹操は喜んで去った。こうしてこのたび黄巾の賊を討つために兵を起こした。

## 解説・鑑賞

### 太平道の治病

黄巾の乱を起こす宗教教団を始めた張角自身については、わずかな記録しかない。鉅鹿郡の出身で、その教法が治病を中心としたことを伝えるのみである。最も詳しい『後漢紀《ごかんき》』霊帝紀《れいていき》は、

張角《ちょうかく》と弟の張良《ちょうりょう》・張宝《ちょうほう》（『三国志』・『後漢書』は張梁《ちょうりょう》・張宝とする）は、みずから大医《たいい》と称し、善道につかえ、病気の者があるたびに跪拝首過《きはいしゅか》させた。

と記し、その治病方法が「跪拝首過」であったとする。「跪拝」とは、ひざまずき拝礼することと、「首過」とは、罪過を告白させることである。同じく後漢末、漢中を中心に起こった宗教

教団で、のち曹操《そうそう》に降服した張魯《ちょうろ》の五斗米道《ごとべいどう》では、「祭酒《さいしゅ》」と呼ばれる指導者が、病人を「静《せい》室《しつ》」に入れて、病人の名と罪過を書いた紙片を天官・地官・水官（天・地・水の神々）に捧げ、『道徳経《どうとくきょう》（老子）』を唱えさせて治病したという。太平道もまた、本文に記されるお札と御水を使った治病のほかに、こうした精神療法を行ったのであろう。

**黄巾の口号（スローガン）**

張角は、後漢の混乱と自然災害の頻発を見るにつれ、漢の天下は終わり、自分たちの天下が始まることを説いた。たまたま光和《こうわ》七（一八四）年が、「甲子《こうし》」にあたることもあり、「蒼天已死、黄天当立。歳在甲子、天下大吉（蒼天《そうてん》已《すで》に死す、黄天 当《まさ》に立つべし。歳は甲子に在《あ》り、天下 大吉なり）という十六文字のスローガンを掲げ、新しい世界の樹立を目指して蜂起した。

甲子は、すべての年の始まりであり、革命が起こるとされていた。この時代は、中平《ちゅうへい》・建安《けんあん》といった元号と共に、十干十二支《じっかんじゅうにし》の組み合わせで、年や日数を表記した。日本でも、甲乙丙《こうおつへい》丁《てい》という数え方で残っているものが十干、子《ね》年・丑《うし》年として残るものが十二支である。十干十二支の組み合わせは六十通りであり、暦が一回りする数え年の六十を還暦という。この組み合わせの最初が「甲子」であるため、すべてが革《あらた》まる革命の年で、天下は大吉である、と後半は説く。前半は、「蒼《あお》」の解釈が難しい。

## 五行《ごぎょう》配当図

**水**

北・冬・黒

腎・鹹《かん》・羽
(しおからい)

**金**

西・秋・白

肝・辛・商

**土**

中・土用・黄

心・甘・宮

**木**

東・春・青

脾・酸・角

**火**

南・夏・赤

肺・苦・徴

## 五行相生《そうしょう》説

水(黒) 殷 → 木(青) 周 → 火(赤) 漢 → 土(黄) 魏 → 金(白) 晉

中国だけではなく、東アジアの宇宙論の根底に置かれるものは、陰陽五行説《いんようごぎょうせつ》である。万物は陰（地・月・女など）と陽（天・日・男など）との交わりによって生まれ、木・火・土・金・水という五つの要素（五行）から成り立つ。しかも、万物を構成する五行は、互いに移り変わる。木を燃やすと火になるように、木（蒼《あお》）→火（赤）→土（黄）→金（白）→水（黒）→木……と、五行は互いに生まれていく。これを五行相生《そうしょう》説と呼ぶ。

万物の中には、国家も含まれる。後漢は、赤をシンボルカラーとする火徳の国家とされていた。五行相生説によれば、火徳に代わるものは土徳で黄色の国家となる。後漢の滅亡後に建国された三国のうち、曹魏が黄初《こうしょ》、孫呉が黄武《こうぶ》・黄龍《こうりゅう》という元号を使っているのは、このためである。したがって、太平道の「黄天 当に立つべし」というスローガンは、五行相生説にも適合する。

しかし、「蒼天 已に死す」の「蒼」は、五行では木徳となり、五行相生説では火徳の漢の終焉を示すことにはならない。

儒教が国家を正統化する支配理念として唯一尊重される「儒教国家」が成立するのは、後漢の章帝《しょうてい》期以降のことである。後漢「儒教国家」に対する異議申し立てがなされるとき、「儒教国家」の成立以前の前漢武帝《ぜんかんぶてい》期において、漢の支配理念であった黄老《こうろう》思想にその拠り所を求めることは、自然な発想である。黄老とは、黄帝《こうてい》（中国の伝説上、最初の皇帝）と老子《ろうし》のことで、

後漢の十三州
幽州
黄河
冀州
涼州
并州
黄河
青州
鄴
兗州
街亭の戦い
徐州
官渡の戦い
洛陽
司隷
長安
許
豫州
渭水
五丈原の戦い
漢中
漢水
襄陽
寿春
建業
長江
長坂坡の戦い
成都
夷陵の戦い
赤壁の戦い
揚州
荊州
益州
交州

今《いま》から十年《ねん》ほど前《まえ》……鉅鹿郡《きょろくぐん》に張角《ちょうかく》という無名《むめい》の人物《じんぶつ》がいた
張角《ちょうかく》は里《さと》では希世《きせい》の秀才《しゅうさい》と言《い》われていた
この張角《ちょうかく》はいつも髪《かみ》をたばねるのに黄色《きいろ》い巾《きれ》を使《つか》った

張角の思想は、黄老思想を中核とするが、きちんと儒教の勉強をしている。

黄老思想は皇帝の法による専制支配を老子の「道」の思想と結合した。さらに、五行相生説で、火徳の漢を継ぐべき土徳のシンボルカラーが「黄」であることは、黄老思想の復権に拍車をかけた。

スローガンの「黄天 当に立つべし」の黄天は、太平道の天である中黄太乙《ちゅうこうたいいつ》（中黄太一）であり、それが立つべきことが主張されている。すると、対句である「蒼天 已に死す」の蒼天を、必ずしも現実に存在する漢帝国に限定する必要はない。黄天が太平道の天である中黄太乙であるならば、蒼天は儒教の天、すなわちそれは後漢「儒教国家」の天でもある昊天上帝《こうてんじょうてい》を指す、と考えることが、対句としては正しい。儒教経典の『詩経《しきょう》』では、昊天上帝は「蒼天」とされている。となれば、「蒼天 已に死す、黄天 当に立つべし」とは、「儒教国家」の天である昊天上帝はすでに死んでおり、太平道の天である中黄太乙が代わって立つことを宣言したものと理解できよう。

## 第二回　董卓の専横

皇甫嵩討《ツ》二張角《ヲ》一。角死《ス》。嵩与二其《ノ》弟一戦《ヒ》、破《リテ》斬《ル》レ之《ヲ》。

上崩《ズ》。在位二十二年、改元《スル》者四、曰《フ》二建寧・熹平・光和・中平《ト》一。子《ノ》**弁**立《ツ》。**何太后**臨《ム》レ朝《ニ》。后《ノ》兄《タル》**大将軍**《ノ》**何進**、**録**《ス》二**尚書**《ノ》**事**《ヲ》一。袁紹勧《ムモ》三進《ニ》誅《スヲ》二**宦官**《ヲ》一、太后未《ダ》レ肯《ンゼ》。紹等画策《シ》、召《シ》二四方《ノ》猛将《ヲ》一、引《キテ》レ兵《ヲ》向《カヒテ》レ京《ニ》、以《テ》脅《カサントス》二太后《ヲ》一。遂《ニ》召《ス》二将軍**董卓**之兵《ヲ》一。卓未《ダ》レ至《ラ》《ザルニ》、進為《ル》二宦官《ノ》所《ト》レ殺《ス》。紹勒《シテ》レ兵《ヲ》捕《ヘ》二諸〻《ノ》宦官《ヲ》一、無《ク》二少長《ト》一皆殺《ス》レ之《ヲ》。凡《ソ》二千余人《ナリ》。有《リ》二無《クシテ》レ鬚而誤《リテ》死《スル》者一。卓至《リテ》問《フ》二乱《ノ》由《ヲ》一。弁年十四、語不レ可《カラ》レ了《ス》。陳留王答《ヘテ》無《シ》レ遺《ス》。卓欲《スモ》二廃立《セント》一、紹不レ可カ。卓怒リ、紹出奔ス。卓遂ニ廃シレ弁ヲ、陳留王ヲ立ツ。是為リ二孝献皇帝一。

◉語釈

（劉）弁……少帝。後漢の第十三代皇帝（在位、一八九年）。弘農王《こうのう》ともいう。霊帝《れいてい》の子、母は何皇后。

何太后《かたいこう》……南陽《なんよう》郡宛県《えんけん》の人。家はもともと屠畜《とちく》業者で、性格は凶悪。霊帝の貴人。少帝の母。

大将軍……武官の最高位。後漢では政権担当者が就任した。

何進《かしん》……南陽郡宛県の人、字は遂高《すいこう》。何皇后の兄。宦官の誅滅を謀り、先手を打った宦官に宮中で暗殺される。

録尚書事《ろくしょうしょじ》……国政の中心である尚書の職務を総覧する。皇帝が幼少の時、置かれることが多い。

宦官《かんがん》……宮中に仕える去勢された男子。幼帝が続いた後漢で実権を掌握していた。

董卓《とうたく》……隴西《ろうせい》郡臨洮《りんとう》県の人、字は仲穎《ちゅうえい》。羌《きょう》族の反乱討伐を通して頭角をあらわす。当時、前将軍に任ぜられて右扶風《ゆうふふう》に駐屯し、韓遂《かんすい》らの反乱軍の侵攻に備えていた。

**孝献《こうけん》皇帝**……後漢最後の皇帝（在位、一八九〜二二〇）。名は協《きょう》。のちに魏《ぎ》の文帝《ぶんてい》に譲位し、山《さん》陽公《ようこう》に封ぜられる。

**◉書き下し**

皇甫嵩《こうほすう》 張角《ちょうかく》を討つ。角 死す。嵩 其の弟と戦ひ、破りて之を斬る。

上 崩ず。在位二十二年、改元する者《こと》四、建寧・熹平《きへい》・光和・中平と曰ふ。子の弁《べん》 立つ。何太后《かたいこう》 朝に臨む。后の兄たる大将軍の何進《かしん》、尚書の事を録す。袁紹《えんしょう》 進に宦官を誅すを勧むも、太后 未だ肯《がえ》んぜず。紹ら画策し、四方の猛将を召し、兵を引《ひき》ゐて京に向かひて、以て太后を脅かさんとす。遂に将軍董卓《とうたく》の兵を召す。卓 未だ至らざるに、進 宦官の殺す所と為る。紹 兵を勒《ろく》して諸《もろ》〻の宦官を捕へ、少長と無く皆 之を殺す。凡そ二千余人なり。鬚《ひげ》無くして誤りて死する者有り。卓 至りて乱の由《ゆえ》を問ふ。弁 年十四、語了《りょう》す可《べ》からず。陳留王《ちんりゅうおう》 答へて遺《のこ》す無し。卓 廃立せんと欲すも、紹 可《き》かず。卓 怒り、紹 出奔す。卓 遂に弁を廃し、陳留王を立つ。是《これ》 孝献皇帝《こうけんこうてい》為《た》り。

**◉現代語訳**

皇甫嵩は張角を討った。張角は病死した。皇甫嵩はその弟（の張梁）と戦い、破ってこ

これで
わしの
やり方《かた》に
文句《もんく》を言《い》う
者《もの》はおるまい
現皇帝《げんこうてい》を
廃《はい》し
わしの選《えら》んだ
陳留王《ちんりゅうおう》を
帝《みかど》にすえる

董卓は、漢のために皇帝を廃立する、という功績を挙げることで、独裁権を握ろうとしたが、これに反発した「四世三公《しせいさんこう》（五公）」出身の袁紹は、反董卓の中心となる。

れを斬った。

霊帝《れいてい》が崩御した。在位二十二年間で、元号を改めること四回、建寧《けんねい》・熹平《きへい》・光和《こうわ》・中平《ちゅうへい》という。子の弁《べん》が即位した。（幼年のため）何太后《かたいこう》が朝廷に臨んで政治に当たった。太后の兄である大将軍の何進《かしん》は、尚書《しょうしょ》の政務を総攬した。（司隷校尉の）袁紹《えんしょう》は何進に宦官を誅殺するよう勧めたが、何太后が承知しなかった。そこで紹たちは計略をめぐらし、辺境の猛将を召集し、兵を率いて都（の洛陽）に向かわせ、それで太后を脅《おびや》かそうとした。こうして将軍董卓《とうたく》の兵を呼び寄せた。董卓の兵がまだ到着しないうちに、何進は宦官に殺された。袁紹は兵を指揮して多くの宦官を捕らえ、若い者も年寄もお構いなく皆殺しにした。（その数は）ざっと二千余人に上った。鬚《ひげ》のないため（宦官に）見誤られて殺された者もあった。董卓は到着すると乱の原因を尋ねた。（天子の）弁は年十四であったが、はっきり説明できなかった。（すると弟の）陳留《ちんりゅう》王が答えて足りない所がなかった。（そこで）董卓は弁を廃して（皇帝に）陳留王を立てようと思ったが、袁紹が承知しなかった。董卓が怒ると、袁紹は出奔した。卓はこうして弁を廃して陳留王を立てた。これが孝献《こうけん》皇帝である。

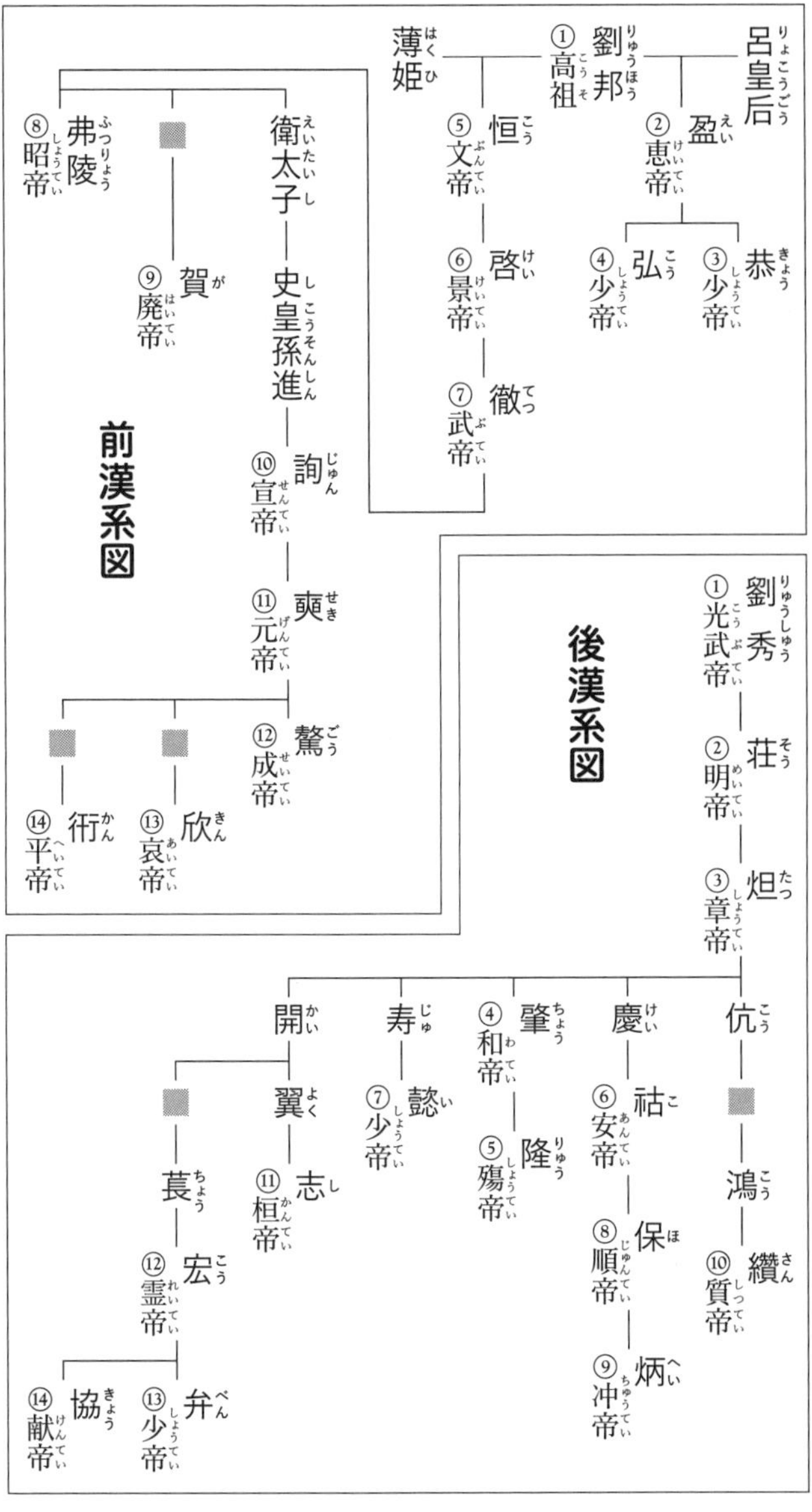
前漢系図
呂皇后《りょこうごう》
劉邦《りゅうほう》
①高祖《こうそ》
薄姫《はくひ》
盈《えい》
②恵帝《けいてい》
恭《きょう》
③少帝《しょうてい》
弘《こう》
④少帝《しょうてい》
恒《こう》
⑤文帝《ぶんてい》
啓《けい》
⑥景帝《けいてい》
徹《てつ》
⑦武帝《ぶてい》
衛太子《えいたいし》
史皇孫進《しこうそんしん》
詢《じゅん》
⑩宣帝《せんてい》
奭《せき》
⑪元帝《げんてい》
驁《ごう》
⑫成帝《せいてい》
欣《きん》
⑬哀帝《あいてい》
衎《かん》
⑭平帝《へいてい》
弗陵《ふつりょう》
⑧昭帝《しょうてい》
賀《が》
⑨廃帝《はいてい》
後漢系図
劉秀《りゅうしゅう》
①光武帝《こうぶてい》
荘《そう》
②明帝《めいてい》
炟《たつ》
③章帝《しょうてい》
伉《こう》
鴻《こう》
纘《さん》
⑩質帝《しつてい》
慶《けい》
祜《こ》
⑥安帝《あんてい》
保《ほ》
⑧順帝《じゅんてい》
炳《へい》
⑨冲帝《ちゅうてい》
肇《ちょう》
④和帝《わてい》
隆《りゅう》
⑤殤帝《しょうてい》
寿《じゅ》
懿《い》
⑦少帝《しょうてい》
開《かい》
翼《よく》
志《し》
⑪桓帝《かんてい》
萇《ちょう》
宏《こう》
⑫霊帝《れいてい》
弁《べん》
⑬少帝《しょうてい》
協《きょう》
⑭献帝《けんてい》

### 董卓の知識人優遇

『三国志演義』の印象のせいか、董卓は後漢を破壊した暴君に思われている。『十八史略』でも、そうした部分だけを要約するが、董卓は、名士と呼ばれる三国時代の知識人を抜擢する政策を取っていた。曹操・劉備・孫権も共に行っている政権安定に必須の策である。

たとえば、曹操の謀臣荀彧《じゅんいく》の叔父である荀爽《じゅんそう》などは、九十五日間に、司空《しくう》という三公の一つにまで昇りつめた。逆に董卓の親愛するものは、高い官職には就けなかった。董卓が名士の歓心を買おうと、躍起になっていたことが分かる。袁紹に代表される多くの名士は、董卓に協力しなかったが、盧植《ろしょく》・鄭玄《じょうげん》とともに後漢末を代表する学者の蔡邕《さいよう》は、董卓のブレーンとなり、自らの抱負を実現しようとした。

### 蔡邕の有職故実

蔡邕の学問は多岐にわたる。博学で文章に優れ、数学や天文に詳しく、音楽に精通する琴の名手であった。また、東観《とうかん》と呼ばれる歴史編纂所で『後漢書』の根本史料となった『東観漢記《とうかんかんき》』の編纂に携わり、儒教の経典の文字を確定して石に刻んだ熹平石経《きへいせきけい》を太学《たいがく》に立てる中心ともなった。

董卓に召し出される前、蔡邕は宦官と結んだ陽求《ようきゅう》のために、流刑に追い込まれていた。流刑先で蔡邕は、『東観漢記』の編纂の続きとして、「十意《じゅうい》」を著している。これが、現在の『続漢書』八志の原史料である。志（蔡邕が意としたのは、桓帝劉志《かんていりゅうし》の諱《いみな》を避けるため）とは、制度史のことで、「八志」は、後漢の礼儀・祭祀・暦・官職・地理などの後漢の国制を今日に伝える。後漢が衰退する中、蔡邕は漢の国制を後世に伝えようとしたのである。

蔡邕の「十意」の原史料となったとされる『独断《どくだん》』は、今日まで伝わっている。そこには、文書行政の基本から皇帝の衣服まで、漢という国家の仕組みが詳細にまとめられている。

漢代において行政文書は、それぞれの役所の書府に収められていた。そのなかから今後の政治の規範として先例とすべき故事が選ばれ、尚書《しょうしょ》に保管されたのである。後漢は儒教の理念により国家を運営しようとしていたが、実際の国政の運用において、儒教経典との齟齬《そご》が生じることもあった。その場合には、「漢家の故事《かんかのこじ》」と呼ばれた漢の政治の先例により経典の解釈を現実に合わせて適用していた。蔡邕の『独断』は、「漢家の故事」をまとめた規範集である。これに基づいて政治を行えば、崩れてしまった後漢の政治をもう一度、建て直すことができる。蔡邕は、自分を抜擢してくれた董卓のもと、自らがまとめた漢のシステムを復興し、後漢末の混乱を収拾して、漢を再建することを目指したのである。

## 操れなかった恐怖心

蔡邕が董卓を操縦して、自分の抱負を実現しようとしたことに対し、蔡邕以外の名士は、次々と董卓を裏切った。とりわけ、袁紹が董卓と絶縁して洛陽を去ってからは、名士は次々と袁紹に呼応し、反董卓連合を組織する。董卓は、名士層を自分の政治的基盤として、政権を安定させることに失敗したのである。となれば、董卓政権の基盤は、その軍事力に求めるしかない。

**洛陽漢魏古城**
後漢から曹魏にかけての洛陽の城壁跡。まわりは一面の麦畑になっている。

麦畑の右側を通るあぜみちが漢魏時代の洛陽城の内城の城壁跡。版築と呼ばれる技法で踏み固められている。董卓が焼き払ったのはこの内側の部分である。

董卓が率いる涼州兵は精強であった。しかし、名士層の支持なく中国を統一できるまでの力はなかったのである。董卓が洛陽に入城した当初、歩兵・騎兵の数は三千に過ぎず、軍勢を多くみせるため、夜になると兵を城外に出し、明くる日に軍旗や陣太鼓をつらねて入城させ、「西方の軍隊、またも洛陽城中に到着しました」と宣伝させた。こうした自信のなさが、春祭に集まった民衆を襲い、その首を取って賊を破ったと言いふらすような、不当な軍功の誇示へと、董卓を駆り立てたのである。

したがって、袁紹を盟主とした反董卓連合が結成されると、董卓は、恐怖にとらわれ、守備に適した長安に遷都する。その際、洛陽の宮殿に火をつけ、漢の陵墓をすべて暴《あば》いたため、猛烈な反発を受けた。それを暴力で押さえ込む、また厳しい批判を受ける、という繰り返しのなかで、董卓自身、およびその軍勢は完全に制御を失った。

董卓の抱える恐怖心は、郿《び》に建設した塢《う》（とりで）に象徴される。董卓は、ここに不当に集めた三十年分の穀物を蓄えていた。「成功すれば天下を支配し、成功しなければここを守って一生を終えるのだ」という豪語には、クーデターに怯《おび》える独裁者の虚勢と恐怖を、同時に見て取ることができるのである。

# 第三回 四世五公

〔孝献皇帝〕名《ハ》協、九歳《ニシテ》為《ル》二董卓《ノ》所《ト》レ立《ツ》。**関東**《ノ》州郡、起《コシテ》レ兵《ヲ》討《チ》レ卓《ヲ》、推《シテ》二袁紹《ヲ》一為《ス》二盟主《ト》一。卓焼《キ》二**洛陽**《ノ》宮廟《ヲ》一、遷《ス》二都《ヲ》長安《ニ》一。長沙《ノ》太守《タル》富春《ノ》**孫堅**、起《コシテ》レ兵《ヲ》討《ツ》レ卓《ヲ》。至《ル》二南陽《ニ》一。衆数万、与《ニ》二**袁術**一合《ハス》レ兵《ヲ》。術《ハ》与レ紹同祖《ニシテ》、皆故《ノ》**太尉**《タル》袁安之玄孫也。**袁氏**《ハ》**四世五公**、富貴《ナルコト》異《ナル》二於佗《ノ》公族《ニ》一。紹壮健《ニシテ》有《リ》二威容一、愛《ス》レ士《ヲ》。士**輻湊**《ス》。術《モ》亦《タ》侠気《アリ》。至《リテ》レ是《ニ》皆起《コル》。堅撃《チテ》敗《ル》二卓《ノ》兵《ヲ》一。術遣《ム》三堅《ヲシテ》図《ラ》二荊州《ヲ》一。為《リテ》二**劉表**《ノ》将《タル》黄祖《ノ》歩兵《ノ》所《ト》レ射《ル》死《ス》。

◉語　釈

**関東**……函谷関《かんこくかん》より東の地方。

**洛陽《らくよう》**……河南省《かなん》洛陽市。後漢《ごかん》の首都が置かれていた。

**孫堅《そんけん》**……揚州《ようしゅう》呉郡《ごぐん》富春県《ふしゅんけん》の出身。長江の賊を破り名をあげた。

**袁術《えんじゅつ》**……袁紹の嫡弟。荊州《けいしゅう》の南陽郡《なんようぐん》を拠点としていた。

**太尉《たいい》**……三公（総理大臣）の筆頭。

**袁氏四世五公**……袁安《えんあん》、その子の敞《しょう》と京《けい》、京の子湯《とう》、湯の子逢《ほう》は、いずれも司空《しくう》という三公の一人であった。

**輻湊《ふくそう》**……「輻」は車の矢。「湊」はあつまる。車の矢が中心に集まるように天下の士が集まってくること。

**劉　表《りゅうひょう》**……後漢の宗室（皇帝の一族）。荊州牧《けいしゅうぼく》として袁術《えんじゅつ》と対立していた。

◉書き下し

〔孝献皇帝《こうけん》〕名は協《きょう》、九歳にして董卓《とうたく》の立つる所と為る。関東の州郡、兵を起こして卓を討ち、袁紹《えんしょう》を推して盟主と為す。卓　洛陽《らくよう》の宮廟を焼き、都を長安《ちょうあん》に遷す。長沙《ちょうさ》の太守たる富春《ふしゅん》の孫堅《そんけん》、兵を起こして卓を討つ。南陽《なんよう》に至る。衆 数万、袁術《えんじゅつ》と兵を合はす。術は紹と同祖にして、皆 故《もと》の太尉《たいい》たる袁安《えんあん》の玄孫《げんそん》なり。袁氏は四世五公、富貴なること佗《た》の公族に異なる。紹 壮健にして威容有り、士を愛す。士 輻湊《ふくそう》す。術も亦た侠気《きょうき》あり。是に至りて皆 起こる。堅 撃ちて卓の兵を敗る。術 堅をして荊州《けいしゅう》を図《はか》らしむ。劉表の将たる黄祖《こうそ》の歩兵の射る所と為りて死す。

**◉現代語訳**

孝献皇帝は名を協といい、九歳で董卓《とうたく》に立てられ（帝位につい）た。（やがて董卓の専横を憎んだ）函谷関《かんこくかん》から東の州郡（の長官）が、兵を起こして卓を討ち、袁紹を推して盟主とした。董卓は（恐れをなし）洛陽の宮殿や宗廟《そうびょう》を焼き払い、都を（自分の根拠地に近い）長安《ちょうあん》に遷した。長沙《ちょうさ》の太守で富《ふ》春《しゅん》県出身の孫堅《そんけん》が、兵を起こして董卓を討伐した。南陽郡まで到着した。その兵は数万、（兵糧を得るために）袁術《えんじゅつ》と軍を合流した。袁術は袁紹と同じ祖先であり、ともにもとの太尉《たいい》である袁安《えんあん》の玄孫にあたる。袁氏は四代のうち五人が三公の位にのぼり、その富貴なことは他の三公を輩出している家柄と違いがあった。袁紹は身体が強健で容貌に威厳があり、（知識人である）士を優遇した。（そのため天下の）士は（袁紹のもとに）集まった。袁術もまた男気のある人物であった。この状況になりみな兵を起こした。孫堅が攻撃して董卓の軍を破った。（董卓は長安に逃げこみ、袁紹と袁術を軸に群雄が関東の分割を始めると）袁術は孫堅に荊州（の劉表を打ち破ること）を計画させた。（しかし）劉表の将である黄祖の歩兵に射られて孫堅は死んだ。

## 解説・鑑賞

### 「四世三公」

袁紹は、四代にわたって後漢の最高官である三公を輩出し「四世三公《しせいさんこう》」と称された「汝南《じょなん》の

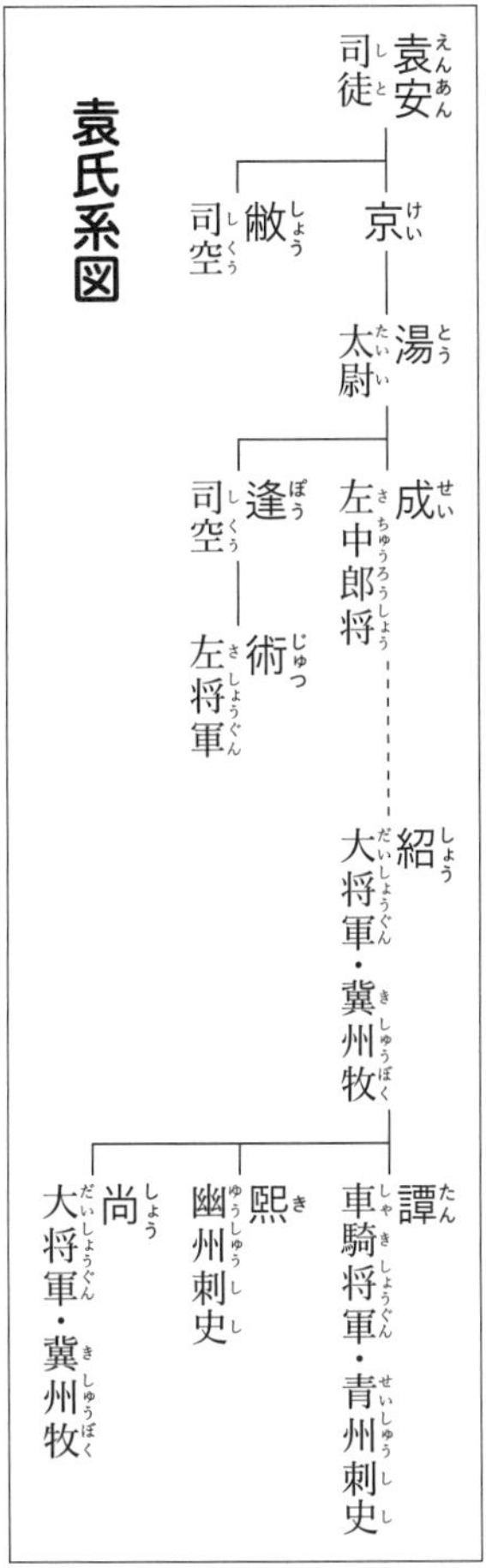
袁氏系図
袁安《えんあん》 司徒《しと》
京《けい》
敞《しょう》 司空《しくう》
湯《とう》 太尉《たいい》
成《せい》 左中郎将《さちゅうろうしょう》
逢《ぼう》 司空《しくう》
術《じゅつ》 左将軍《さしょうぐん》
紹《しょう》 大将軍《だいしょうぐん》・冀州牧《きしゅうぼく》
譚《たん》 車騎将軍《しゃきしょうぐん》・青州刺史《せいしゅうしし》
熙《き》 幽州刺史《ゆうしゅうしし》
尚《しょう》 大将軍《だいしょうぐん》・冀州牧《きしゅうぼく》

袁氏」（袁氏は汝南の出身。名門は郡の名を付けて呼ばれる）の出身であり、袁氏の恩顧をうけた関係者は、全国に広がっていた。したがって、反董卓連合軍が結成された際にも、袁紹は当然のように盟主に選ばれた。そうした名門出身でありながら、袁紹はよく士にへりくだり、人の意見を聞き入れたので、彼に従う「名士」は多く、冀州《きしゅう》・幽州《ゆうしゅう》・幷州《へいしゅう》・青州《せいしゅう》の四州を支配する最強の群雄となった。順当にいけば、漢に代わる新しい国家を創始したであろう袁紹であったが、官渡の戦いで曹操に敗れたため、その欠点が今日にさらされることになった。

### 「寛」治

袁紹の支配は、後漢を継承したものであった。後漢随一の高級官僚家としては、当然なのかもしれない。後漢の支配は「寛《かん》」治《ち》と呼ばれ、配下の罪をも罰しないような緩やかな支配であった。袁紹の人にへりくだり、「名士」の献策をよく聞く態度は、後漢の延長線上にある。しかし、戦乱の世において、人の意見をすべて受け入れることは、優柔不断のそしりを受けよう。

戦略に誤りはなかった。袁紹は、黄河より南にある汝南郡《じょなんぐん》を故郷とするが、あえて河北（黄河の北）を拠点とした。これは後漢を建国した光武帝劉秀《こうぶていりゅうしゅう》の戦略を踏襲したものである。「幽《ゆう》州突騎《しゅうとっき》」と呼ばれる烏桓族《うがんぞく》の騎兵を備える幽州、「冀州強弩《きしゅうきょうど》」と呼ばれる騎兵に対抗できる弩兵《どへい》（弓より大型な弩を主力兵器とする歩兵）を主力とする冀州のほか、幷州にも多くの異民族が居住する河北は、強力な兵馬を整えられる軍事拠点であった。また、黄巾の乱の被害も少なく、十分な兵糧を供給できる経済力も持っていた。最も異民族が多い涼州《りょうしゅう》を背後に持つ軍事拠点の長安《ちょうあん》が、すでに董卓《とうたく》に占領されている以上、冀州を足掛かりに河北を基盤とし、天下を統一するという袁紹の戦略は、まさしく王道であった。

しかし、官渡の決戦では、劉備を討ちにもどった曹操の隙を、袁紹は衝《つ》くことができなかった。乱世を生き抜いていくには、名門に過ぎたのかもしれない。「名士」を幕下に持たなければ支配は安定しない。しかし、「名士」の意見に一方的に従い、自己の決断を下さなかった袁紹は、君主権力を確立できなかった。袁紹の敗退は、「名士」の主張のみに従った場合には、君主権力が確立せず、軍事的に敗退することを示すのである。

**袁術**

袁術は皇帝を僭称《せんしょう》する際に、「四世公輔《しせいこうほ》」（四代にわたって三公を出し漢を輔《たす》けてきた）という出自を正統性として掲げている。袁紹は、庶兄（めかけの生んだ兄）であり、嫡子（正妻の子）である袁術こそ「汝南の袁氏」の正統後継者なのである。嫡子の袁術は、司空となった父袁逢《えんぽう》の後を嗣いだが、袁紹は家から出され、袁逢の弟で早く亡くなり左中郎将《さちゅうろうしょう》に止まった袁成《えんせい》の家を

さて諸君《しょくん》 私《わたし》は今《いま》 諸侯《しょこう》の薦《すす》めで総大将《そうだいしょう》に選《えら》ばれた
こうなれば立派《りっぱ》な総大将《そうだいしょう》として振《ふ》る舞《ま》おう 功《こう》ある者《もの》は賞《しょう》し 罪《つみ》ある者《もの》は罰《ばっ》する
それから我《わ》が弟《おとうと》は経理《けいり》の才能《さいのう》がある よって兵糧奉行《ひょうろうぶぎょう》とし 戦《たたか》う兵士達《へいしたち》に兵糧《ひょうろう》を切《き》らさないようにしよう
さて我々《われわれ》はこれから北上《ほくじょう》し董卓《とうたく》と戦《たたか》う
まず誰《だれ》か先陣《せんじん》をうけたまわって汜水関《しすいかん》の関門《かんもん》を攻《せ》め破《やぶ》る者《もの》はいないか

物語では、董卓と袁紹は汜水《しすい》関と虎牢《ころう》関（同じ場所の異なる呼び方）で激しく戦うが、史実では、袁術の支援を得た孫堅が陽人《ようじん》の戦いに勝つと、董卓は洛陽を捨て長安に逃れた。

嗣がされた。袁術が袁紹を見下し、二人が対立する理由である。

したがって、袁術は集団を拡大する際にも、名門主義を取った。同じ三公の子弟で幼いころから交際のあった陳珪《ちんけい》を腹心に据《す》えようと試み、司徒《しと》張歆《ちょうきん》の子である張範《ちょうはん》・張承《ちょうしょう》兄弟を召し出している。さらに、「汝南の袁氏」と並称される「四世三公」の家柄である「弘農《こうのう》の楊氏」の楊彪《ようひょう》と婚姻関係を結んでいた。つまり、袁術は「四世公輔」の出自であることを価値の中心に置き、価値観を共有できるであろう後漢の高級官僚家を糾合《きゅうごう》して、自らの勢力基盤にすることを目指したのである。

しかし、加入を強要された名士も多くは袁術に臣従しなかった。それは、袁術にとって自らの価値の源泉である後漢を簒奪することは、自己矛盾となるためであろう。最も激しく拒絶した者は、孫堅の子の孫策であった。江東の弱小豪族の出身に過ぎず、袁術の尖兵《せんぺい》として城市を落とすたびに、その成果を横取りされていた孫策は、袁術の家が四世にわたって漢の宰相を出しながら、漢への忠節を尽くさないことを厳しく批判した訣別《けつべつ》状を突きつける。

後漢の衰退の中で、黄巾の乱に代表される、漢への異議申し立ては繰り返されていた。それにも拘《かかわ》らず、真っ先に漢の皇帝を無視して、皇帝を僭称した袁術は、批判の中で破滅する。曹操が最後まで献帝を擁立し続けたことを見ても、漢の権威は、なお強力であったと考えてよい。それは、後漢の国教である儒教によって、漢が支えられていたからである。

# 第四回 呂布の裏切り

司徒《ノ》王允等、密謀《カニ》誅《リテ》レ《ス》卓《ヲ》。中郎将《ノ》呂布、**膂力**過《グ》レ人《ニ》。卓信二愛《ス》之《ヲ》一。嘗《テ》小《シク》失《フ》二卓《ノ》意《ヲ》一。卓手《ヅカラ》**戟**《モテ》擲《ツ》レ布《ニ》。布避《ケテ》得《タリ》レ免《ルルヲ》。允結《ビテ》レ布《ト》為《サシム》二内応《ヲ》一。卓《ノ》入朝《スルトキ》、伏《セテ》二勇士《ヲ》於**北掖門**《ニ》一刺《ス》レ之《ヲ》。卓堕《チテ》レ車《ヨリ》大《イニ》呼《ブ》二呂布《ヲ》一。布曰《ク》、有《リ》レ詔討《ツ》二賊臣《ヲ》一。応《ジテ》レ声《ニ》持《チ》レ**矛**《ヲ》、刺《シテ》レ卓《ヲ》趣《すみやカニ》斬《ル》レ之《ヲ》。先《ヨリ》レ是、卓築《キ》二**塢**《ヲ》于郿《ニ》一、積《ミテ》レ穀《ヲ》為《ス》二三十年《ノ》儲《ちよヲ》一。金銀・**綺錦・奇玩**、積《ムコト》如《シ》二丘山《ノ》一。自《ラ》云《フ》、事成《ラバ》拠《ラン》二天下《ニ》一。不《ンバ》レ成《ラ》守《リテ》レ此《ヲ》以《テ》老《イント》。至《リテ》レ是《ニ》暴《サル》二屍《ヲ》於市《ニ》一。卓素《ヨリ》肥《エタリ》。吏為《リテ》二**大炷**《ヲ》一置《キテ》二臍中《ニ》一然《やク》レ之《ヲ》。光達《スル》レ曙《ニ》者数日《ナリ》。卓《ノ》党挙《ゲテ》レ兵《ヲ》犯《シ》レ関《ヲ》、殺《ス》二王允《ヲ》一。呂布走《ル》。

## ◉語　釈

**膂力**《りょりょく》……力がつよいこと。
**戟**《げき》……両傍に枝の出ている槍のような武器。
**北掖門**《ほくえきもん》……北門のかたわらの小門。
**矛**……単枝《し》の槍のような武器。
**塢**《う》……軍事的拠点。
**綺錦**《ききん》……あやにしき。
**奇玩**《きがん》……珍しいもてあそびもの。
**大炷**《たいしゅ》……大きな燈心（あかりをともすためのしん）。

## ◉書き下し

司徒《しと》の王允《おういん》ら、密かに謀りて卓を誅す。中郎将《ちゅうろうしょう》の呂布《りょふ》、膂力《りょりょく》　人に過ぐ。卓　之を信愛す。嘗《かつ》て小《すこ》しく卓の意を失ふ。卓　手づから戟《げき》もて布に擲《なげう》つ。布　避けて免るるを得たり。允　布と結びて内応を為さしむ。卓の入朝するとき、勇士を北掖門《ほくえきもん》に伏せて之を刺す。卓　車より堕《お》ちて大いに呂布を呼ぶ。布　曰く、「詔《みことのり》有り賊臣を討つ」と。声に応じて矛を持ち、卓を刺して趣《すみや》かに之を斬る。是より先、卓 塢《う》を郿《び》に築き、穀を積みて三十年の儲を為す。金銀・綺錦・奇玩、積むこと丘山の如し。自ら云ふ、「事 成らば天下に拠《よ》らん。成らずんば此を守りて以て老いん」と。是に至りて屍《しかばね》を市に暴《さら》さる。卓 素《もと》より肥えたり。吏 大炷《だいしゅ》を為《つく》りて、臍中《せいちゅう》に置きて之を然《や》く。光 曙《あけぼの》に達する者《こと》数日なり。卓の党 兵を挙げて関を犯し、王允を殺す。呂布 走る。

**◉現代語訳**

司徒の王允《おういん》たちは、ひそかに謀って董卓を殺そうとした。中郎将《ちゅうろうしょう》の呂布《りょふ》は、力が人に優《すぐ》れて強かった。董卓は呂布を信愛していた。（ところが）あるとき呂布は些細なことで董卓の機嫌を損ねた。董卓は（怒って）自らの手で戟《げき》を呂布に投げつけた。呂布は身をかわして免れることができた。（それ以後、呂布は董卓を怨んだ。かねてから同郷の呂布と親しくしていた）王允は呂布と結託して（朝廷に）内通させた。董卓が参内するとき、勇士を北掖門《ほくえきもん》に待ち伏せさせ董卓を襲わせた。董卓は車から落ちて大声で呂布を呼んだ。呂布は、「詔《みことのり》（皇帝の命令）があり賊臣を討つ」と言った。その声にあわせて矛を持ち、董卓を刺してすぐにこれを斬り殺した。これよりさき、董卓は塢《う》を郿《び》に築き、穀物を蓄積して三十年分のたくわえをしていた。（また）金銀・綾錦・宝物を、積み貯えること山のようであった。

襲撃を受けた董卓は呂布を探すが、王允と結んでいた呂布は勅命があるとして董卓を斬った。

（そして）自ら、「大望が成就すれば天下をわが城としよう。成らねば郿塢を守って老後を安楽に過ごそう」といっていた。（しかし）ここに至って死体を市にさらされた。董卓は平素から肥っていた。（このため、死ぬと脂肪が流れ出したので）役人は大きな燈心をつくり、臍《へそ》の中に立ててこれを焼いた。その光は数日間も夜明けまで明るかった。董卓の武将（の李《り》傕《かく》や郭汜《かくし》）は兵を挙げて函谷関《かんこくかん》より進入して、王允を殺した。呂布は逃げ（袁術に投じ）た。

## 解説・鑑賞

### 傾国の美女　貂蟬

『三国志演義』は、王允と呂布による董卓の暗殺に虚構を設ける。呂布と董卓が傾国の美女、貂蟬《ちょうせん》を争ったとするのである。貂蟬は架空の人物であるが、中国四大美女にも含まれる。『三国志演義』の印象がいかに強かったのかを理解できよう。『三国志』は、呂布が董卓から戟を投げつけられ、仲違いした理由を記さない。また、王允と呂布とが結びついた理由として、同郷であることを示すだけである。その不十分な記録を虚構によって補ったのである。以下、『三国志演義』の叙述を要約して示しておこう。

王允は、かかえていた歌姫の貂蟬を呂布の妻にすると約束する一方で、董卓に侍女として差

おおっ
なんという美《うつく》しい娘《むすめ》じゃ
わしの後宮《こうきゅう》にもこれほどの女《おんな》はおらぬ
この時《とき》踊《おど》る貂蟬《ちょうせん》の目《め》からひとしずくの涙《なみだ》がこぼれ落《お》ちたそれは何《なに》を思《おも》う涙《なみだ》だったのだろう

呂布が董卓を裏切る契機となった貂蟬《ちょうせん》とは、もともと侍中《じちゅう》という皇帝の側近官が、冠に付ける髪飾りであった。それを『三国志演義』が歌伎《かぎ》の名としたのである。

し出す。呂布は、貂蟬が董卓のもとにいることを聞いて、驚いて董卓のもとに駆けつけた。呂布が董卓のもとに行くと、董卓は貂蟬と一緒に休んでいて、まだ起きて来ないという。驚いた呂布が奥に忍び込むと、それを見つけた貂蟬は、悲しみに堪《た》えない風情で呂布の心をかき乱す。一方、董卓が病気になると、貂蟬は帯も解かずに看病する。呂布が見舞いに奥に入ると、貂蟬は床の後ろから半身を乗り出して自分の胸を指し、ついで董卓を指して、涙をはらはらと流す。呂布の心は、張り裂けんばかりである。

董卓の政務中、呂布は馬を飛ばして貂蟬に遇いに来た。貂蟬は泣きながら呂布に訴えかける。「わたくしは将軍を当代随一の英雄だと思っておりました。それがなんと他人の指図を受けておられるとは」。呂布は恥ずかしさで顔を真っ赤にして、貂蟬を抱擁しながらやさしい言葉で慰めた。董卓は呂布がいないので急いで戻ってくると、呂布と貂蟬が語り合っている。董卓は怒って呂布に矛を投げつけた。

董卓の謀臣である李儒《りじゅ》（架空の人物）は、貂蟬を呂布に与えるよう説得した。董卓はその気になったが貂蟬に、「呂布のもとに行くくらいなら死んだほうがましです」と泣かれて止めた。「われらはみな、女の手に死ぬのか」。李儒の嘆きは的中する。

# 後漢の中央官制

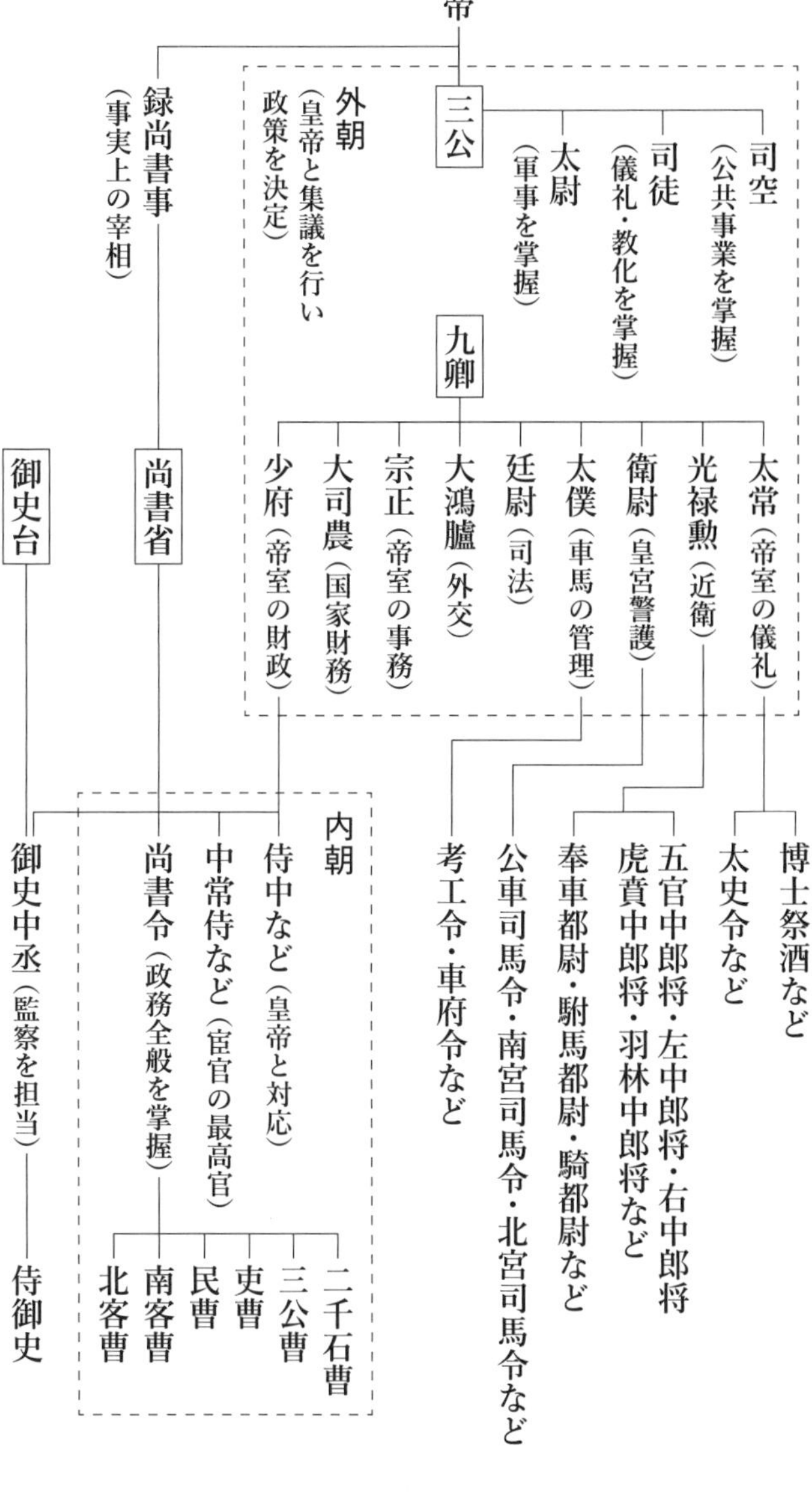

皇帝
録尚書事（事実上の宰相）
外朝（皇帝と集議を行い政策を決定）
三公
太尉（軍事を掌握）
司徒（儀礼・教化を掌握）
司空（公共事業を掌握）
九卿
太常（帝室の儀礼）
光禄勲（近衛）
衛尉（皇宮警護）
太僕（車馬の管理）
廷尉（司法）
大鴻臚（外交）
宗正（帝室の事務）
大司農（国家財務）
少府（帝室の財政）
御史台
尚書省
内朝
侍中など（皇帝と対応）
中常侍など（宦官の最高官）
尚書令（政務全般を掌握）
御史中丞（監察を担当）
侍御史
二千石曹
三公曹
吏曹
民曹
南客曹
北客曹
博士祭酒など
太史令など
五官中郎将・左中郎将・右中郎将
虎賁中郎将・羽林中郎将など
奉車都尉・駙馬都尉・騎都尉など
公車司馬令・南宮司馬令・北宮司馬令など
考工令・車府令など

## 第五回　劉備と孫策

涿郡《ノ》劉備、字《ハ》玄徳、其《ノ》先《ハ》出《ヅ》二於景帝《ヨリ》一。中山靖王勝之後也。有《リ》二大志一、少《ク》二語言一、喜怒不レ形《あらハサ》二於色《ニ》一。河東《ノ》関羽、涿郡《ノ》張飛、与レ備相善《シ》。備起《ルヤ》、二人従《フ》レ之《ニ》。

孫堅之子策、与二弟《ノ》権一留《マリ》二富春《ニ》一、遷《ル》二于舒《ニ》一。堅死《スルトキ》、策年十七。往《キテ》見《エ》二袁術《ニ》一、得《タリ》二其《ノ》父《ノ》余兵《ヲ》一。策十余歳《ノ》時、已《ニ》**交結**《シテ》知《ラル》レ名《ヲ》。舒《ノ》人《タル》周瑜、与レ策同年《ナリ》。亦《タ》**英達夙成**《ナリ》。至《リテ》レ是《ニ》従《ヒテ》レ策《ニ》起《ル》。策東《ノカタ》渡《リ》レ江《ヲ》転闘《シ》、所レ向《カフ》無《シ》下敢《テ》当《タル》二其《ノ》鋒《ニ》一者上。百姓聞《キ》二**孫郎**至《ルト》一、皆失《フ》二魂魄《ヲ》一。所レ至《ル》一《モ》無《シ》レ所レ犯《ス》。民皆大《イニ》悦《ブ》。

**◉語釈**

**交結《こうけつ》**……交わりを結ぶこと。
**英達夙成《しゅくせい》**……才気が人よりすぐれ、早くから名を成していること。
**孫郎**……郎はおぼっちゃまという意味。ここでは孫策を指す。

**◉書き下し**

涿郡《たくぐん》の劉備《りゅうび》、字《あざな》は玄徳《げんとく》、其の先は景帝《けいてい》より出づ。中山靖王勝《ちゅうざんせいおうしょう》の後なり。大志有り、語言少く、喜怒 色に形《あら》はさず。河東《かとう》の関羽《かんう》、涿郡《たくぐん》の張飛《ちょうひ》、備と相《あい》 善し。備 起《おこ》るや、二人 之《これ》に従ふ。

孫堅《そんけん》の子策《さく》、弟の権《けん》と富春《ふしゅん》に留まり、舒《じょ》に遷る。堅 死するとき、策 年十七。往《ゆ》きて袁《えん》術《じゅつ》に見《まみ》え、其《そ》の父の余兵を得たり。策 十余歳の時、已《すで》に交結して名を知らる。舒の人たる周瑜《しゅうゆ》、策と同年なり。亦た英達夙成《えいたつしゅくせい》なり。是に至りて策に従ひて起る。策 東のかた江を渡り転闘し、向《む》かふ所敢《あえ》て其の鋒《ほう》に当たる者無し。百姓 孫郎《そんろう》至ると聞き、皆 魂魄《こんぱく》を失ふ。至る所一《いっ》も犯す所無し。民 皆大いに悦ぶ。

◉現代語訳

涿郡《たくぐん》の劉備《りゅうび》は、字を玄徳《げんとく》といい、その祖先は前漢の景帝《けいてい》から出ている。（景帝の第六子で）中山靖王《ちゅうざんせいおう》の勝の子孫である。志が大きく、口数が少なく、喜怒哀楽を顔色に表わさなかった。河東《かとう》の関羽《かんう》や、涿郡の張飛《ちょうひ》は、劉備と親しかったので、劉備が兵を起こすと、二人はかれに従った。

三義宮
桃園の誓いの舞台となった涿郡に残る廟

孫堅《そんけん》の子の孫策《そんさく》は、弟の権《けん》と富春《ふしゅん》県に留まったのち、舒《じょ》県に遷った。堅が（劉表と戦って）戦死した時、策は十七歳であった。（南陽に）行って袁術に会い、その父の（堅の）残兵を手に入れた。策は十余歳の時、すでに（豪傑と）交わりを結んで名を知られていた。舒県の人である周瑜《しゅうゆ》は、策と同年齢であった。また才気が人に勝れ早くから名を成していた。ここに至って策に従って兵を起こした。策は東へ進み長江を渡って転戦したが、向かうところその鋭鋒にかなう者はなかった。人々は孫郎《そんろう》が来たと聞くと、皆胆《きも》をつぶした。（しかし）実際に（孫策軍が）来てみると、少しも掠奪《りゃくだつ》しなかった。人々は皆大喜びした。

## 解説・鑑賞

### 成り上がりの英雄

蜀漢を建国する劉備《りゅうび》は、太尉《たいい》についた父をもつ曹操はもとより、江東の小豪族出身である孫氏に比べても、さらに下層の出身である。前漢《ぜんかん》の景帝の子中山靖王《ちゅうざんせいおう》劉勝《りゅうしょう》の後裔と称するものの、後漢の皇室とは他人も同然で、草鞋《わらじ》をあみ蓆《むしろ》を売って暮らしていた。後漢末の高名な儒学者である盧植《ろしょく》に学んだ際に、一族の援助を受けたことは記録されるが、起兵以降、その一族の力を利用できた形跡はない。

劉備が挙兵した際、中山《ちゅうざん》の馬商人である張世平《ちょうせいへい》と蘇双《そそう》は、多くの金財を提供した、と『三国志』先主《せんしゅ》（劉備）伝は記す。中山は、関羽の出身地で塩が採れる河東《かとう》と涿郡の中間に位置する。張世平と蘇双は、涿郡に馬の買いつけに来ていた。涿郡出身の劉備と張飛は、馬商人に資本を提供され、馬商人の取引相手であった塩商人と関わりを持つ関羽と共に、黄巾の乱に乗じて一旗あげたと考えてよい。やがて、徐州《じょしゅう》で劉備を支え、妹を嫁がせる麋竺《びじく》も、後世に伝説を残すほどの大商人であった。

劉備が成り上がったのは、劉備と義兄弟の関係を結び、一族の代わりとなって集団の中核を構成した関羽・張飛、そして趙雲の武力に依存する。かれらの存在ゆえに劉備は、傭兵として

この三人《にん》の武者《むしゃ》は
今《いま》までのどの将軍《しょうぐん》
よりも辺《あた》りを
圧《あっ》する威厳《いげん》と
風格《ふうかく》を備《そな》えて
いたからだった
カッ
カッ
カッ

劉備と関羽・張飛について、史書は「恩は兄弟のようであった」と記すだけで、義兄弟とはしない。君臣関係を尊重するためである。

公孫瓚《こうそんさん》→呂布《りょふ》→陶謙《とうけん》→袁紹《えんしょう》→曹操→劉表《りゅうひょう》とさまざまな群雄の間を渡り歩く。その間に、一時的ではあるが、豫州《よしゅう》・徐州という拠点を得ることもできた。ところが、劉備はそれらの支配地域を失ってしまう。地域を支配するための行政能力を持つ名士と呼ばれる知識人層が集団に留まらなかったためである。

しかし、劉備は、公孫瓚《こうそんさん》のように名士を受け入れない態度を示したわけではない。むしろ、高名な名士の孔融《こうゆう》（孔子の二十世孫）が、劉備に助けを求めると、「孔融ほどの名士が天下に劉備があることを知っていてくれたのか」と喜び、すぐさま救援に赴いたように、名士を尊重し、名士間に名を売ろうとした。したがって、豫州では陳羣《ちんぐん》・徐州では陳登《ちんとう》という当時を代表する名士を辟召《へきしょう》（部下として召し出すこと）している。しかし、かれらは、劉備がそれらの州を失うと随従せず、名士が集団に留まり続けることはなかった。陳羣の献策に劉備が従わなかったように、関羽・張飛を差し置いてまで、名士の進言に従い得る集団でなかったためである。

この結果、名士は集団に留まり続けず、一時的に支配地を得ても保有することができず、劉備はやがて荊州《けいしゅう》の劉表を頼る。そこで、諸葛亮と出会うことになる。

### 海賊平定で名をあげる

孫呉の基礎を築いた孫堅は、呉郡富春県《ごぐんふしゅんけん》の小豪族の出身である。その台頭は、十七歳のとき海賊を平定したという武力に依存する。

黄巾の乱が起こると、平定に努めていた朱儁《しゅしゅん》に見出され、功績をあげる。長沙《ちょうさ》太守に任命された孫堅は、区星《おうせい》の乱を平定したほか、隣接の郡の反乱までを鎮圧する武力を示した。

やがて、董卓が専制政治を行うと、孫堅はその打倒に立ち上がる。しかし、名士を傘下に納めなかったため、根拠地を保有できず、兵糧や軍勢を袁術に依存していた。それでも、孫堅は、陽人《ようじん》の戦いで董卓軍を破り、首都の洛《らく》陽《よう》に一番乗りを果たした。長安《ちょうあん》に逃れる際、董卓は洛陽を破壊していたが、孫堅は盗掘された皇帝陵を整えるなど、漢室への忠義を尽

**許昌の関羽像**
曹操と関羽が別れた覇陵橋は、現在も許昌市に残る。石造りの小さな橋で、そのもとに小さな関羽像がある。愛らしい姿で、今も曹操との別れを惜しむ。

くしたのである。

しかし、袁術に依存していた孫堅は、袁術の命により劉表と戦うことになる。陣頭で戦い続けた孫堅は、やがて劉表の部将である黄祖《こうそ》との戦いの中で命を落とす。享年、三十七歳であった。

孫堅の漢への忠義に貫かれた一生は、こののち孫策に袁術から自立する正統性を与える。さらには、孫氏が江東に自立勢力を形成していく際の大義名分となっていく。また、孫堅を支えた武将たちは、こののち子の孫策《そんさく》・孫権《そんけん》を支えていく。程普《ていふ》・韓当《かんとう》・朱治《しゅち》・黄蓋《こうがい》といった孫堅の武将たちは、赤壁の戦いの際にも、曹操との決戦の主力となっていった。

孫堅の生涯は、漢室への忠義を尽くしたという正統性と譜代の臣下たちを子どもたちに残したのである。

# 第六回　曹操の台頭

初《メ》曹操自《リ》二討《ツ》レ卓《ヲ》時一、戦《ヒ》二于滎陽《ニ》一、還《リテ》屯《ス》二河内《ニ》一。尋《イデ》領《シ》二東郡太守《ヲ》一、治《ちス》二**東武陽**《ニ》一。已《ニシテ》而入《リテ》二兗州《ニ》一拠《リ》レ之《ニ》、自《ラ》領《ス》二**刺史**《ヲ》一。遣《ハシテ》レ使《ヲ》上書《シテ》、以《テ》為《ル》二兗**州牧**《ト》一。上還《ル》二洛陽《ニ》一。操入《シ》朝、遷《ス》二上《ヲ》於許《ニ》一。操撃《チテ》殺《ス》二呂布《ヲ》一。初《メ》布自《リ》二**関中**一出二奔《シ》袁術《ニ》一、又帰《ス》二袁紹《ニ》一。已《ニシテ》而又去《リ》、為《リテ》二操《ノ》所《ト》レ攻《ムル》、走帰《リテス》二劉備《ニ》一。尋《イデ》又襲《ヒ》レ備《ヲ》、拠《ル》二**下邳**《ニ》一。備走《リテ》帰《ス》レ操《ニ》。操遣《ム》二備《ヲシテ》屯《セ》レ**沛**《ニ》。布使《メ》二陳登《ヲシテ》見《エ》レ操《ニ》、求《ムルモ》レ為《ランコトヲ》二徐州牧《ト》一、不レ得。登還《リテ》謂《ヒテ》レ布《ニ》曰《ク》、登見《エテ》二曹公《ニ》一言《フ》、養《フハ》二将軍《ヲ》一如《シ》レ養《フガ》レ虎《ヲ》。当《ニ》《シ》レ飽《カシム》二其肉《ニ》一。不《ンバ》レ飽《カ》則噬《マント》レ人《ヲ》。公曰《ク》、不レ然《ラ》。譬《ヘバ》如《シ》レ養《フガ》レ

鷹。飢則附人、飽則颺去、布復攻備。備走復帰操。操擊布至下邳。布度戦皆敗、困迫降。操縛之曰、縛虎不得不急。卒縊殺之。備従操還許。

◉語　釈

**東武陽**《とうぶよう》……東武陽は東郡の属県。治《ち》は郡府を置くこと。

**刺史**《しし》……もともとは州の監察官。秩石は六百石。

**州牧**《しゅうぼく》……州の行政官。後漢末には、はじめ九卿《きゅうけい》（中二千石）経験者が就任した。

**関中**《かんちゅう》……函谷関より西の陝西《せんせい》省方面。長安を中心とする。

**下邳**《かひ》……今の江蘇《こうそ》省邳県。

**沛**《はい》……江蘇省にある漢を建てた高祖（劉邦）の生地。

## ◉書き下し

初め曹操《そうそう》卓を討つ時より、滎陽《けいよう》に戦ひ、還りて河内《かだい》に屯す。尋《つ》いで東郡太守《とうぐんたいしゅ》を領し、東武陽に治《ち》す。已《すで》にして兗《えん》州に入りて之に拠り、自ら刺史《しし》を領す。使を遣《つか》はして上書して、以て兗州牧《えんしゅうぼく》と為る。上《しょう》洛陽に還る。操 入朝し、上を許《きょ》に遷す。

操 撃ちて呂布《りょふ》を殺す。初め布 関中より袁術《えんじゅつ》に出奔し、又 袁紹《えんしょう》に帰す。已にして又 去り、操の攻むる所と為りて、走りて劉備に帰す。尋いで又 備を襲ひ、下邳《かひ》に拠る。備 走りて操に帰す。操 備をして沛に屯せしむ。布 陳登《ちんとう》をして操に見《まみ》えしめ、徐州牧《じょしゅうぼく》と為らんことを求むるも、得ず。登 還りて布に謂ひて曰く、「登、曹公に見えて言ふ、『将軍を養ふは虎を養ふが如し。当《まさ》に其の肉に飽かしむべし。飽かずんば則ち人を噬《か》まん』と。公 曰く、『然らず。譬《たと》へば鷹を養ふが如し。飢うれば則ち人に附き、飽かば則ち颺《す》て去る』と」。布 復た備を攻む。備 走りて復た操に帰す。操 布を撃ちて、下邳に至る。布 度〻戦ひて皆 敗れ、困迫して降る。操 之を縛して曰く、「虎を縛するは急ならざるを得ず」と。卒に之を縊殺《いさつ》す。備 操に従ひて許に還る。

## ◉現代語訳

これよりさき曹操は董卓を討つ時から、滎陽《けいよう》で戦い、もどって河内郡《かだい》に駐屯した。ついで東郡太守となり、（その属県の）東武陽県《とうぶようけん》を治所（郡府の所在地）とした。そののち兗州《えん》に入ってここを拠点とし、自ら兗州刺史《しし》と称した。使者を派遣して（皇帝に）書を上《たてまつ》り、兗州牧となった。天子が（長安から）洛陽に帰った。曹操は入朝して、天子を許《きょ》に遷した。

曹操は攻撃して呂布を殺した。これよりさき呂布は関中《かんちゅう》から袁術のもとへ出奔し、また袁紹をたよった。やがてまた去り、曹操に攻められて、敗れて劉備をたよった。ついでまた劉備を襲い、下邳《かひ》を拠点とした。劉備は逃れて曹操をたよった。曹操は劉備を沛《はい》に駐屯させた。呂布は陳登《ちんとう》を曹操に面会させて、徐州牧になることを求めたが、得られなかった。陳登は戻って呂布に報告して、「登《わたし》は曹公《そうこう》に会って、『（呂布）将軍を養うのは虎を養うようなものです。（徐州という餌《えさ》を与えて）肉に飽きさせなければなりません。飽き足りないと人を噛《か》む（ように曹公を攻める）でしょう』と申しました。曹公は、『そうではない。たとえば鷹を養うのと同じようなものだ。飢えれば人に馴《な》つくが、飽きると飛び去ってしまう。（叛《そむ》いてばかりいる呂布を養うことはできない）』といった」と申し上げた。呂布はまた劉備を攻めた。劉備は逃れてまた曹操をたよった。曹操は呂布を攻めて、下邳まで来た。呂布は

## 後漢の行政区分と行政官

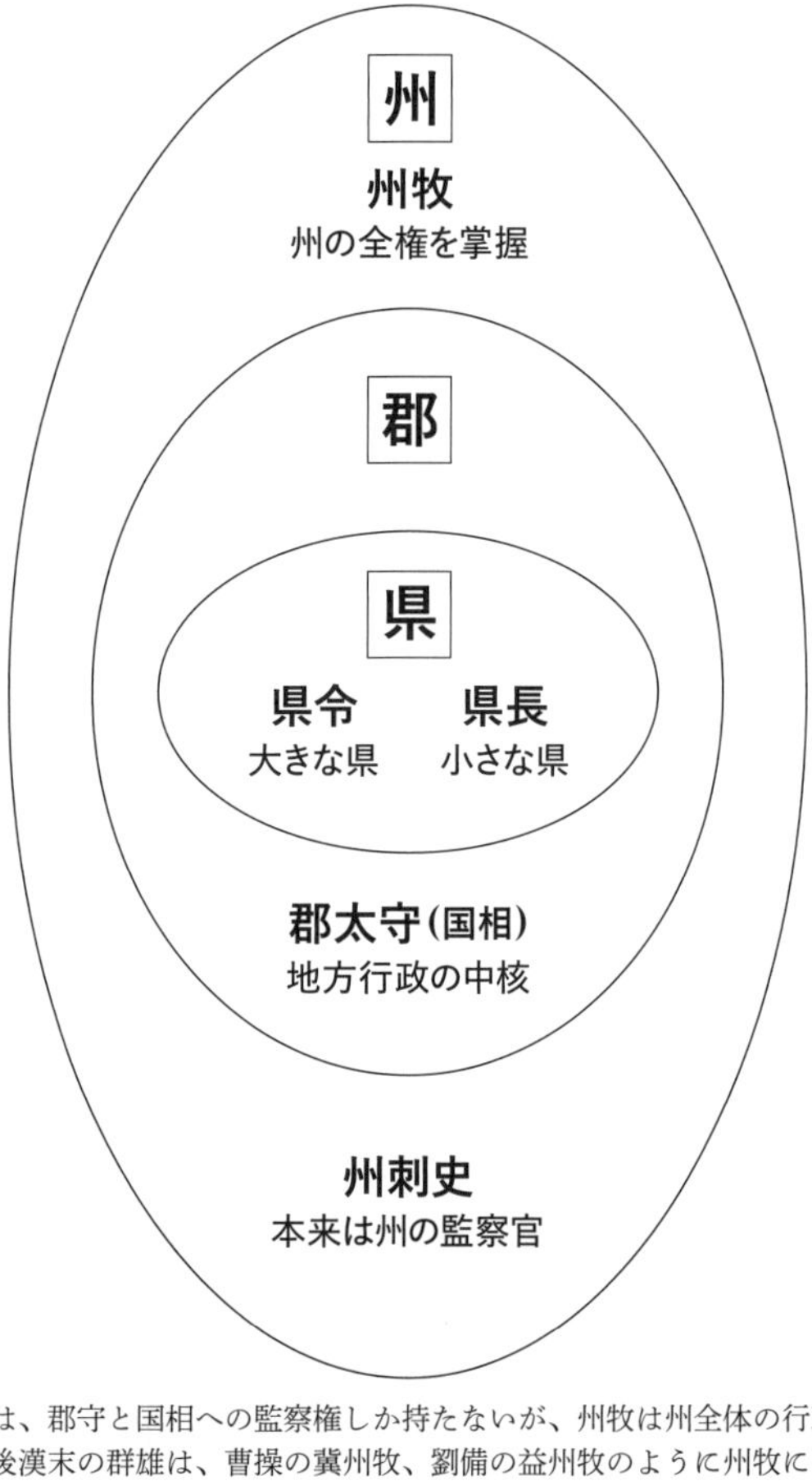
州
州牧
州の全権を掌握
郡
県
県令
大きな県
県長
小さな県
郡太守（国相）
地方行政の中核
州刺史
本来は州の監察官

州刺史は、郡守と国相への監察権しか持たないが、州牧は州全体の行政権を持つ。後漢末の群雄は、曹操の冀州牧、劉備の益州牧のように州牧になると有利で、揚州牧になれなかった孫権は州の統治が確立しにくかった。

しばしば戦ったがみな敗れた。困り果てて降服した。曹操は呂布を縛って、「虎を縛るにはきつくしなければならぬ」と言った。そしてこれを絞殺《こうさつ》した。劉備は曹操に従って許にもどった。

## 解説・鑑賞

### 呂布の生涯

三国志最強の武将は、呂布である。愛馬赤兎《せきと》に乗ったその雄姿は、「人中《じんちゅう》に呂布あり、馬中に赤兎《せきと》あり」という軍中語《ぐんちゅうご》（軍隊の中で行われた人物評価）により伝えられる。

王允とともに董卓を殺害した呂布であったが、董卓の率いていた涼州《りょうしゅう》兵を許さなかったため、李傕《りかく》と郭汜《かくし》が糾合した涼州兵に長安を陥落させられた。呂布は、袁術のもとに逃れた。董卓は袁隗《えんかい》をはじめとする袁氏一族を殺害しており、呂布はその敵討ちをしたことになるからである。しかし、袁術は呂布の無節操を憎み、これを受け入れなかった。仕方がなく、北方の袁紹に仕え、黒山《こくざん》の張燕《ちょうえん》を破ったものの、その傲慢さを嫌われ、張邈《ちょうばく》のもとに逃れていく。曹操が徐州《じょしゅう》大虐殺を行ったことで、陳宮《ちんきゅう》が反乱を起こすと、張邈とともにこれに参加し、兗州牧に迎えられ、濮陽《ぼくよう》で曹操と戦った。曹操に敗れた呂布は、徐州牧となっていた劉備《りゅうび》をたより、

それが川《かわ》の水《みず》かさが異常《いじょう》に増《ま》し城内《じょうない》に水《みず》が流《なが》れ込《こ》んで参《まい》りました
なにっ
ともかくごらんくださいませ
ウ〜イ
ピャャ
ピャャ
うっ

曹操は呂布を下邳城《かひ》に水攻めで滅ぼした。『孫子』魏武注《ぎぶちゅう》（曹操の注釈）の中で、（城を落とすのは十倍の兵が必要だが）「わずか二倍の兵力で呂布を破った」と特記している。

その隙をみて張飛《ちょうひ》を破り、下邳城《かひじょう》を奪い取って劉備の妻子を捕虜とする。劉備は、呂布と和解して小沛《しょうはい》に駐屯し、捲土重来《けんどちょうらい》を期した。

建安《けんあん》三（一九八）年、呂布は袁術と結んで曹操に反旗を翻し、劉備を破って曹操のもとへと追いやる。曹操は自ら呂布の征討に赴き、下邳を水攻めにした。郭嘉《かくか》の進言により、沂水《きすい》と泗水《しすい》の流れを決壊させたのである。下邳城は、東門を除き、ことごとく水浸しとなった。曹操が行った水攻めは、城市《じょうし》の周囲に長大な堤防を築き、近くの河川から水を引いて水没させる戦法であった。これは大規模な土木工事を必要とし、費用も日数も掛かる攻め方であるが、火薬がなかった三国時代には、城攻めの重要な手段の一つであった。

困窮した呂布は、袁術に救援を求めるが、袁術は現れない。水攻めによって兵糧が不足し、内部分裂した呂布の集団は崩壊、呂布は曹操に降服したのである。

## 第七回 官渡の戦い

袁術初拠《メリ》二南陽一、已《ニシテ》而拠《ル》二寿春一。以《テ》三讖《ニ》言《フヲ》二代《ハル》レ漢《ニ》者《ハ》当《タリテ》レ塗《ニ》高《シト》一、自《ラ》云《フ》、名字応《ズト》レ之《ニ》。遂《ニ》称《ス》レ帝《ト》。淫侈《スルコト》甚《シ》。既《ニシテ》而資実空虚《ニシテ》、不レ能《ハ》二自立《スル》一。欲《ス》レ奔《ラント》二袁紹《ニ》一。操遣《ハシテ》二劉備《ヲ》一邀《ヘシム》レ之《ヲ》。術走《リ》還《リ》、欧《キテ》レ血《ヲ》死《ス》。

孫策既《ニ》定《メ》二江東《ヲ》一、欲《スルモ》レ襲《ハント》レ許《ヲ》、未《ダ》レ発《セ》。故所《ノ》レ殺《ス》呉郡守《タル》許貢之奴、因《リテ》二其《ノ》出《デテ》猟《スルニ》一、伏《シテ》而射《ル》レ之《ヲ》。創甚《ダシ》。呼《ビテ》二弟《ノ》権《ヲ》一、代《ハリテ》領《セシメテ》二其《ノ》衆《ヲ》一曰《ク》、挙《ゲテ》二江東之衆《ヲ》一、決《シ》二機《ヲ》於両陣之間《ニ》一、与二天下一争《フハ》レ衡《ヲ》、卿不レ如《カ》レ我《ニ》。任《ジ》レ賢《ニ》使《ヒ》レ能《ヲ》、各〻尽《クサシメテ》二其《ノ》心《ヲ》一以《テ》保《ツハ》二江東《ヲ》一、我不《ト》レ如カレ卿ニ。卒ス、年二十六ナリ。
袁紹拠ル二冀州ニ一。簡ビ二精兵十万、騎一万ヲ一、欲スレ攻メントレ許ヲ。沮授諫メテ
曰ク、曹操奉ジテ二天子ヲ一以テ令ス二天下ニ一。今挙ゲレ兵ヲ南ニ向カハバ、於テレ義ニ則チ違ハン。
密カニ為ニレ公ノ懼ルトレ之ヲ。紹不レ聴カ。操与レ紹相二拒グ一於官渡ニ一。襲ヒテ破ル二紹ノ
輜重ヲ一。紹ノ軍大イニ潰ユ。慚憤シテ欧キテレ血ヲ死ス。

◉語　釈

**寿春《じゅしゅん》**……県名。今の安徽《あんき》省の地。
**讖《しん》**……予言書。緯書《いしょ》（孔子に仮託して偽作された予言書）の一種。
**当塗高《とうとこう》**……「塗」はみち、道路のこと。「塗《みち》に当《あ》たりて高し」とは、周《しゅう》の時代に法令を楼門に懸《か》けて、民に仰いで見させたことをさす。これを「象魏《しょうぎ》（魏を象徴する）」と解釈することで、後に曹丕《そうひ》もこれを利用する。袁術は、名の「術」が邑《ゆう》の中の「道」の意であり、字の「公路《こうろ》」が「大道」を意味することから、自分のための予言だとしたのである。

淫侈《いんし》……「淫」は酒色に耽ること。「侈《し》」は浪費すること。
争衡《そうこう》……勝負を争うこと。「衡」は秤竿《ひょうかん》（ハカリザオ）のこと。
官渡……城名。今の河南省の地。

◉**書き下し**

袁術《えんじゅつ》 初め南陽《なんよう》に拠り、已《すで》にして寿春《じゅしゅん》に拠る。讖《しん》に、「漢に代はる者は塗《みち》に当たりて高し」と言ふを以て、自ら云ふ、「名字 之に応ず」と。遂に帝と称す。淫侈《いんし》すること甚し。既にして資実 空虚にして、自立する能《あた》はず。袁紹《えんしょう》に奔《はし》らんと欲す。操 劉備を遣《つか》はして之《これ》を邀《むか》へしむ。術 走り還り、血を欧《は》きて死す。

孫策《そんさく》 既に江東を定め、許を襲はんと欲するも、未だ発せず。故《もと》の殺す所の呉郡守たる許貢《きょこう》の奴、其の出でて猟するに因りて、伏して之を射る。創《きず》 甚《はなは》だし。弟の権《けん》を呼びて、代はりて其の衆を領せしめて曰く、「江東の衆を挙げて、機を両陣の間に決し、天下と衡《こう》を争ふは、卿《けい》 我に如《し》かず。賢に任じ能を使ひ、各〻其の心を尽くさしめて、以て江東を保つは、我 卿に如かず」と。卒す、年 二十六なり。

袁紹 冀州《きしゅう》に拠る。精兵十万、騎一万を簡《えら》び、許を攻めんと欲す。沮授《そじゅ》 諫めて曰く、「曹操《そうそう》 天子を奉じて以て天下に令す。今 兵を挙げ南に向かはば、義に於て則ち違はん。

密かに公の為に之を懼る」と。紹 聴《き》かず。操 紹と官渡《かんと》に相《あい》 拒ぐ。襲ひて紹の輜重《しちょう》を破る。紹の軍 大いに潰《つい》ゆ。慚憤《ざんふん》して血を欧《は》きて死す。

**◉現代語訳**

袁術ははじめ南陽《なんよう》郡を拠点としていたが、しばらくして寿春《じゅしゅん》県を拠点とした。讖緯《しんい》書（予言書）に「漢に代わる者は途《みち》に当たって高し」とあることを、自分で、「名《な》（術《みち》）と字《あざな》（公路《こうろ》）が一致している」といった。こうして皇帝を称した。酒と女に耽《ふけ》り浪費が甚だしく、やがて財政が窮乏して、自立ができなくなった。（そこで、従兄の）袁紹のもとに逃げようとした。曹操は劉備を派遣して迎撃させた。袁術は敗走して、（悲憤のあまり）血を吐いて死んだ。

孫策はすでに江東を平定し、（曹操の拠点である）許《きょ》を襲おうとしたが、まだ実行できなかった。かつて（孫策が）殺した呉郡太守《ごぐんたいしゅ》である許貢《きょこう》の家臣が、孫策が猟に出かけるのを見かけ、待ち伏せして狙撃した。傷は重かった。（孫策は）弟の権を呼んで、（自分に）代わって軍隊を統率させて言った、「江東の軍を率いて、勝機を（敵味方）両軍の間で決し、天下の群雄と強弱を争うのは、お前は我《わたし》に及ばない。（しかし）賢者を任じ能者を用い、それぞれにその心を尽くさせ、江東を保っていくのは、我《わたし》はお前に及ばない」と。（遺言すると）亡くなった。二十六歳であった。

袁紹は冀州《きしゅう》を拠点としていた。精兵十万、騎兵一万を選び、（曹操が都としていた）許を攻めようとした。沮授《そじゅ》が諫めて、「曹操は天子をいただき天下に号令しております。いま兵を挙げ南に向かえば、（天子に弓を引くことになり）義として（臣たる道に）違《たが》うことになりましょう。ひそかに公のためにこれを心配いたします」と言った。（しかし）袁紹は聴き入れなかった。曹操は袁紹と対陣し、官渡で互いに戦った。（曹操は烏巣《うそう》を）急襲して袁紹の輜重《しちょう》を破った。袁紹の軍は大敗した。（袁紹は）恥じ憤って血を吐いて死んだ。

**曹公像**
官渡の古戦場には、曹操の像が置かれている。

## 解説・鑑賞

### 孫策横死の理由

孫策《そんさく》が暗殺されたのは、江東支配が安定しなかったためである。その最大の理由は、孫策に

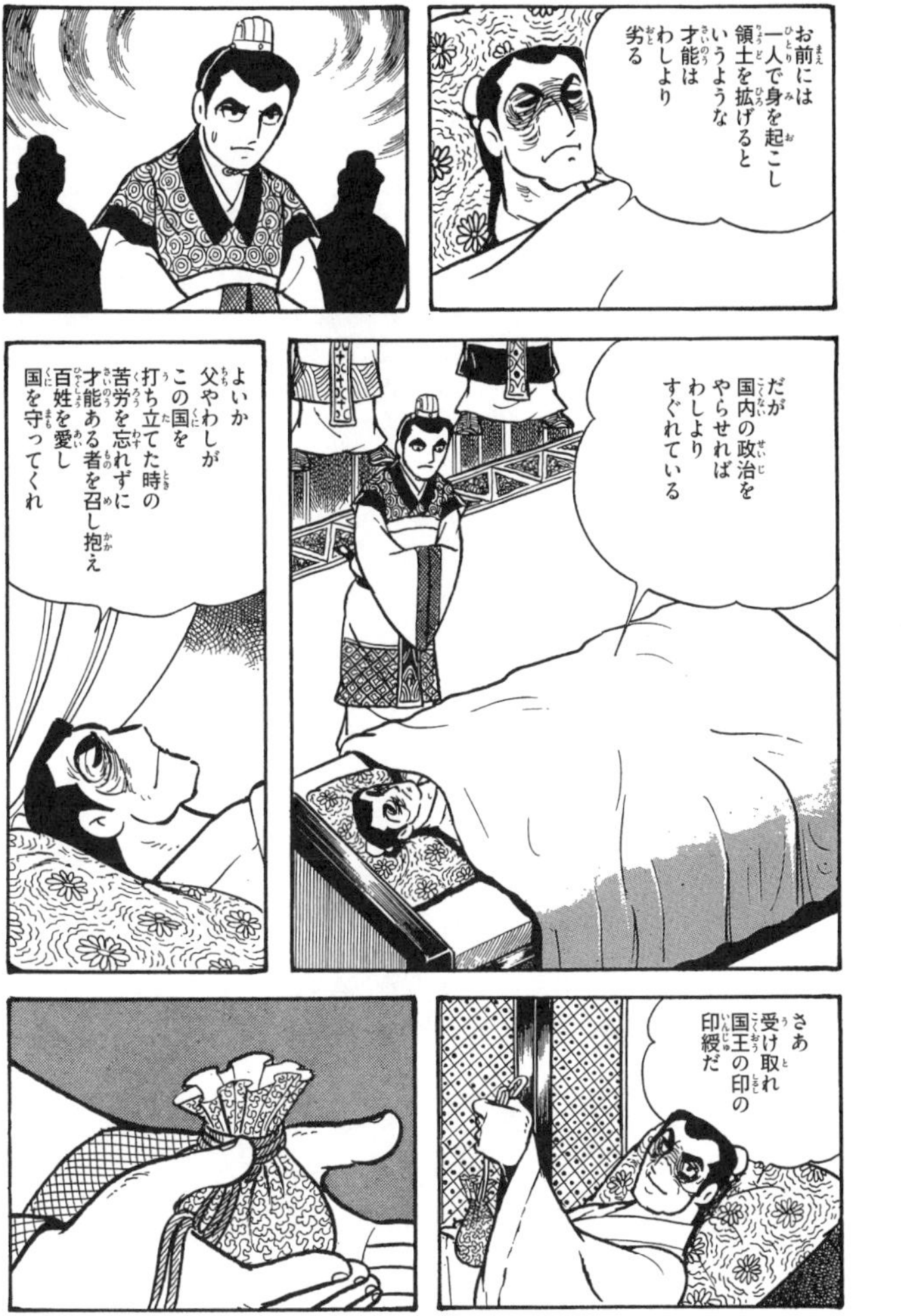
お前《まえ》には一人《ひとり》で身《み》を起《お》こし領土《りょうど》を拡《ひろ》げるというような才能《さいのう》はわしより劣《おと》る
だが国内《こくない》の政治《せいじ》をやらせればわしよりすぐれている
よいか父《ちち》やわしがこの国《くに》を打《う》ち立《た》てた時《とき》の苦労《くろう》を忘《わす》れずに才能《さいのう》ある者《もの》を召《め》し抱《かか》え百姓《ひゃくしょう》を愛《あい》し国《くに》を守《まも》ってくれ
さあ受《う》け取《と》れ国王《こくおう》の印《しるし》の印綬《いんじゅ》だ

孫策は、袁術の手先として陸康一族を皆殺しにしたので、呉郡での支配が不安定であった。その戦いに幼かった孫権は、参加していないので、江東との和解が期待できた。

よる陸康《りくこう》の族滅にある。袁術の命を受け、孫策が攻撃した廬江太守《ろこうたいしゅ》の陸康は、呉郡を代表する豪族「呉の四姓《しせい》」の出身であった。呉郡の富春《ふしゅん》県の弱小豪族出身である孫氏は、陸氏を筆頭とする「陸・顧《こ》・朱《しゅ》・張《ちょう》」という呉の四姓の支持を得て、呉郡に基盤を構築することが、孫堅以来の宿願であった。

孫堅の後を嗣《つ》いだ孫策は、袁術から自立する前に陸康を訪ねている。袁術の私兵同然の状況から抜け出すため、郷里の大豪族たちの協力を求めに行ったのであろう。しかし、陸康は自ら会おうとはせず、部下の役人に応対させただけであった。孫策は、つねづねこれを恨みに思っていたという。父孫堅《そんけん》は呉の四姓を尊重し、陸康の甥から救援を頼まれた際に、躊躇なく軍を進めている。それなのに、という孫策の気持ちは共有できよう。ゆえに孫策は、容赦なく陸康を攻撃し、一族の大半を殺害した。これにより、陸氏を筆頭とする江東の名士・豪族は、孫策に対して抜き差しならない感情を持つに至る。孫呉政権の滅亡まで続く、孫氏と江東の豪族たちとの対峙性《たいじせい》がここに生まれたのである。

臨終の際、孫策は弟の孫権に、「軍勢を動員し、天下の群雄たちと雌雄を決することでは、お前はわたしに及ばない。しかし、賢者の意見を聞き、才能のある者を用いて、江東を保つことでは、お前の方がわたしよりも優れている」と言い遺す。陸康を直接手にかけた自分への江東の反発を最期まで気に病んでいたことが分かろう。

## 官渡の戦いの勝因

反董卓を旗印に挙兵して以来約十年、曹操はようやく河南の兗州《えんしゅう》・豫《よ》州《しゅう》を基盤に、献帝《けんてい》を擁立して天下に号令する立場をえた。しかし、袁紹もまた、河北の冀州《きしゅう》・幽州《ゆうしゅう》・幷州《へいしゅう》・青州《せいしゅう》を支配し、曹操をうわまわる領土を支配していた。袁紹が、その本拠地である鄴《ぎょう》を精兵十数万を率いて出発し

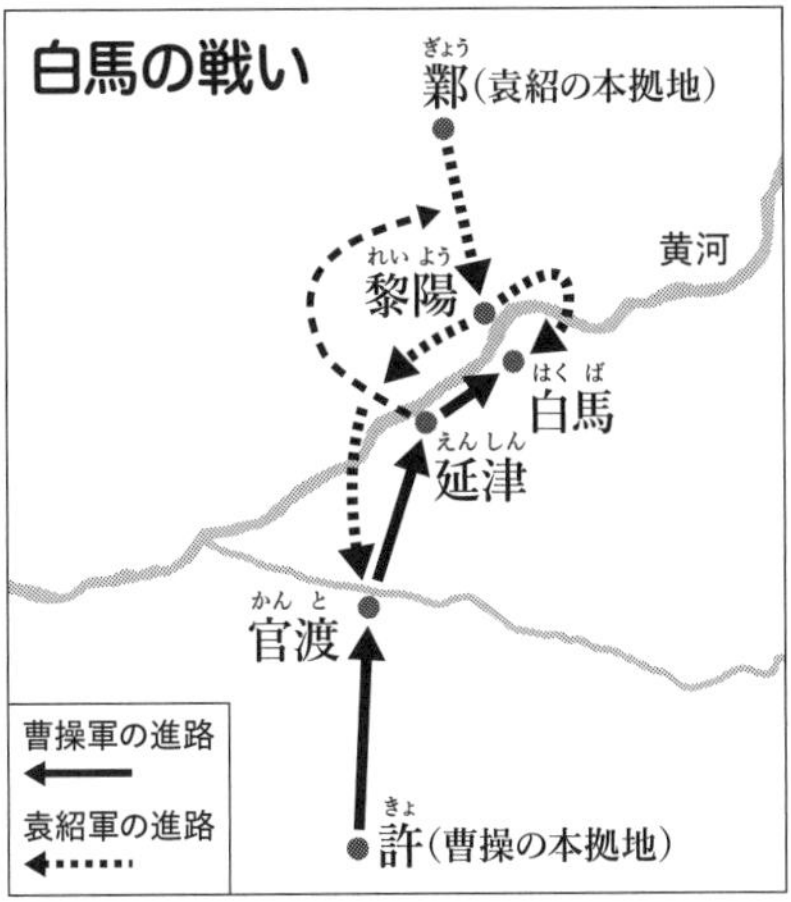


官渡の戦いの前哨戦である白馬の戦いでは、運動戦を行った曹操軍の先鋒関羽が、袁紹の武将である顔良を斬った。

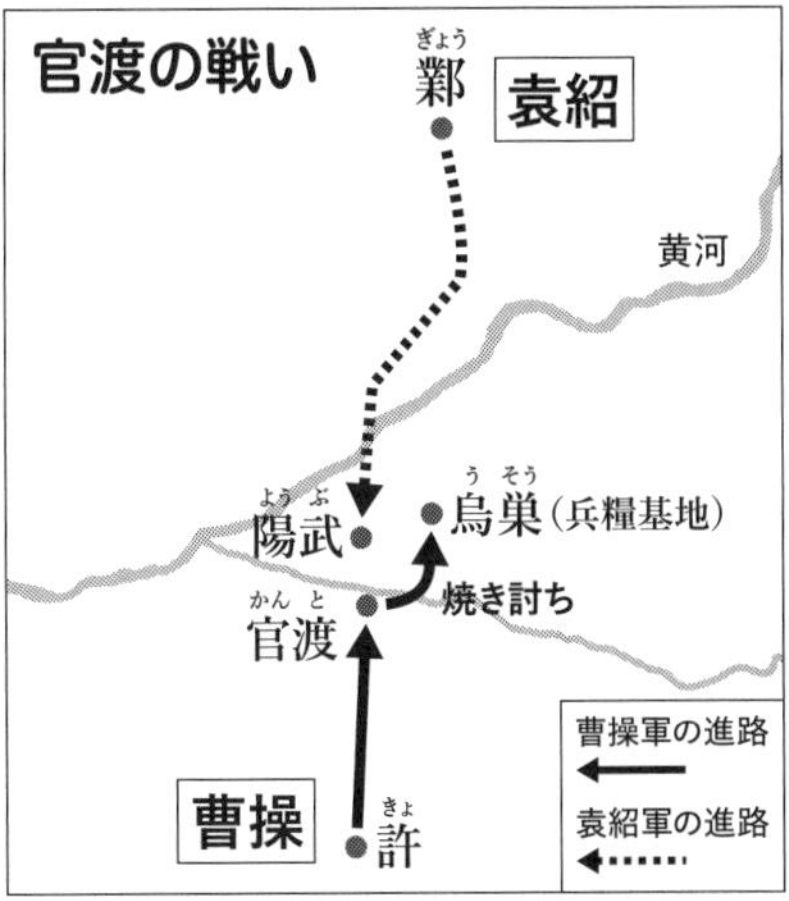


官渡の戦いは陣地戦となり、兵力の多い袁紹に有利であったが、曹操は袁紹側の兵糧貯蔵庫の烏巣を騎兵で強襲し、勝利をおさめた。

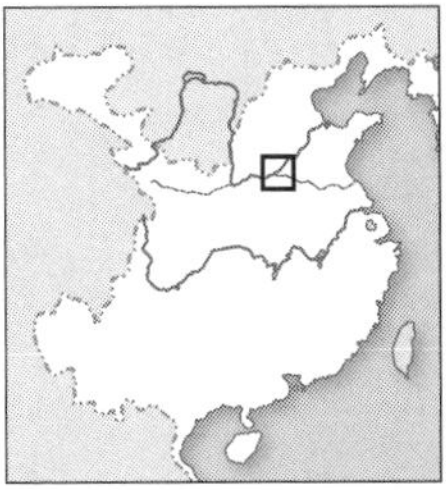

たと聞いた曹操は、建安《けんあん》四（一九九）年八月、黎陽《れいよう》に軍を進めて先制攻撃をしかけたのである。

これに対して、建安五（二〇〇）年二月、袁紹の大軍は、ついに進撃を開始する。黎陽に進軍した袁紹は、袁紹軍を代表する猛将である顔良《がんりょう》に、白馬を守る曹操側の劉延《りゅうえん》の攻撃を命じた。四月、曹操は荀攸《じゅんゆう》の献策に基づき、ひとまず延津《えんしん》に兵を進め、黄河をわたり敵の背後をつく作戦とみせかけ、白馬に急行した。予想どおり袁紹は軍を二分し、主力を西に向けて曹操軍が黄河を渡ることを防ごうとした。これを見た曹操は、一気に白馬に向かい、一時的に曹操の部将となっていた関羽が顔良を斬り、袁紹軍を大破したのである。

顔良の敗戦を聞いた袁紹は、黄河を渡り延津の南に軍を進め、曹操を追った。大軍に追撃された曹操は、わざと軍事物資を大量に放棄する。敵の騎兵がそれに気を取られると曹操は反撃に転じ、顔良と並ぶ袁紹軍の勇将文醜《ぶんしゅう》を討ち取った。あいつぐ武将の戦死に袁紹軍がひるむと、曹操は官渡に帰還する。緒戦は、曹操の勝利のうちに終わり、こののち官渡における本格的な陣地戦が開始されるのである。

緒戦のつまずきにより、やむなく陽武《ようぶ》に陣取った袁紹は、各陣営を横に連ねて前進し、官渡にせまって決戦をいどむ。曹操は兵力不足のため、陣営深くにひきこもった。そこで袁紹は、高い櫓《やぐら》を組んで上から矢の雨を降らせると、曹操は発石車を使って櫓を破壊した。すると、袁紹が地下道を掘り進めたので、曹操も堀を作って対抗した。しかし、陣地をめぐる長期戦は、結局は兵力の多い袁紹に有利なのである。

戦いの長期化により、曹操軍では兵糧輸送がとどこおりはじめる。さすがの曹操も弱気になって、留守を預かる荀彧《じゅんいく》に撤兵すべきか否かを相談した。荀彧は名士間の情報を分析し、勝利を確信していたので、抗戦を続けるよう曹操を励ました。兵糧に苦しんだのは袁紹軍も同じである。袁紹は淳于瓊《じゅんうけい》に輸送隊を迎えに行かせた。このとき、袁紹に献策を無視され続けた名士許攸《きょゆう》が、曹操に帰順した。袁紹は、どの名士の献策に従うべきか、判断できなかったのである。

許攸は、淳于瓊が烏巣《うそう》で守る兵糧を攻撃することを進言した。その信用性を危ぶむ声もあったが、荀攸と賈詡《かく》の勧めもあり、曹操は自ら精鋭を率いて烏巣を攻撃し、淳于瓊を破り兵糧を焼き払った。袁紹は、淳于瓊を救援する一方で、曹操不在の官渡を張郃《ちょうこう》・高覧《こうらん》に攻撃させた。しかし、淳于瓊の敗退を聞いた張郃・高覧は曹操に降服、袁紹軍は総崩れとなり、官渡の戦いは曹操の大勝利に終わったのである。

二人の名士の使い方が、勝利を分けた一戦と言えよう。

# 第八回　髀肉の嘆

車騎将軍《ノ》董承、称《シ》レ受《クト》二密詔《ヲ》一、与《ニ》二劉備一誅《セントス》二曹操《ヲ》一。操一日、従容《トシテ》謂《ヒテ》レ備《ニ》曰《ク》、今天下《ノ》英雄《ハ》、唯《ダ》使君《ト》与レ操耳《ト》。備方《ニ》食《セントシ》、失《ス》二匕筯一。値《ヒテ》二雷震《ニ》一詭《リテ》曰《ク》、聖人云《フ》、迅雷風烈《ニハ》必《ズ》変《ズト》。良《ニ》有《リト》レ以也。備既《ニ》被《サレテ》レ遣《ハ》邀《フ》二袁術《ヲ》一。因《リテ》之《ゆキ》二徐州《ニ》一、起《コシテ》レ兵《ヲ》討《ツ》レ操《ヲ》。操撃《ツ》レ之《ヲ》。備先《ヅ》奔《ル》二冀州《ニ》一。領《シテ》レ兵《ヲ》至《ル》二汝南《ニ》一。自《リ》二汝南一奔《リ》二荊州《ニ》一、帰《ス》二劉表《ニ》一。嘗《テ》於《テ》二表《ノ》坐《ニ》一、起《チテ》至《ル》レ厠《ニ》。還《リテ》慨然《トシテ》流《ス》レ涕《ヲ》。表怪《シミテ》問《フ》レ之《ヲ》。備曰《ク》、常時、身不レ離《レ》レ鞍《ヲ》。髀肉皆消《ス》。今不二復《タ》騎《のラ》一。髀裏《ニ》肉生《ズ》。日月如《ク》レ流《ルルガ》、老《ノ》将《ニ》《ルニ》レ至《ラント》、功業不レ建《タ》。是《ヲ》以《テ》悲《シム》耳《ト》。

◉語　釈

**車騎《しゃき》将軍**……勲功の著しい者に与えられる大将軍に次ぐ第二位の将軍号。
**使君《しくん》**……州牧への呼称。太守は府君と呼ぶ。
**匕筯《ひちょ》**……「匕」は匙《さじ》。「筯」は箸。
**迅雷風烈必変**……『論語』郷党篇の句。孔子は烈しい雷や風の時は（これを天の怒りと考え）必ず顔色を変えて謹慎したという。
**有以**……以は故《ゆえ》の意味。
**慨然《がいぜん》**……嘆く様子。
**髀肉《ひにく》**……内もものぜい肉。
**功業**……功績。ここでは漢を復興すること。

◉書き下し

車騎将軍《しゃきしょうぐん》の董承《とうしょう》、密詔を受くと称し、劉備と曹操を誅せんとす。操　一日《いちじつ》、従容《しょうよう》として備に謂《い》ひて曰く、「今天下の英雄は、唯《た》だ使君と操とのみ」と。備　方《まさ》に食せんとし、匕筯《ひちょ》を失す。雷震に値《あ》ひて詭《いつは》りて曰く、「聖人　云ふ、『迅雷風烈には必ず変ず』と。良《まこと》に以《ゆえ》有り」

と。備既に遣はされて袁術を邀《むか》ふ。因りて徐州《じょしゅう》に之《ゆ》き、兵を起《お》こして操を討つ。操之《これ》を撃つ。備先づ冀州《きしゅう》に奔る。兵を領して汝南《じょなん》に至る。汝南より荊州《けいしゅう》に奔《はし》り、劉表《りゅうひょう》に帰す。嘗《かつ》て表の坐に於《おい》て、起《た》ちて厠《かわや》に至る。還《かえ》りて慨然として涕《なみだ》を流す。表怪しみて之を問ふ。備曰く、「常時、身鞍を離れず、髀肉《ひにく》皆消《しょう》す。今復た騎《の》らず。髀裏に肉生ず。日月流るるが如く、老《おい》の将に至らんとするに、功業建たず。是《ここ》を以て悲しむのみ」と。

◉**現代語訳**

車騎将軍の董承《とうしょう》は、（献帝の）密詔を受けたと称して、劉備とともに曹操を誅殺しようとした。曹操はある日、くつろいだ様子で劉備に向かって、「いま天下の英雄は、ただ使君《きみ》と操《ぼく》だけだ」と言った。劉備はちょうど食べようとしていたが、（驚きのあまり）箸を落とした。雷鳴が激しいことにかこつけて、「聖人（孔子）は『激しい雷や風の日には顔色を変え（て天を恐れられ）た』と言います。もっともなことです」と言った。劉備は（曹操に）派遣されて袁術を迎撃した。それに乗じて徐州に行き、兵を起こして曹操を討った。曹操はこれを撃破した。劉備はまず冀州《きしゅう》（の袁紹のもと）にのがれ、（袁紹の命により）兵を率いて汝南《じょなん》郡に行っ（て曹操に抵抗し）た。（袁紹が官渡で敗れると）汝南郡から荊州《けいしゅう》に逃げて劉《りゅう》表《ひょう》に身を寄せた。あるとき劉備は劉表の坐（宴席）にいたが、起ちあがって厠《かわや》に行った。戻ってくると慨《なげ》きながら涙を流した。劉表は不思議に思いそのわけを尋ねた。劉備は、「つねに（戦場を往来して）、この身が鞍を離れることがありませんでしたから、股の内側のぜい肉はみな消えておりました。（ところが）いま久しく馬に乗りませんので、股の裏にぜい肉がついていました。日月は流れるように去り、老境が身に迫っているのに、功績をたてていません。このため悲しんでいただけです」と言った。

## 解説・鑑賞

### 劉備と名士

劉備は、荊州で劉表の客将となるまで、三国時代の支配層であった名士と呼ばれる知識人を自分の集団に受け入れない態度を示してきたわけではない。しかし、陳羣《ちんぐん》・陳登《ちんとう》などかつて集団に加入した名士は、劉備集団に留まり続けなかった。劉備集団は、関羽・張飛を差し置いて、名士の進言に従える集団ではなかった。劉備が名士の支持を得るのは、諸葛亮《しょかつりょう》が集団に参加した後のことである。

名士が集団に留まらないため、劉備は傭兵として群雄の間を渡り歩き、結局劉表を頼ることになった。その間、劉備の傭兵隊長としての能力は、研《と》ぎ澄まされた。劉備には不思議な魅力

今《いま》の世《よ》に
そのような
人物《じんぶつ》がおり
ましょう
か
いる
君《きみ》と
余《よ》だ
曹操《そうそう》は
それほど
私《わたし》を恐《おそ》れて
いるのか……
いかん！

物語の泣いてばかりの劉備とは異なり、史実の劉備は「梟雄《きょうゆう》」（油断ならぬ英雄）と呼ばれる、曹操も警戒する英雄であった。

があり、多くの雇い主から信頼を受け続けた。

もちろん、劉備の軍隊指揮能力は、曹操に「今の世の英雄は、君と私だけだ」と言わせるだけのものがあった。こののち政権に参加し、『三国志演義《えんぎ》』では天才軍師として描かれている諸葛亮は、劉備の生前中には、原則として軍隊を率いて戦うことはなかった。諸葛亮は、劉備の軍事能力の高さを信頼していたのである。

劉備は荊州で焦っていた。長いこと馬に乗らなかったため、ももの内側にぜい肉がついてしまったことを嘆く「髀肉の嘆《たん》」という言葉が生まれたのも、この時期である。しかし、客将という立場で、劉表の臣下に自己を売り込むことは許されない。したがって、高い名声を持ちながらも、劉表では天下を統一できないと考えて距離を保っている諸葛亮や徐庶《じょしょ》は、格好の接近対象であった。また、かれらの側も、漢室を復興するという大義名分と曹操までもが認める劉備の英雄としての資質には、興味を持っていた。こうした両者の思いが、劉備が諸葛亮を迎える時に尽くした「三顧の礼」をめぐる駆け引きとなって展開されるのである。

# 劉表治下の荊州と襄陽グループ

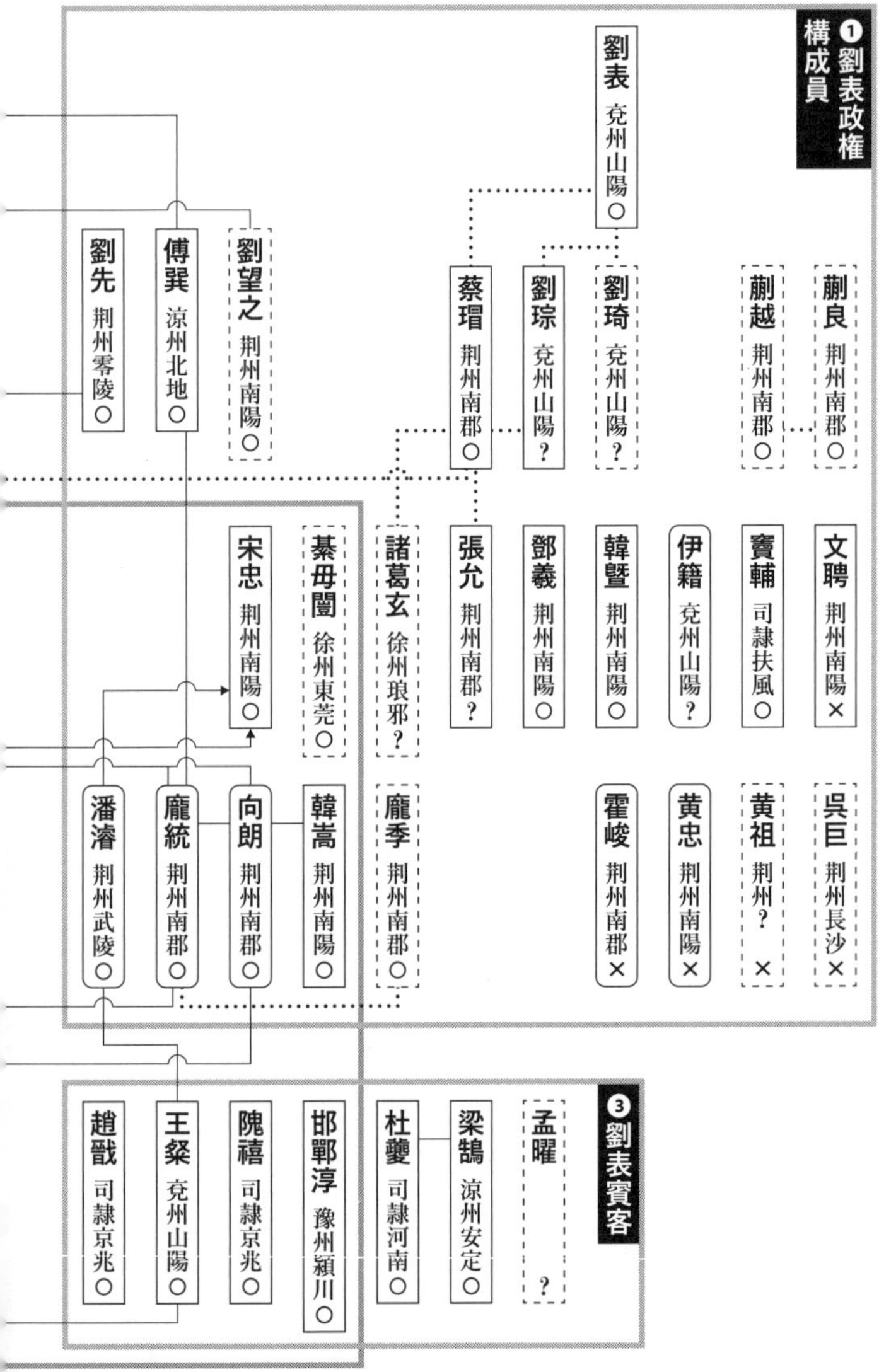

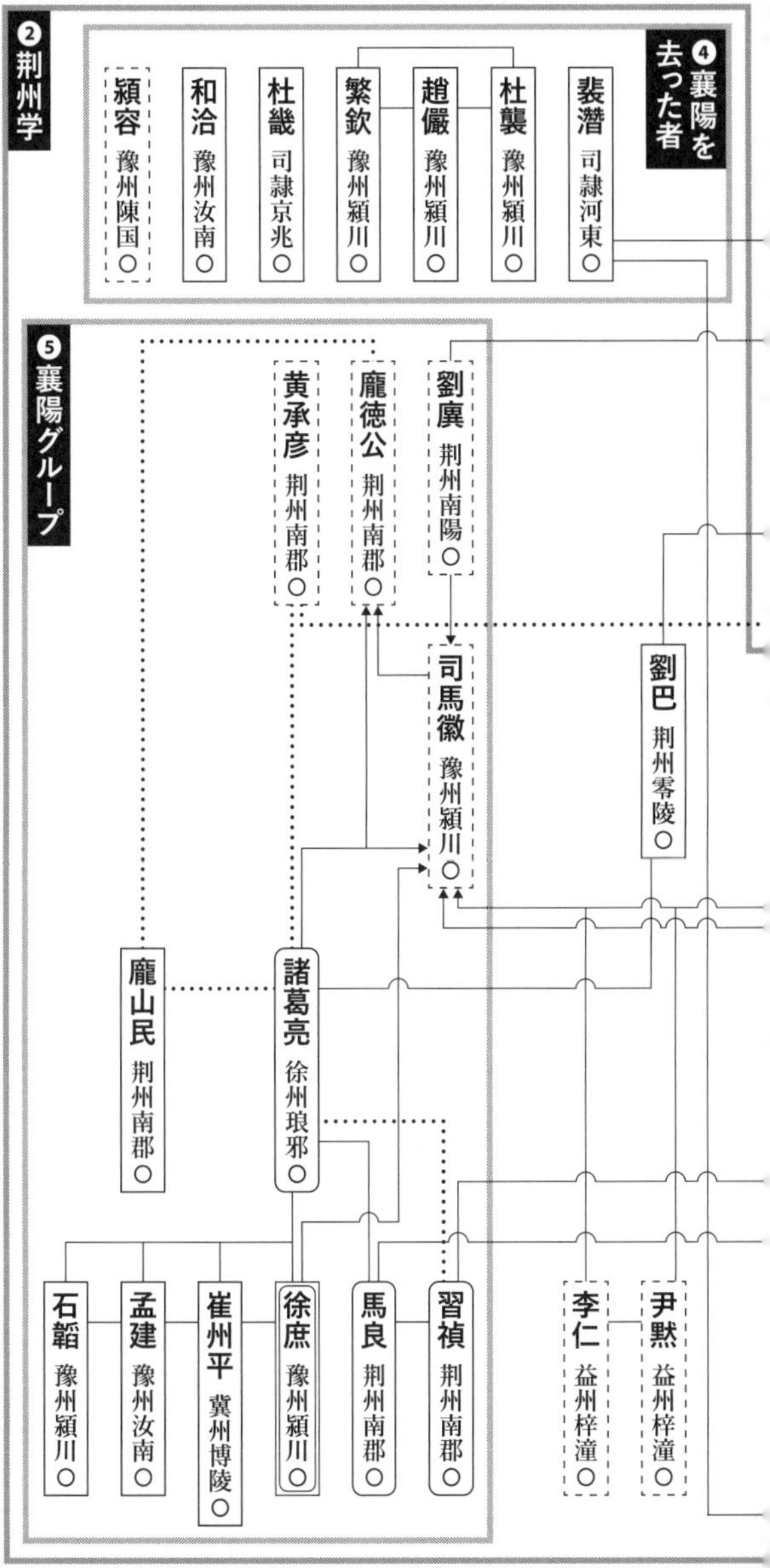
❷荊州学
❹襄陽を去った者
裴潜 司隷河東○
杜襲 豫州潁川○
趙儼 豫州潁川○
繁欽 豫州潁川○
杜畿 司隷京兆○
和洽 豫州汝南○
潁容 豫州陳国○
❺襄陽グループ
劉廙 荊州南陽○
龐徳公 荊州南郡○
黄承彦 荊州南郡○
劉巴 荊州零陵○
司馬徽 豫州潁川○
諸葛亮 徐州琅邪○
龐山民 荊州南郡○
尹默 益州梓潼○
李仁 益州梓潼○
習禎 荊州南郡○
馬良 荊州南郡○
徐庶 豫州潁川○
崔州平 冀州博陵○
孟建 豫州汝南○
石韜 豫州潁川○

凡例

氏名・出身地名・記号（○は「名士」、×は名声なき者、?は不明）の囲いは、劉表政権崩壊の際の動向を示す。劉備に仕えた者は▢、曹操に仕えた者は▢、双方に仕えないか不明の者は▢により表した。

また人士間の……は血縁・婚姻関係を、——は交友関係を、→は師事・兄事関係を示す。なお、地名は『続漢書』郡国志に基づく。繁雑になるため表記しなかったが、諸葛玄と諸葛亮、龐統・龐季と龐徳公・龐山民は一族である。

## 第九回 三顧の礼

瑯邪《ノ》諸葛亮、寓居《ス》襄陽《ノ》隆中《ニ》。毎《ニ》自《ラ》比《ス》**管仲・楽毅**《ニ》。備訪《ヌ》士《ヲ》於**司馬徽**《ニ》。徽曰《ク》、識《ル》時務《ヲ》者《ハ》在《リ》俊傑《ニ》。此《ノ》間自《ラ》有《リ》**伏龍・鳳雛**。諸葛孔明・龐士元也《ト》。徐庶《モ》亦《タ》謂《ヒテ》備《ニ》曰《ク》、諸葛孔明《ハ》臥龍也《ト》。備三《タビ》往《キテ》乃《チ》得見《ルヲ》亮《ヲ》、問《フ》策《ヲ》。亮曰《ク》、操《ハ》擁《シ》百万之衆《ヲ》。挾《ンデ》天子《ヲ》令《ス》諸侯《ニ》。此《レ》誠《ニ》不可《カラ》与《ニ》争《フ》鋒《ヲ》。孫権《ハ》拠有《シ》江東《ニ》、国険《ニシテ》而民附《ク》。可《クシテ》与《ニ》為《ス》援《ト》、而不可《カラ》図《ル》。荊州《ハ》用《フル》武《ヲ》之国、益州《ハ》**険塞**、沃野千里、**天府之土**《ナリ》。若《シ》跨有《シ》荊・益《ヲ》、保《チ》其《ノ》巖阻《ヲ》、天下《ニ》有《ラバ》変、荊州之軍《ハ》向《カヒ》宛・洛《ニ》、益州之衆《ハ》出《ヅレバ》

秦川ニ一、孰カ不ラン三**箪食壺漿**シテ、以テ迎ヘ二将軍ヲ一乎ト。備曰ク、善シト。与レ亮情好日ニ〻密ナリ。曰ク、孤之有ルハ二孔明一、**猶**ホシト二**魚之有**ルガレ**水也**。士元名ハ統、龐徳公ノ**従子**也。徳公素ヨリ有リ二重名一。亮毎レ至ル二其ノ家ニ一、独リ拝ス二床下ニ一。

◉語釈

**管仲**《かんちゅう》……春秋時代の斉《せい》の宰相。桓公《かんこう》を補佐して最初の覇者《はしゃ》とした。

**楽毅**《がくき》……戦国時代の燕《えん》の将軍。斉に侵入して多くの城を奪った。

**司馬徽**《しばき》……襄陽《じょうよう》名士の中心。荊州学（儒教の一派）を諸葛亮らに授けた。

**伏龍**《ふくりょう》……臥龍《がりょう》ともいう。諸葛亮の潜在能力を評価した言葉。

**鳳雛**《ほうすう》……龐統《ほうとう》への評価。二人への評価は龐徳公《ほうとくこう》によりなされた。

**険塞**《けんさい》……国の四方を固めている要害が多いところ。

**天府之土**……物質が充実して天の府庫のような土地。

**箪食壺漿**《たんしこしょう》……「箪」は竹製の食器。「壷」はつぼ。「漿」は一種の飲物。わりごに飯を入れ、つぼに飲物を用意して歓迎すること。

**猶魚之有水也**……双方離れることの出来ぬ親密な交わりに喩える。

**従子**……おい。

---

**◉書き下し**

瑯邪《ろうや》の諸葛亮《しょかつりょう》、襄陽《じょうよう》の隆中《りゅうちゅう》に寓居す。毎《つね》に自ら管仲《かんちゅう》・楽毅《がくき》に比す。備 士を司馬徽《しばき》に訪《たず》ぬ。徽 曰く、「時務を識る者は俊傑に在り。此の間《かん》 自《おのづか》ら伏龍《ふくりょう》・鳳雛《ほうすう》有り。諸葛孔明《こうめい》・龐《ほう》士元《しげん》なり」と。徐庶《じょしょ》も亦た備に謂ひて曰く、「諸葛孔明は臥龍《がりょう》なり」と。備 三たび往きて乃ち亮を見るを得、策を問ふ。亮 曰く、「操は百万の衆を擁し、天子を挾《さしはさ》んで諸侯に令す。此れ誠に与《とも》に鋒《ほこさき》を争ふ可からず。孫権は江東《こうとう》に拠有し、国 険にして 民 附く。与《とも》に援《えん》と為す可くして、図る可からず。荊州《けいしゅう》は武を用ふるの国、益州《えきしゅう》は険塞、沃野《よくや》千里、天府の土なり。若《も》し荊・益を跨有《こゆう》し、其の巖阻《がんそ》を保ち、天下に変有らば、荊州の軍は宛《えん》・洛に向かひ、益州の衆は秦川《しんせん》に出づれば、孰《たれ》か箪食壺漿《たんしこしょう》して、以て将軍を迎へざらんや」と。備 曰く、「善し」と。亮と情好 日ゝに密なり。曰く、「孤《われ》の孔明有るは、猶ほ魚の水有るがごとし」と。士元《しげん》 名は統、龐徳公《ほうとくこう》の従子なり。徳公 素より重名有り。亮 其の家に至る毎に、独り床下に拝す。

**古隆中牌門**

古隆中の牌門には「三顧頻繁たり天下の計」「両朝開済する老臣の心」の詩が対聯として記されている。

**隆中の三顧堂**

諸葛亮が居住した隆中には劉備が訪れたという三顧堂が再建されている。南陽の武侯祠も劉備が訪れた場所と称しているが、本物は襄陽市の隆中にある。

## ◉現代語訳

瑯邪《ろうや》（郡出身）の諸葛亮は、襄陽《じょうよう》の隆中《りゅうちゅう》に仮住まいをしていた。いつも自分を管仲《かんちゅう》や楽毅《がくき》になぞらえていた。（あるとき）劉備は（優れた）士がいるかを司馬徽《しばき》に尋ねた。徽は、「時局に必要な仕事を知っている者は俊傑です。このあたりには伏竜と鳳雛《ほうすう》がおります。諸葛孔明と龐士元《ほうしげん》です」と言った。徐庶《じょしょ》もまた劉備に、「諸葛孔明は臥竜です」と言った。劉備は三たび足を運んでようやく亮と会うことができ、（自分が持つべき）戦略を問うた。亮は、「曹操は百万の軍勢を持ち、天子を擁立し諸侯に号令を下しております。これはまことに鋒《ほこさき》を争（って真正面から戦）うべきではありません。孫権は江東を拠点とし、その国は険阻《けんそ》で民は懐《なつ》いております。（これは同盟を結んで）助け合うべきで、（これを攻めようと）図ってはなりません。荊州は（四方に通じており）武を用い（て戦うべき位置にあ）る国であり、益州《えきしゅう》は天険を持ち（守りに適しております。そこは）、豊かな田畑は千里も広がり、天然の倉庫というべき土地です。（将軍が）もし荊州と益州を併《あわ》せ持ち、その要害を保ち、天下に変事があれば、荊州の軍は宛《えん》や洛陽《らくよう》に向かい、益州の軍隊は秦川《しんせん》に出れば、みな飲食を用意して、将軍をお迎えするでしょう」と言った。劉備は「よし」と言った。こうして亮との交情が日ごとに親密になった。（関羽と張飛が不満を言うので劉備は）言った、「自分に

私《わたし》が孔明《こうめい》を得《え》たことは魚《さかな》が水《みず》を得《え》たようなものだ
すると殿《との》が魚《さかな》で孔明《こうめい》が水《みず》ですか
そうだ だから悪《わる》く言《い》わないでもらいたい
殿《との》にそこまで言《い》われては我々《われわれ》は返《かえ》す言葉《ことば》がありません
こりゃ恋《こい》の熱病《ねつびょう》にかかったようなものだ今《いま》は何《なに》を言《い》っても駄目《だめ》だろう
しかしこのままじゃまずいぜ

関羽と張飛は、集団の変容に不満を持つが、劉備が自分たちは魚で水が無ければ生きていけないと「水魚の交わり」という譬《たと》えで説明することにより納得した。

孔明があるのは、あたかも魚に水のあるようなものである」と。士元は名を統といい、龐《ほう》徳公《とくこう》の甥である。徳公は高い名声を持っていた。亮はその家に行くたび、ひとり床下に拝礼した。

## 解説・鑑賞

### 常識に沿った王道「草盧対」

「草盧対《そうろたい》」は、よく「天下三分の計」と言われるが、三分は手段であって目的ではない。曹操は強く、単独では当たれないので孫権と結び、とりあえず天下三分の形を作る。しかし、荊州と益州からそれぞれ洛陽と長安《ちょうあん》を攻め取り、曹操を滅ぼす。その後には、言及していないが、孫権を滅ぼして漢による天下の統一を復興するのである。つまり、諸葛亮の草盧対は、漢による天下統一策なのである。

　これは当時において、きわめて常識的な戦略であった。漢は、これまでに一度、王莽《おうもう》によって滅ぼされている。これを前漢《ぜんかん》という。光武帝劉秀《こうぶていりゅうしゅう》は、漢の復興を唱えて黄河《こうが》の北に拠点をつくり、洛陽と長安を取り、蜀《しょく》の公孫述《こうそんじゅつ》を滅ぼし、天下を統一して漢を中興した。これが後漢《ごかん》である。それとは逆のルートになるが、華北を曹操が掌握し、長江《ちょうこう》下流域に孫権がいる以上、

将軍《しょうぐん》は たいして才能《さいのう》もない この身《み》に対《たい》し 三顧《さんこ》の礼《れい》を尽《つ》くし 自分《じぶん》を招《まね》かれた いくらなまけ者《もの》の この私《わたし》でも 立《た》たざるをえまい
功《こう》なり名《な》を 遂《と》げる日《ひ》があれば またここに 帰《かえ》ってくることも あるだろう
わかり ました その日《ひ》を お待《ま》ちして おります
では 参《まい》りま しょう
おい見《み》ろ 義兄《あにき》が 孔明《こうめい》を連《つ》れて 出《で》てきたぜ

劉備は、諸葛亮に三顧の礼を尽くすことにより、関羽・張飛を中心とした傭兵集団から、「名士」を中心とする政権へと、自らの集団を変容させた。

**荊州城**
関羽が守った荊州には城壁が残る。

残った荊州と益州を拠点として、洛陽と長安を取ろうとするのは、他に選択肢が思い浮かばないほど、当たり前の戦略であった。それ以上に、草廬対は、後漢の国教である儒教が掲げる大原則、「聖漢《せいかん》」による「大《だい》一統《いっとう》」に忠実である。これを無視して、目的として天下三分を目指す呉の魯粛《ろしゅく》の策が革新であるならば、草盧対は保守本流の王道であった。

草廬対はやがて破綻する。劉備が益州を取った後、関羽が曹操と孫権の挟《はさ》み撃ちに遭い、荊州を失なったためである。益州から長安を攻めるためには、蜀の桟道《さんどう》を通らねばならず、困難が大きい。荊州から洛陽を攻める方が、はるかに容易である。荊州を失ったことは「草廬対」

で示した基本方針が、そのままでは継続できなくなったことを意味する。

それでも諸葛亮は、政策継続のための努力を怠らなかった。荊州から攻めあがる役割を曹魏に降服していた蜀漢の元将軍である孟達《もうたつ》に期待し、その失敗後は、北伐と同時に同盟国の孫呉が曹魏に攻め込むよう要請した。あくまでも、自らの基本方針を貫き通すのである。

# 第一〇回　群儒舌戦

曹操撃《ツ》二劉表《ヲ》一。表卒《ス》。子《ノ》琮挙《ゲテ》二荊州《ヲ》一降《ル》レ操《ニ》。劉備奔《リ》二**江陵**《ニ》一、操追《フ》レ之《ヲ》。備走《リ》二**夏口**《ニ》一、操進《メ》二軍《ヲ》江陵《ニ》一、遂《ニ》東《ニ》下《ル》。亮謂《ヒテ》レ備《ニ》曰《ク》、請《フラクハ》　求《メント》二救《ヲ》於孫将軍《ニ》一。亮見《テ》レ権《ヲ》説《キ》レ之《ニ》、権大《イニ》悦《ブ》。操遺《リテ》二権《ニ》書《ヲ》一曰《ク》、今**治**《メ》二水軍八十万《ノ》衆《ヲ》一、与二将軍一**会**二-**猟**《セント》於呉《ニ》一。権以《テ》示《ス》二群下《ニ》一。**莫**《シ》レ不《ルモノ》レ失《ハ》レ色《ヲ》。張昭請《フ》レ**迎**《フヲ》レ之《ヲ》。魯粛以《テ》為《シ》二不可《ト》一、勧《メテ》レ権《ニ》召《サシム》二周瑜《ヲ》一。

瑜至《リテ》曰《ク》、請《フラクハ》　得《テ》二数万《ノ》精兵《ヲ》一、進《ミテ》往《キ》二夏口《ニ》一、**保**《シテ》為《ニ》二将軍《ノ》一破《ラント》レ之《ヲ》。

権抜《キテ》レ刀《ヲ》斫《リテ》二前《ノ》**奏案**《ヲ》一曰《ク》、諸将吏敢《テ》言《フ》レ迎《フト》レ操《ヲ》者《ハ》、与二此《ノ》案一同ジカラント。遂ニ以テレ瑜ヲ督セシメ二三万人ヲ一、与レ備并セテレ力ヲ逆ヘレ操ヲ、進ミテ遇フ二於赤壁ニ一。

◉語釈

**江陵《こうりょう》**……今の湖北省江陵県。

**夏口《かこう》**……湖北省武昌城の西にある。

**治**……兵を統率する。

**会猟《かいりょう》**……共に狩をすること。真意は決戦を行おうとの意味。

**迎**……降服すること。

**保**……保証の意味。うけあうこと。

**奏案**……臣下から奏上する文書を載せる机。

**逆**……むかえ撃つこと。

◉書き下し

曹操 劉表《りゅうひょう》を撃つ。表 卒す。子の琮《そう》 荊州を挙げて操に降る。劉備 江陵に奔《はし》り、操 之《これ》を追ふ。備 夏口に走り、操 軍を江陵に進め、遂に東に下る。亮 備に謂ひて曰く、「請ふらくは救《すくい》を孫将軍に求めん」と。亮 権を見て之に説き、権 大いに悦ぶ。操 権に書を遺《や》りて曰く、「今 水軍八十万の衆を治め、将軍と呉に会猟《かいりょう》せん」と。権 以て群下に示す。色を失はざるもの莫し。張昭《ちょうしょう》 之を迎ふを請ふ。魯粛《ろしゅく》 以て不可と為し、権に勧めて周瑜を召さしむ。

瑜 至りて曰く、「請ふらくは数万の精兵を得て、進みて夏口に往き、保《ほ》して将軍の為に之を破らん」と。権 刀を抜きて前の奏案《そうあん》を斫《き》りて曰く、「諸将吏 敢《あえ》て操を迎ふと言ふ者は、此の案と同じからん」と。遂に瑜を以て三万人を督せしめ、備と力を并はせて操を逆《むか》へ、進みて赤壁《せきへき》に遇ふ。

### ◉現代語訳

（華北を統一した）曹操は劉表を攻撃した。（たまたま）劉表は亡くなった。子の劉琮《りゅうそう》は荊州全体で曹操に降服した。劉備は（新野で敗れ）江陵《こうりょう》に逃れようとしたが、曹操はこれを追撃した。（長坂坡《ちょうはんは》でも敗れた）劉備は夏口《かこう》へ逃れ、曹操は軍を江陵に進め、こうして東（方の呉）に攻め下ろうとした。諸葛亮は備に進言して、「どうか助けを孫将軍に求められますように」と言った。亮は（呉に使者となり）孫権に会見して同盟を説くと、権はたいへん喜んだ。曹操は孫権に書簡を送り、「いま水軍八十万人の軍を率いて、将軍と呉の地で狩をしたい」とした。権はそれを部下に見せた。顔色を失わない者はいなかった。張昭《ちょうしょう》は曹操に降服することを請うた。魯粛《ろしゅく》はそれはできないとし、権に（水軍を訓練中の）周瑜《しゅうゆ》を呼ぶよう勧めた。

周瑜はやってくると、「どうか数万の精兵をお借りして、進んで夏口に出陣し、誓って将軍のために曹操を破りましょう」と言った。権は（決心をして）刀を抜き前の机を断ち切って、「みなのなかであえて曹操に降服しようという者があれば、この机と同じになろう」と言った。こうして周瑜に三万人を統率させ、劉備と力を合わせて曹操を迎撃し、進軍し赤壁で遭遇戦をおこなった。

## 解説・鑑賞

### 諸葛亮の外交

本文で省略されている諸葛亮の外交を補っておこう。

長坂坡《ちょうはんは》の戦いに敗走する中、諸葛亮は孫権に救援を求めることを劉備に提案、自ら使者となる。孫権が、柴桑《さいそう》で勝敗の行方をうかがっていたからである。張昭以下、孫呉では降服論が強

鳳雛庵《ほうすうあん》（赤壁）
蔣幹《しょうかん》が龐統を訪ねた場所という。この前にある銀杏の木は、龐統が植えたものであるとされる。

かった。

使者として赴いた諸葛亮は、「降服するのであれば、臣下の礼を取るべきでしょう。うわべは服従を装いながら、様子見をしている今のやり方では、禍《わざわい》はすぐに至りましょう」と焚《た》きつけた。諸葛亮は孫権の外交を批判する。日和見《ひよりみ》は許されない、と。

これは助けを求めに来た使者の態度としては異例である。諸葛亮は、下手《したて》には出られなかった。たとえ孫権に救ってもらっても、部下として敗残の劉備集団が吸収されるのでは、何の意味もない。あくまでも対等に、諸葛亮の物言いには、そうした気張《きば》りを見ることができる。

### 情勢の分析

孫権はムッとした。「君の言う通りなら、なぜ劉備は降服しないのか」。諸葛亮は自分達の正統性を主張する。「劉備は漢の後裔で、現代の英雄です。もし、事が成就

黙《だま》らっしゃい
あなたの言葉《ことば》は父母《ちちはは》なく君《きみ》もない人間《にんげん》のいう言葉《ことば》だ人《ひと》として生《う》まれながら忠孝《ちゅうこう》の道《みち》をわきまえぬのか
曹操《そうそう》は漢《かん》に仕《つか》えて禄《ろく》を食《は》みながらいま漢室《かんしつ》が衰《おとろ》えたと見《み》るや漢室《かんしつ》を滅《ほろ》ぼしその手《て》に天下《てんか》を握《にぎ》ろうとしている
これが人《ひと》として歩《あゆ》む道《みち》か
ならばあなたに聞《き》こうあなたの主君《しゅくん》の力《ちから》が衰《おとろ》えたら曹操《そうそう》のようにたちまち主君孫権《しゅくんそんけん》をないがしろにするつもりか
……

史実の諸葛亮は、赤壁で東風を呼ばないが、卓越した外交力により、降服論が強かった呉を戦いに参加させた。『三国志演義』は、それを「群儒舌戦《ぐんじゅぜっせん》」として描いている。

**拝風台《はいふうだい》（赤壁山）**
もともとは周瑜廟であった。諸葛亮が東南の風を呼んだ場所とされている。

しなければ、それは天命です。どうして降服などできましょう」と。孫権はさらに怒り決断を下す。「私は呉の土地と十万の軍を持ちながら、人に従うことはできない。だが、敗れたばかりで、この難局をどう乗り切るつもりだ」。諸葛亮は、ここで初めて孫権が知りたかった曹操軍の疲弊している情勢を伝え、戦法を提案する。

そして、「曹操軍は敗北すれば、北方へ帰還します。そうなれば荊州（劉備）と孫呉（孫権）の勢力は強大になり、三者鼎立《ていりつ》の状況が生まれます」と。

ここで注目すべきは、諸葛亮の情勢分析の中に、曹操を破った後の三国鼎立が折り込まれていることである。諸葛亮は、敗残の劉備集団を代表して孫権と盟約を結ぶ折に、曹操撤退後の荊州の領有権が劉備にあることを堂々と主張している。諸葛亮の外交能力の高さを理解することができよう。

**周瑜像**
赤壁山の山頂には、巨大な周瑜像がそびえたっている。

# 第一一回　赤壁の戦い

瑜《ノ》部将《タル》黄蓋曰《ク》、操《ノ》軍方《ニ》連《ネ》二船艦《ヲ》一、首尾相接《スレバ》、可《シト》二焼《キテ》而走《ラス》一也。乃《チ》取《リ》二**蒙衝・闘艦**十艘《ヲ》一、載《セ》二燥荻枯柴《ヲ》一、注《ギ》二油《ヲ》其中《ニ》一、裹《ミテ》二**帷幔**《ニ》一、上《ニ》建《テ》二旌旗《ヲ》一、予《メ》備《ヘテ》二**走舸**《ヲ》一、繋《グ》二於其尾《ニ》一。先《ヅ》以《テ》レ書《ヲ》遺《リ》レ操《ニ》、詐《リテ》為《ス》レ欲《スト》レ降《ラント》。時《ニ》東南《ノ》風急《ナリ》。蓋以《テ》二十艘《ヲ》一最《モ》著《つなゲ》レ前《ニ》、中江《ニ》挙《ゲ》レ帆《ヲ》、余船以《テ》レ**次**《ヲ》倶《ニ》進《ム》。操《ノ》軍皆指《サシテ》言《フ》、蓋降《ルト》。去《ルコト》二里余、同時《ニ》発《ス》レ火《ヲ》。火烈《シク》風猛《たけク》、船往《クコト》如《シ》レ箭《ノ》。焼《キ》二尽《クシ》**北船**《ヲ》一、烟焰漲《ル》レ天《ニ》。人馬溺焼《シ》、死《スル》者甚《ダ》衆《シ》。瑜等率《ヰテ》二軽鋭《ヲ》一、**雷鼓**《シテ》大《イニ》進《ム》。北軍大《イニ》壊《レ》、操走《リ》還《ル》。後度〻加《フレドモ》二兵《ヲ》於権《ニ》一、不《レ》得《レ》志《ヲ》。操歎息《シテ》曰《ク》、生《マバ》レ子《ヲ》当《ニ》レシ

如クナル二孫仲謀ガ一。向者ノ劉景昇ガ児子ハ、豚犬耳ト。

**◉語釈**

**蒙衝《もうしょう》・闘艦《とうかん》**……蒙衝は艨艟《もうどう》に同じ。敵中に突入する戦艦。闘艦は同じく戦艦のこと。
**裹**……つつむ。
**帷幔《いまん》**……垂れぎぬ。まく。
**走舸《そうか》**……快足船。小舟。
**次**……順番。
**北船**……曹操の船のことをさす。
**雷鼓《らいこ》**……太鼓を雷のように烈しく打ち鳴らすこと。
**孫仲謀《そんちゅうぼう》**……仲謀は孫権の字。
**劉景昇《りゅうけいしょう》**……景昇は劉表の字。

**◉書き下し**

瑜の部将たる黄蓋《こうがい》曰く、「操の軍方《まさ》に船艦を連ね、首尾相《あい》接すれば、焼きて走らす可し」と。乃ち蒙衝《もうしょう》・闘艦《とうかん》十艘を取り、燥荻枯柴《そうてきこそう》を載せ、油を其の中に注ぎ、帷幔《いまん》に裹《つつ》みて、上に旌旗《せいき》を建て、予《あらかじ》め走舸《そうか》を備へて、其の尾に繋《つな》ぐ。先づ書を以て操に遣《や》り、詐りて降らんと欲すと為す。時に東南の風 急なり。蓋 十艘を以て最も前に著《つな》げ、中江に帆を挙げ、余船 次《じ》を以て倶に進む。操の軍 皆 指さして言ふ、「蓋 降る」と。去ること二里余、同時に火を発す。火 烈しく風 猛《たけ》く、船の往くこと箭《や》の如し。北船を焼き尽くし、烟焔《えんえん》 天に漲《みなぎ》る。人馬 溺焼《できしょう》し、死する者 甚だ衆《おお》し。瑜ら軽鋭を率《ひき》ゐて、雷鼓して大いに進む。北軍 大いに壊《やぶ》れ、操 走り還《かえ》る。後 度《たび》〻兵を権に加ふれども、志《こころざし》を得ず。操 歎息して曰く、「子を生まば当《まさ》に孫仲謀《そんちゅうぼう》の如くなるべし。向者《さき》の劉景昇《りゅうけいしょう》が児子《じし》は、豚犬《とんけん》のみ」と。

**◉現代語訳**

周瑜《しゅうゆ》の部将である黄蓋《こうがい》が進言して、「曹操の軍隊はちょうど船艦を連ねて、船首と船尾が接近しておりますから、焼き打ちで破ることができます」と言った。そこで蒙衝《もうしょう》と闘艦《とうかん》十艘《そう》に、枯れ草や枯れ柴を載せ、油をその中に注ぎ、幕で包んで（見えぬようにし）、その上に旗を建て、あらかじめ走舸《そうか》を用意し、蒙衝と闘艦の後尾に繋《つな》いだ。まず書面を曹操に送って、詐って降参したいとした。そのとき東南の風が烈しかった。黄蓋は十艘を先頭に置き、長江の中ほどで帆を挙げ、のこりの船は順番に共に進んだ。曹操の軍ではみな指を

見《み》えます
青竜《せいりゅう》の旗《はた》です
おうっ
それこそ
黄蓋《こうがい》の船《ふね》だ
矢《や》は射《い》るな
湾内《わんない》に
導《みちび》け

曹操が注釈を付けた『孫子』は、百戦百勝ではなく、戦わずに敵を降服させることを尊重する。呉への降服工作を続けていた曹操は、黄蓋《こうがい》の偽降《ぎこう》を見破れなかった。

さし、「黄蓋が降服してきた」と言った。（曹操の軍からの）距離が二里余りで、（各艦は）同時に火を放った。火勢は烈しく風も強く、船は矢のように走った。北から来た（曹操の）船を焼き尽くし、煙や焔《ほのお》は天にみなぎった。人も馬も溺れ焼かれ、死者はたいへん多かった。周瑜たちは軽装の精兵を率い、太鼓を打ち鳴らして進撃した。（曹操の）北軍は大敗し、曹操は逃げ帰った。のちしばしば兵を孫権に差しむけたが、破ることはできなかった。曹操は歎息して、「子を生むなら孫権のようなものがいい。さきに（降服した）劉表の子などは、豚や犬のようなものだ」と言った。

## 解説・鑑賞

### 赤壁の戦い

曹操にとって天下分け目の戦いは官渡の戦いである。赤壁の戦いで大打撃を被った印象を受けるが、曹操は「赤壁では疫病《えきびょう》が流行って死者が多くなったので兵を退《ひ》いた」と敗戦後も言い続けた。むろん、負け借しみであろうし、天下統一が赤壁の敗戦で頓挫《とんざ》したことは事実である。敗因は、慣れない水戦と油断にあろう。

曹操、というよりも、それまでの中国史では、戦いは騎兵を切り札とする陸戦で決するもの

赤壁。赤壁という文字は、周瑜が書いたとされる。

赤壁市の三国志テーマパークで復原されている船。

であった。長江流域の勢力が、黄河流域を支配した勢力を水戦で破ったことは、赤壁の戦いを始まりとする。華北を中心とした黄巾の乱、および折からの地球規模での気候変動による寒冷化は、長江流域の人口を増加させていた。長江中下流域を支配する孫呉、上流域を支配する蜀漢が、曹魏に対抗して三国鼎立を実現し得た理由である。諸葛亮と魯粛《ろしゅく》は、かかる中国史上の大きな変革期に適合した戦略として、目的と手段は異なれど「天下三分」の戦略を掲げるのである。

赤壁より出土した食糧庫の明器《めいき》（墓に埋葬される模型）。

また、後に劉備が支配する益州からは、劉璋が曹操に恭順の意を示すために軍隊を派遣していた。荊州《けいしゅう》を支配していた劉表《りゅうひょう》の水軍が曹操に降服しただけではなく、孫権の一族からも内応者が出ていた。圧倒的に優勢な状況の中で、曹操に油断がなかったと言えば嘘になろう。その証拠に、曹操は赤壁の戦いに火攻めで敗れている。火攻めは、自らが研究し、注釈を付けた『孫子《そんし》』が深く警戒すべきとする戦法であった。

曹操は、領土を失うことは無かった。ただし、戦略の練り直しは、当然必要となっていく。なお、ここで曹操が、子を生むなら孫権のような賢い子が欲しい、先に降服した劉表の子の劉琮などは豚や犬のようにつまらぬものだ、と言った故事から、わが子を卑下《ひげ》して「豚児《とんじ》」という言葉が生まれている。

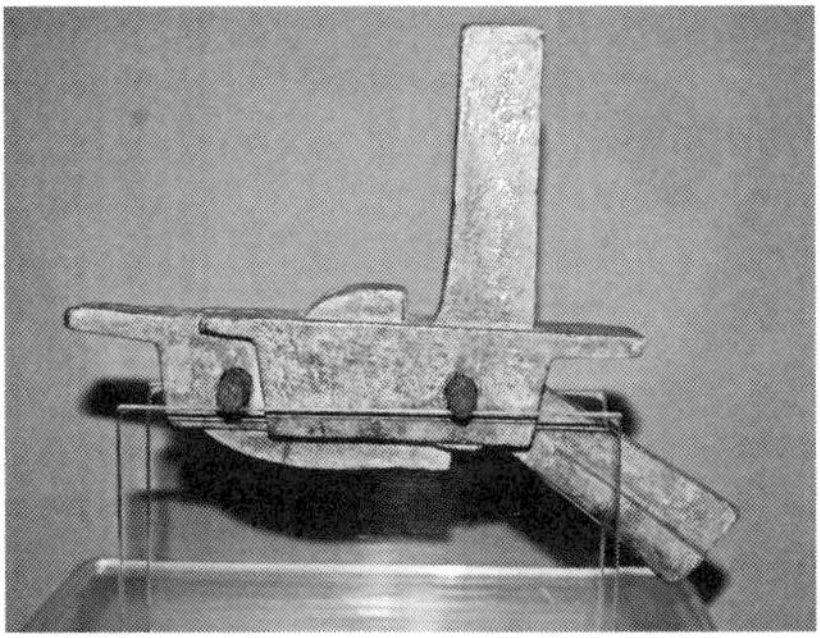
赤壁より出土した弩。呉の呂岱《りょたい》の名が刻まれている。

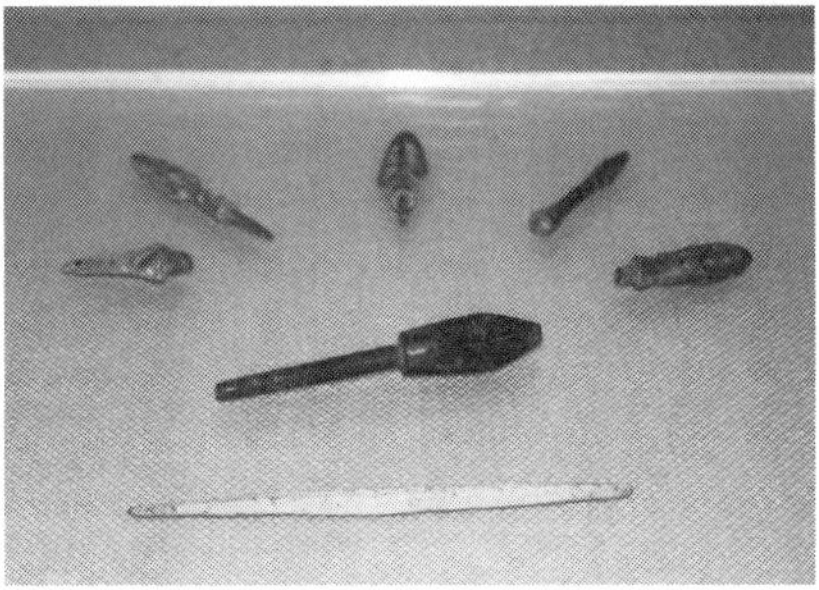
赤壁より出土した鏃《やじり》。

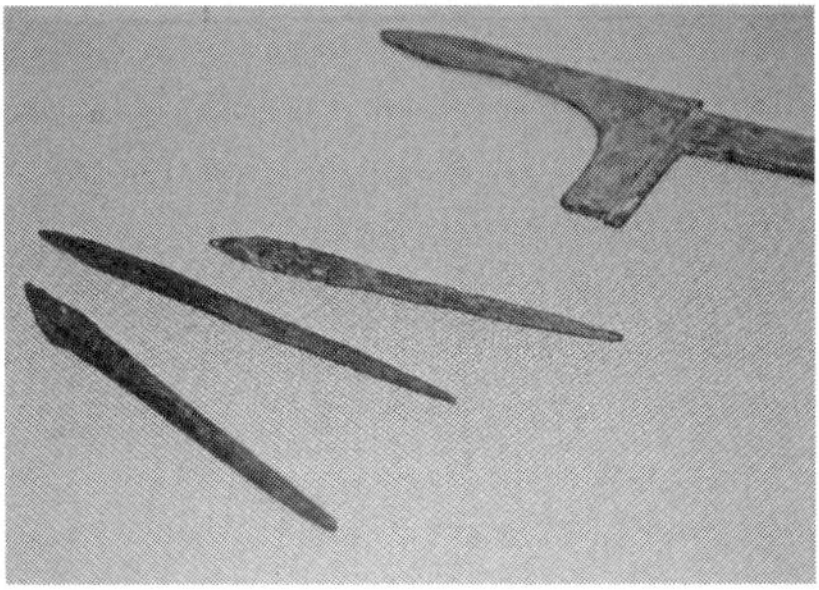
赤壁より出土した戈《か》。

# 第一二一回　呉下の阿蒙

劉備徇《となフ》二荊州・江南《ノ》諸郡《ヲ》一。周瑜上二レ疏《シテ》於権《ニ》一曰《ク》、備《ハ》有《リ》二梟雄之姿一。而《シテ》有《リ》二関羽・張飛、熊虎之将一。聚《メテ》二此《ノ》三人《ヲ》一在《ラシムモ》二疆場《ニ》一、恐《ル》下蛟龍得《ナバ》二雲雨《ヲ》一、終《ニ》非《ザルヲ》中池中《ノ》物《ニ》上也。宜《シク》二《シト》徒《シテ》レ備《ヲ》置《ク》レ呉《ニ》。権不レ従《ハ》。瑜方《ニ》議《スモ》レ図《ランコトヲ》二　北方《ヲ》一。会〻病《ミテ》卒《ス》。魯粛代《ハリテ》領《ス》二其兵《ヲ》一。粛勧《メテ》レ権《ニ》以《テ》二荊州《ヲ》一借《サシム》二劉備《ニ》一。権従《フ》レ之《ニ》。権《ノ》将《タル》呂蒙、初《メ》不レ学《バ》。権勧《メテ》レ蒙《ニ》読《マシム》レ書《ヲ》。魯粛後《ニ》与レ蒙論議《シ》、大《イニ》驚《キテ》曰《ク》、卿《ハ》非《ズ》二復《タ》呉下《ノ》阿蒙《ニ》一。蒙曰《ク》、士別《レテ》三日《ナレバ》、即《チ》当《ニ》二《シト》刮目《シテ》相待《ツ》一。

◉語　釈

**梟雄《きょうゆう》**……梟は悪。姦雄の意。
**疆場《きょうえき》**……二字とも国境のこと。
**蛟龍《こうりゅう》**……どちらもリュウのこと。角のないのを蛟といい、角のあるのを龍という。劉備のことをたとえている。
**非池中物**……天に昇ること。
**呉下**……呉のあたり。
**阿蒙**……蒙ちゃん。
**刮目《かつもく》**……刮はまなこをこすること。何か変わったことがあるかと注意して見ること。

◉書き下し

劉備　荊州・江南の諸郡を徇《とな》ふ。周瑜　権に上疏して曰く、「備は梟雄の姿有り。而して関羽・張飛、熊虎の将有り。此の三人を聚《あつ》めて疆場《きょうえき》に在らしむも、蛟龍《こうりゅう》　雲雨を得なば、終《つい》に池中の物に非ざるを恐る。宜《よろ》しく備を徙《うつ》して呉に置くべし」と。権　従はず。瑜　方《まさ》に北方を図らんことを議すも、会〻《たまたま》病みて卒す。魯粛《ろしゅく》代はりて其の兵を領す。粛　権に勧めて荊州を以て劉備に借さしむ。権 之に従ふ。権の将たる呂蒙《りょもう》、初め学ばず。権 蒙に勧めて書を読ましむ。魯粛 後に蒙と論議し、大いに驚きて曰く、「卿《けい》は復た呉下《ごか》の阿蒙《あもう》に非ず」と。蒙 曰く、「士 別れて三日なれば、即《すなわ》ち当《まさ》に刮目《かつもく》して相《あい》 待つべし」と。

## ◉現代語訳

（赤壁の戦いの後）劉備は荊州・江南の諸郡を従えた。周瑜は孫権に上疏《じょうそ》して、「劉備は姦《かん》雄《ゆう》の素質があります。そのうえ関羽・張飛という熊や虎のような猛将がおります。この三人を集めて国境に置いていますが、蛟竜《こうりゅう》が雲雨を得たならば、もはや池の中のものでなくなることを恐れます。どうか備を移して呉に置くことがよいでしょう」と言った。孫権は従わなかった。周瑜はちょうど北方（の曹操）を討とうと議論していたが、折あしく病に倒れて死去した。魯粛が周瑜に代わって呉の軍を率いた。魯粛は孫権に勧めて（劉備に）荊州を貸そうとした。孫権はこれに従った。孫権の将である呂蒙《りょもう》は、はじめ学ばなかった。孫権は呂蒙に勧めて書物を読ませた。魯粛はのちに呂蒙と議論して、（その成長に）たいへん驚いて、「卿《きみ》はもはや呉のあたりにいた蒙ちゃんではないね」と言った。呂蒙は、「士たるもの別れて三日たてば、刮目《かつもく》して相待《あいたい》するべきです」と答えた。

解説・鑑賞

**周瑜の死去**

赤壁で勝利をおさめた周瑜《しゅうゆ》は、南郡の拠点江陵《こうりょう》に曹操が残した曹仁《そうじん》と激しく戦った。周瑜の先鋒隊に包囲された部下の牛金《ぎゅうきん》を曹仁自らが救いだすと、逆に曹仁に包囲された甘寧《かんねい》を今度は周瑜自らが救援した。戦いは決着がつかず、一進一退のまま一年余り続いた。ある時、流矢《りゅうし》があたり、周瑜は重傷を負った。それを機に、これまで周瑜の猛攻によく耐えていた曹仁が、軍を率いて押しよせた。それを聞いた周瑜は、傷をおして陣頭にたって兵士を鼓舞し、これを撃退した。

後漢の名門官僚家に生まれた周瑜の戦略は、伝統的な天下統一策であった。周瑜自らが益州の劉璋《りゅうしょう》を打倒し、涼州に力を持つ馬超《ばちょう》と結んで長安に進出する一方で、孫権が江南の軍を率いて攻め上がり、曹操を挟撃する策である。その第一歩として益州侵攻を準備している最中、周瑜は後事を魯粛《ろしゅく》に委ねて病没した。三十六歳であった。

孫権にとり周瑜はかけがえのない臣下であった。陸康《りくこう》を滅ぼしたため江東名士との関係が必ずしもよくない孫氏が、江東を支配するためには、揚州を代表する名士周瑜の存在は大きな意味を持った。君主の孫権を臣下がさほど尊重しない中で、周瑜だけが率先して敬意を払ったた

赤壁の戦いに勝利した呉にとって、周瑜《しゅうゆ》を失ったことはこれ以上ない痛手であった。さらに魯粛《ろしゅく》・呂蒙《りょもう》を失った後、孫権は君主権の強大化のために専制化していく。

め、孫呉では君臣間の上下関係がやっと確立したという。周瑜の影響力と地位は高く、あえて言えば、臣下としての周瑜が孫氏を支えていたとも言える。孫権の損失は計り知れないほど大きかった。

**魯肅の天下三分の計**

魯肅は、徐州臨淮郡《じょしゅうりんわいぐん》の豪族である。周瑜に、軍資の援助をすることで、評価を受けて名士となった。郷里が戦乱に巻き込まれると、周瑜を頼って江東へ赴き、一時孫策《そんさく》に出仕したが、重く用いられることはなく、祖母の帰葬のため郷里に戻った。

これを見た周瑜は、魯肅を引き止め、後を嗣《つ》いだばかりの孫権に魯肅を重用することを強く勧めた。孫権は魯肅に今後の方針を尋ねる。魯肅は今後、孫権が取るべき戦略として「天下三分の計」を献策する。

曹操は強く、漢は復興できないので、将軍（孫権）は江東《こうとう》を拠点に天下に鼎足《ていそく》する（三本足で立つ、つまり天下を三分してその一方を孫権が支配する）状況を作り出し、皇帝を名乗ってから、天下の変を待つべきです（『三国志』魯肅伝）。

このとき孫権は、張紘《ちょうこう》がまとめた「漢室匡輔《かんしつきょうほ》（漢室を補佐する）」を方針として掲げていた。

**試剣石**
現在の江蘇省鎮江《ちんこう》の北固山《ほっこざん》には、『三国志演義』で劉備と孫権の会見場所とされる甘露寺《かんろじ》の遺跡がある。そこには二人がそれぞれの思いを込めて、石を斬ったという試剣石《しけんせき》が残っている。

その方針と異なる、というよりは、「大一統《だいいっとう》（一統を大《とうと》ぶ、天下は統一すべきである）」と「聖漢《せいかん》（孔子がその成立を予言した聖なる国家である漢）の復興」を否定する点で、後漢の国教であった儒教を逸脱する先進的な主張であった。伝統的な名士張昭《ちょうしょう》は、革新的な意見を持つ魯粛を嫌い、重用しないよう孫権に進言する。しかし、孫権は魯粛を高く評価した。

のちに孫権が即位した際、「かつて魯粛は、わたしがこうなることを予言してくれた」と魯粛を追憶している。周瑜でさえ口にしなかった孫権の即位を、最初に言い出した者が、魯粛であったことを孫権は感謝しているのである。

諸葛亮の「草廬対《そうろたい》（いわゆる天下三分の計）」よりも現実的な部分は、漢の復興に拘《こだわ》らない所にある。黄巾の乱を見て、漢の復興が難しいと考えていた名士は多かった。しかし、四百年以上も続き、儒教も「聖漢」と正統化する漢の復興を無理であると断言し、それを前提に基本方針を立てることは常識的にはあり得ない。もちろん黄巾のように、儒教もろとも漢を否定することは簡単である。しかし、袁術が漢に代わって即位する理由に、自らの家系が漢の「四世《しせい》公輔《こうほ》」であることを掲げる、という矛盾を見れば、儒教を学んだ知識人たちが漢の軛《くびき》を脱することの難しさを理解できよう。

また、天下を三分するために、第三極として劉備を育成しようとする戦略も独創的である。魯粛は三分を目的として第三極を創り出す努力を惜しまない。ヨーロッパに匹敵するほどの国土と人口を持つ中国の統一を保つことは難しい。それでも、諸葛亮の「草廬対」は、曹操の打倒後に、孫呉と事を構えることを予定している。魯粛の戦略の方が、「天下三分の計」と呼ぶのに相応しい。魯粛の斬新さが分かるであろう。

## 第十三回　荊州争奪

劉備初《メ》用《ヒテ》二龐統《ヲ》一、為《スモ》二耒陽令《ト》一、不レ治《マラ》。魯粛遣《リテ》二備《ニ》書《ヲ》一曰《ク》、士元非《ハズ》二百里《ノ》才《ニ》一。使《メバ》レ為《ラ》二治中・別駕《ニ》一、乃《チ》得《ル》レ展《ブルヲ》二其驥足《ヲ》一耳《ト》。備用《フ》レ之《ヲ》。勧《ム》レ取《ルヲ》二益州《ヲ》一。備留《メ》二関羽《ヲ》一守《ラシメ》二荊州《ヲ》一、引《キテ》レ兵《ヲ》泝《リ》レ流《ヲ》、自《リ》レ巴入《リ》レ蜀《ニ》、襲《ヒテ》二劉璋《ヲ》一、入《ル》二成都《ニ》一。

備既《ニ》得《タリ》二益州《ヲ》一。孫権使《ム》三人《ヲシテ》従《リ》レ備求《メ》二荊州《ヲ》一。備不レ肯《ゼ》レ還《スヲ》、遂《ニ》争《フ》レ之《ヲ》。已《ニシテ》而分《カツ》二荊州《ヲ》一。備自《リ》レ蜀取《リ》二漢中《ヲ》一、自立《シテ》為《ル》二漢中王《ト》一。

漢中《ノ》将《タル》関羽、自《リ》二江陵一出《デテ》、攻《メテ》二樊城《ヲ》一取《ル》二襄陽《ヲ》一。自《リ》レ許以南、往往遥《カニ》応《ズ》レ羽《ニ》。威震《フ》二華夏《ニ》一。曹操至《ル》レ議《スルニ》下徙《シテ》二許《ノ》都《ヲ》一以《テ》避《ケントス》中其《ノ》

鋒ヲ上。司馬懿曰ク、備・権外ハ親ナレド内ハ疎ナリ。関羽得ルハレ志ヲ、権必ズ不ルレ願ハ也。可シレ遣三人ヲシテ勧メテレ権ニ躡マ二其ノ後ヲ一。許セト下割キテ二江南ヲ一以テ封ズルヲ上レ権ヲ。操従フレ之ニ。時ニ魯粛已ニ死シ、呂蒙代ハルレ之ニ。亦タ勧メレ権ニ図ラシムレ羽ヲ。操ノ師救ヒレ樊ヲ、権ノ将タル陸遜、又襲フ二羽ガ後ヲ一。羽狼狽シテ走リ還ル。権ノ軍獲テレ羽ヲ斬ルレ之ヲ。遂ニ定ム二荊州ヲ一。

◉語釈

**百里才**……百里は県令。県令にしておくような才ではないこと。

**治中《じちゅう》・別駕《べつが》**……治中は州の長官の下に置かれる属吏の筆頭。別駕従事は巡視の際、州の長官とは別の車に載り、巡視を先導する。

**展其驥足**……「驥《き》」は一日に千里を走るといわれる俊馬。「驥足を展《の》ばす」とは、俊馬が十分に足を展ばして馳《は》る意で、俊才が実力を十分に発揮することをいう。

**往往**……ともすれば。おりおり。

華夏……中国のこと。ここでは中原のこと。

躡……後を追うこと。

◉書き下し

劉備 初め龐統《ほうとう》を用ひて、耒陽令《らいようれい》と為すも、治まらず。魯粛 備に書を遺《おく》りて曰く、「士《し》元《げん》は百里の才に非ず。治中《じちゅう》・別駕《べつが》為《た》らしめば、乃ち其の驥足《きそく》を展《の》ぶるを得るのみ」と。備 之《これ》を用ふ。益州を取るを勧む。備 関羽を留め荊州を守らしめ、兵を引《ひき》ゐて流《ながれ》を泝《さかのぼ》り、巴《は》より蜀《しょく》に入り、劉璋《りゅうしょう》を襲ひて、成都《せいと》に入る。

備 既に益州を得たり。孫権 人をして備より荊州を求めしむ。備 還すを肯《がえん》ぜず。遂に之を争ふ。已《すで》にして荊州を分かつ。備 蜀より漢中《かんちゅう》を取り、自立して漢中王と為る。漢中の将たる関羽、江陵《こうりょう》より出でて、樊城《はんじょう》を攻めて襄陽《じょうよう》を取る。許《きょ》より以南、往往 遥《はる》かに羽に応ず。威 華夏《かか》に震ふ。曹操 許の都を徙《うつ》して以て其の鋒《ほう》を避けんと議するに至る。司《し》馬懿《ばい》 曰く、「備・権 外は親なれど内は疎なり。関羽 志を得るは、権 必ず願はざるなり。人をして権に勧めて其の後を躡《ふ》ましむ可し。江南を割きて以て権を封ずるを許せ」と。操 之に従ふ。時に魯粛 已に死し、呂蒙 之に代はる。亦た権に勧め羽を図らしむ。操の師 樊を救ひ、権の将たる陸遜《りくそん》、又 羽が後を襲ふ。羽 狼狽《ろうばい》して走り還る。権の軍 羽を獲

義《ぎ》だけでは
人《ひと》はついてこぬ
よし
漢中王《かんちゅうおう》を
名乗《なの》ろう
うほっ
よくぞ
ご決心《けっしん》くださり
ました
こうして
建安《けんあん》二十四年《ねん》
七月《がつ》 玄徳《げんとく》は
漢中王《かんちゅうおう》を
名乗《なの》った

漢中は、前漢の始祖である劉邦《りゅうほう》が漢王《かんおう》を称した地であり、ここを領有した劉備が漢中王《かんちゅうおう》と称することは、漢の復興を目指すために、きわめて有効なことであった。

て之を斬る。遂に荊州を定む。

## ◉現代語訳

劉備は初め龐統《ほうとう》を用いて、耒陽《らいよう》（県）令としたが、治まらなかった。魯粛は劉備に書簡を送り、「士元（龐統の字《あざな》）は方《ほう》百里（の県を治める）才ではありません。治中《じちゅう》従事《じゅうじ》・別駕《べつが》従事《じゅうじ》とすれば、ようやくその優れた才能を発揮することができましょう」と言った。劉備は（その言に従って）龐統を用いた。（龐統は）益州を取るように勧めた。劉備は関羽を留め荊州を守らせ、（自ら）兵を率いて長江をさかのぼり、巴《は》郡から蜀郡に入り、劉璋《りゅうしょう》を襲って、成都に入った。

　劉備はこうして益州を得た。孫権は使者を派遣して劉備より荊州（諸郡の返還）を求めた。備は返すことを承知せず、こうして荊州（の領有）を争った。やがて（曹操の漢中郡侵入により劉備と孫権は和睦し）荊州を二分した。劉備は蜀郡から漢中《かんちゅう》郡を取り、（曹操が魏王に就いたことに対抗し）自立して漢中王となった。漢中王の将軍である関羽は、江陵《こうりょう》より出て、樊城《はんじょう》を攻めて襄陽《じょうよう》郡を取ろうとした。許（曹操の都）から南は、ともすれば遥かに関羽に味方するものがあった。（こうして関羽の）威勢は中原に響き渡った。曹操は許の都を移してその鋒先を避けようと議論するほど（関羽に脅威を感じる）に至った。（曹操配下の）司馬《しば》

**洛陽関帝廟**
関羽は死後、出身地の山西《さんせい》商人たちにより、財神である関帝として祭られた。

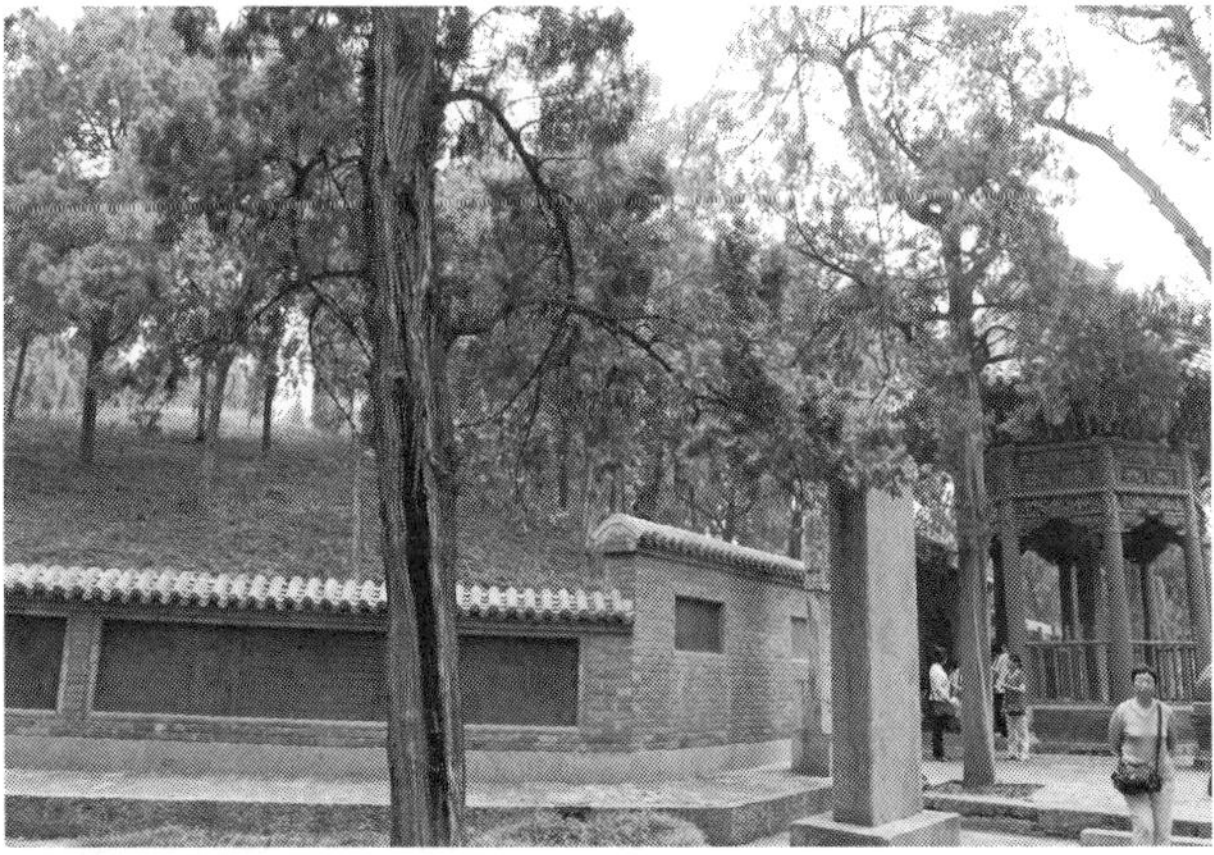

**洛陽関林の首塚**
洛陽には関羽の首のない遺体が埋葬された関林《かんりん》がある。

懿《い》は、「劉備と孫権はうわべは親しそうですが内心は離れております。関羽が志を得ることは、孫権は必ず願いません。使者を派遣し孫権に勧めて関羽の背後を襲わせるべきです。（そのために）江南の地方を割き与えて孫権を封建することを約束なさることです」と言った。曹操はこれに従った。このとき魯粛はすでに死んでおり、呂蒙《りょもう》がこれに代わって（軍事を統率して）いた。（呂蒙も）また孫権に勧めて関羽をわなにかけた。曹操の軍は樊城を救い、孫権の将軍である陸遜《りくそん》は、また関羽の背後を襲った。関羽は狼狽《ろうばい》して逃げ帰った。孫権の軍は関羽を捕らえてこれを斬った。こうして荊州を平定した。

## 解説・鑑賞

### 単刀会

劉備が益州を領有すると、孫権は貸していた長沙《ちょうさ》・零陵《れいりょう》・桂陽《けいよう》の三郡の返還を要求する。魯粛は、単独で関羽と会見し、荊州の領有権を主張する関羽を論破した。ちなみにこの交渉は、『三国志演義』では、関羽が魯粛を圧倒する「単刀会《たんとうかい》」という見せ場となる。

しかし、史実では、会見ののち劉備が湘水《しょうすい》以東の荊州を孫呉に返還して問題を解決させている。孫呉のなかに渦巻く反対論を押しきり、荊州を貸してくれたものが魯粛であったことを、当事者の劉備や関羽はよく理解していた。荊州を命に代えて守ろうとした関羽ですら、理路整然と荊州の返還を要求する魯粛の主張を、否定できなかったのである。

じつは関羽にとって、魯粛はありがたい存在であった。孫呉のなかでは天下三分のため、劉備を必要と考える例外的な親劉備派であったためである。その魯粛に認められたものが呂蒙である。

呂蒙は遠慮会釈なく荊州の奪回をもくろんだ。そこで活躍したものが陸遜である。陸遜は、呂蒙に代わって荊州の責任者となると、へりくだった態度で関羽を油断させ、関羽が北上して曹魏の曹仁と戦っている隙をついて、荊州を占領した。挟み撃ちに驚いた関羽が、麦城《ばくじょう》に逃げ込むと、潘璋《はんしゅん》が関羽を追い詰めて降服させた。

その時、魯粛はすでに病気で亡くなっていて、蜀漢は最も重要な親劉備派を失っていたのである。

# 第一四回　漢の滅亡

初メ曹操自リ二兗州牧一入リテ為ル二丞相ト一。領シ二冀州牧ヲ一封ゼラル二魏公ニ一。作ル二銅雀台ヲ於鄴ニ一。已ニシテ而進メテレ爵ヲ為リレ王ト、用ヒ二天子ノ車服ヲ一、出入ニ警蹕ス。以テ二子ノ丕ヲ一為ス二王太子ト一。操卒シ、丕立ツ。自ラ為ル二丞相・冀州牧ト一。魏ノ群臣言フ、魏ハ当ニシトレ代ハルレ漢ニ。丕遂ニ迫リレ帝ニ禅ラシメレ位ヲ、以テレ帝ヲ為ス二山陽公ト一。帝在リレ位ニ改元スル者《こと》三、曰フ二初平・興平・建安ト一。元年ヨリ至ルマデハ二二十五年ニ一、則チ皆曹操ノ為セシレ政ヲ時也。共ニ三十一年ナリ。禅リテレ位ヲ又十四年ニシテ而卒ス。漢自リ二高祖元年ニ為リレ王ト、五年ニ為リシレ帝ト、至リテレ是ニ二十四世、四百二十六年ナリ。

◉語　釈

**魏公《ぎこう》**……曹操が魏公になることに反対して荀彧《じゅんいく》は憂死した。
**銅雀台《どうじゃくだい》**……曹操が鄴城《ぎょうじょう》の中に築いた台《うてな》。屋上に銅製の雀《すずめ》を飾ったという。
**鄴《ぎょう》**……魏王としての曹操が都した所。曹操の高陵は鄴の郊外につくられ、発見された。
**警蹕《けいひつ》**……天子行幸の時、道を警護して通行止めすること。出るには警、入るには蹕という。
**禅**……皇帝の位を譲ること。献帝《けんてい》は禅譲《ぜんじょう》後、山陽公《さんようこう》とされた。

◉書き下し

初め曹操 兗州牧《えんしゅうぼく》より入りて丞相《じょうしょう》と為る。冀州牧《きしゅうぼく》を領し魏公《ぎこう》に封ぜらる。銅雀台《どうじゃくだい》を鄴《ぎょう》に作る。已《すで》にして爵を進めて王と為り、天子の車服を用ひ、出入に警蹕《けいひつ》す。子の丕《ひ》を以て王太子と為す。操 卒し、丕 立つ。自ら丞相・冀州牧と為る。魏の群臣 言ふ、「魏は当《まさ》に漢に代はるべし」と。丕 遂に帝に迫り位を禅《ゆず》らしめ、帝を以て山陽公《さんようこう》と為す。帝 位に在り改元する者《こと》三、初平《しょへい》・興平《こうへい》・建安《けんあん》と曰ふ。元年より二十五年に至るまでは、則ち皆 曹操の政を為《な》せし時なり。共に三十一年なり。位を禅りて又 十四年にして卒す。漢 高祖元年に王と為り、五年に帝と為りしより、是に至りて二十四世、四百二十六年なり。

◉現代語訳

これよりさき曹操は兗州牧《えんしゅうぼく》から（都に）入って丞相《じょうしょう》となった。冀州牧《きしゅうぼく》を兼任し、魏公《ぎこう》に封建された。銅雀台を鄴《ぎょう》に造った。やがて爵位を進めて魏王となり、天子と同じ車馬衣服を用い、出入に警蹕《けいひつ》をもうけた。子の曹丕《そうひ》を王太子とした。曹操が死去し、丕が（魏王として）立った。自ら丞相・冀州牧となった。魏の群臣は、「魏は漢に代わるべきである」と申し上げた。曹丕はこうして帝（献帝《けんてい》）に迫り皇帝の地位を禅《ゆず》らせ、帝を山陽公とした。献帝は在位中に改元すること三回、初平・興平・建安という。そのうち（建安）元年から二十五年に至るまでは、みな曹操が政治を行った時である。（位に在ること）合計三十一年間であった。（皇帝の）位を譲ってから十四年で亡くなった。漢の時代は（劉邦が）高祖元年に王となり、五年に皇帝となってから、ここに至るまで二十四世、四百二十六年間であった。

## 解説・鑑賞

建安《けんあん》二十一（二一六）年五月、漢中から帰還した曹操は、魏王の地位についた。七月、匈奴《きょうど》の南単于《みなみぜんう》の呼廚泉《こちゅうせん》が魏に来朝する。南匈奴は漢の属国である。その君主が献帝のもとではなく、曹操へあいさつに訪れたのだ。漢が有名無実化していることは、周知の事実だったのである。夏侯惇《かこうとん》は「世論と天命にしたがい、皇帝を称してはいかがでしょうか」と曹操に問う。曹操は「周の文王もまた、天子になるだけの声望と実力をもちながら、みずから殷《いん》を滅ぼすことをせず、子の武王にあとをまかせた。わたしに天命があるというなら、わたしは周の文王になろう」とこたえている。この考え方は、曹操がみずから作詩した楽府《がふ》である「短歌行《たんかこう》」の中にも吐露される。

周西伯昌、懐此聖徳　周の西伯《せいはく》昌《さか》んにして、此の聖徳に懐《なつ》く
三分天下、而有其二　天下を三分して、而《しか》も其の二を有《たも》つ

漢魏の禅譲《ぜんじょう》をかわきりに、魏晋南北朝《ぎしんなんぼくちょう》から北宋《ほくそう》までの約七百年間、中国の王朝交代は、ほとんど禅譲によって行われた。曹操以前には、前漢を奪った王莽《おうもう》が禅譲で帝位についたが、後世の模範となったのは、曹操の故事であった。曹操がうけた官位や特別な礼は、以後の禅譲のお手本となる。これを「魏武《ぎぶ》（曹公）輔漢《ほかん》の故事」という。曹操は、禅譲の手順をマニュアル化して後世に示したのである。

さあ
おひざまずきくださいませ
大魏皇帝《だいぎこうてい》お言葉《ことば》を……
うむ
そちを山陽公《さんようこう》に封《ほう》じるそこで余生《よせい》を楽《たの》しむがよい
ははーっ

献帝《けんてい》の禅譲《ぜんじょう》により、後漢は滅亡する。ただ『三国志』は、曹丕《そうひ》が即位した日時・場所を明記せず、劉備のそれを書くという「春秋の筆法」で、正統の所在を暗示する。

建安二十五（二二〇）年十月、後漢の献帝に退位を迫って禅譲させた曹丕《そうひ》は、魏を建国、黄初《こうしょ》と改元した。曹魏の成立を認めない劉備は、翌、章武《しょうぶ》元（二二一）年、成都《せいと》で即位して漢の王朝継承を宣言している。孫権が帝位につくのは少し遅れて黄龍《こうりゅう》元（二二九）年のことである。

## 曹操高陵

二〇〇八年一二月、映画「レッドクリフ」の公開中に、河南省文物考古研究所が発掘した西《にし》高穴《こうけつ》二号墓は、曹操の墓である「曹操高陵」であった。『三国志』巻一 武帝紀に、

（建安二十三〈二一八〉年）六月、令して曰く、「古《いにしえ》の葬むる者は、必ず瘠薄《せきはく》の地に居《お》る。其《そ》れ西門豹《せいもんひょう》の祠《ほこら》の西原上を規《はか》りて寿陵を為《つく》り、高きに因りて基《もとひ》を為し、封《ほう》ぜず樹《う》えず。

……」と。

とあるように、曹操は、建安二十三（二一八）年六月より、自らの陵墓の造営を始めていた。生前に造る墓を「寿陵《じゅりょう》」と呼ぶ。その場所と指定された「西門豹の祠の西原上」が、鄴《ぎょう》県の西にあたることは、唐代の地理書『元和郡県図志《げんなぐんけんずし》』にも記されている。西高穴二号墓の側には、今も西門豹の祠が残っている。

東側の最大幅二二m、東西の長さ一八m、墓葬全体の総面積が約七四〇㎡という西高穴二

号墓の規模は、後漢末の王墓として申し分ない。

曹操高陵の最大の特徴は、薄葬《はくそう》にある。後漢では、親への孝行を可視化するために金銀財宝を共に埋める厚葬《こうそう》が盛んであった。もちろん、厚葬墓は荒らされ、遺体は損傷される。それで

**許昌の献帝廟**
曹丕の即位を勧進する「魏公卿上尊号奏碑」(右)と受禅を記念する「受禅表碑」(左)の二碑が残されている。

**曹操高陵**
西高穴村から発見された二号墓が、曹操の墓であることがわかった。

も、郷挙里選《きょうきょりせん》の孝廉《こうれん》科という官僚登用試験に合格し、キャリア官僚となるために、厚葬は続けられた。曹操は、断固として厚葬を退け、王であれば当然であった金縷玉衣《きんるぎょくい》を纏《まと》うことをしなかった。三千以上のパーツを金で縫い合わせる金縷玉衣は、盗掘を受けても、必ず破片が残る。曹操高陵からは、それが一切発掘されていない。曹操は『三国志』に記されるとおり、己《おのれ》の志《こころざし》を貫いて、薄葬で埋葬されたのである。

**『十八史略』の曹操描写**

『十八史略』は、『三国志』本紀一　武帝紀が、「王　洛陽に崩ず」と表記する曹操の死去を「操　卒す」と表記する。皇帝が死去した際に用いる「崩」を用いる『三国志』に対して、曹操に正統性を認めない『十八史略』の「春秋の筆法」をここに見ることができる。

# 第一五回　季漢の建国

昭烈皇帝諱《ハ》備、字《ハ》玄徳、漢《ノ》景帝《ノ》子《タル》中山靖王勝之後《ナリ》。有《リ》二大志一、少《ク》二言語一、喜怒不レ形《あらハサ》。身《ノ》長《たけ》七尺五寸、垂《ルレバ》レ手《ヲ》下《リ》レ膝《ヨリ》、顧《ミレバ》自《ラ》見《ル》二其《ノ》耳《ヲ》一。

蜀中伝《ヘ》言《フ》、曹丕簒立《シ》、帝已《ニ》遇《ヘリト》レ害《ニ》。於《テ》レ是《ニ》漢中王、発《シ》レ喪《ヲ》制《シ》レ服《ヲ》、諡《シテ》曰《フ》二孝愍皇帝《ト》一。夏四月、即《キ》二帝位《ニ》於武担之南《ニ》一、大赦《シ》、改《ム》二元《ヲ》章武《ト》一。以《テ》二諸葛亮《ヲ》一為《シ》二丞相《ト》一、許靖《ヲ》為《ス》二司徒《ト》一。立《テ》二宗廟《ヲ》一、祫二‐祭《ス》高皇帝以下《ヲ》一。立《テ》二夫人《ノ》呉氏《ヲ》一為《シ》二皇后《ト》一、子《ノ》禅《ヲ》為《ス》二皇太子《ト》一。

魏主ノ丕、姓ハ曹氏、沛国譙ノ人也。父ノ操為リ㆓魏王ト㆒丕嗣グ㆑位ヲ。首トシテ立ツ㆓九品モテ官ニスル㆑人ヲ之法ヲ㆒。州郡皆置キ㆓九品ノ中正ヲ㆒、区㆓‐別シテ人物ヲ㆒、第デシム㆓其ノ高下ヲ㆒。丕既ニ簒ヒ㆑漢ヲ、自ラ立チテ為リ㆑帝ト、追㆓‐尊シテ操ヲ㆒為シ㆓太祖武皇帝ト㆒、改ム㆓元ヲ黄初ト㆒。

◉語釈

**簒立**《さんりつ》……臣下が君主の位を奪って代わりに立つこと。
**喪**《も》……死者のため、衣服をはじめ生活全般を簡素にしてすごすこと。
**武担**《ぶたん》……成都の西北にある山の名。
**祫祭**《こうさい》……先祖の廟に合わせ祭ること。合祭。
**中正**……官名。任官希望者に郷品を九品に分けて付与する官。
**追尊**《ついそん》……死後に尊号を奉ること。

◉書き下し

昭烈《しょうれつ》皇帝 諱《いみな》は備、字《あざな》は玄徳、漢の景帝《けいてい》の子たる中山靖王勝《ちゅうざんせいおうしょう》の後なり。大志有り、言語少く、喜怒 形《あら》はさず。身の長《たけ》七尺五寸、手を垂るれば膝より下り、顧みれば自ら其の耳を見る。

蜀中 伝へ言ふ、「曹丕 簒立《さんりつ》し、帝 已《すで》に害に遇へり」と。是に於《おい》て漢中王、喪《も》を発し服を制し、謚《おくりな》して孝愍《こうびん》皇帝と曰ふ。夏四月、帝位に武担《ぶたん》の南に即き、大赦《たいしゃ》し、元を章武《しょうぶ》と改む。諸葛亮を以て丞相と為し、許靖《きょせい》を司徒《しと》と為す。宗廟《そうびょう》を立て、高皇帝《こうこうてい》より以下を祫祭《こうさい》す。夫人の呉氏《ごし》を立て皇后と為し、子の禅《ぜん》を皇太子と為す。

魏主の丕《ひ》、姓は曹氏、沛国譙《はいこくしょう》の人なり。父の操 魏王と為り、丕 位を嗣ぐ。首《しゅ》として九品もて人を官にするの法を立つ。州郡 皆 九品の中正を置き、人物を区別して、其の高下を第《つい》でしむ。丕 既に漢を簒《うば》ひ、自ら立ちて帝と為り、操を追尊して太祖武皇帝《たいそぶこうてい》と為し、元を黄初《こうしょ》と改む。

◉現代語訳

昭烈《しょうれつ》皇帝は諱《いみな》を備、字《あざな》を玄徳《げんとく》といい、前漢の景帝の子である中山靖王《ちゅうざんせいおう》劉勝《りゅうしょう》の後裔であ

## 九品中正制度

九品中正制度は、魏の陳羣の献策で定められた官僚登用制度である。後漢の郷挙里選と異なり、与えられた郷品により、出世できる官品が定まるところに特徴がある。

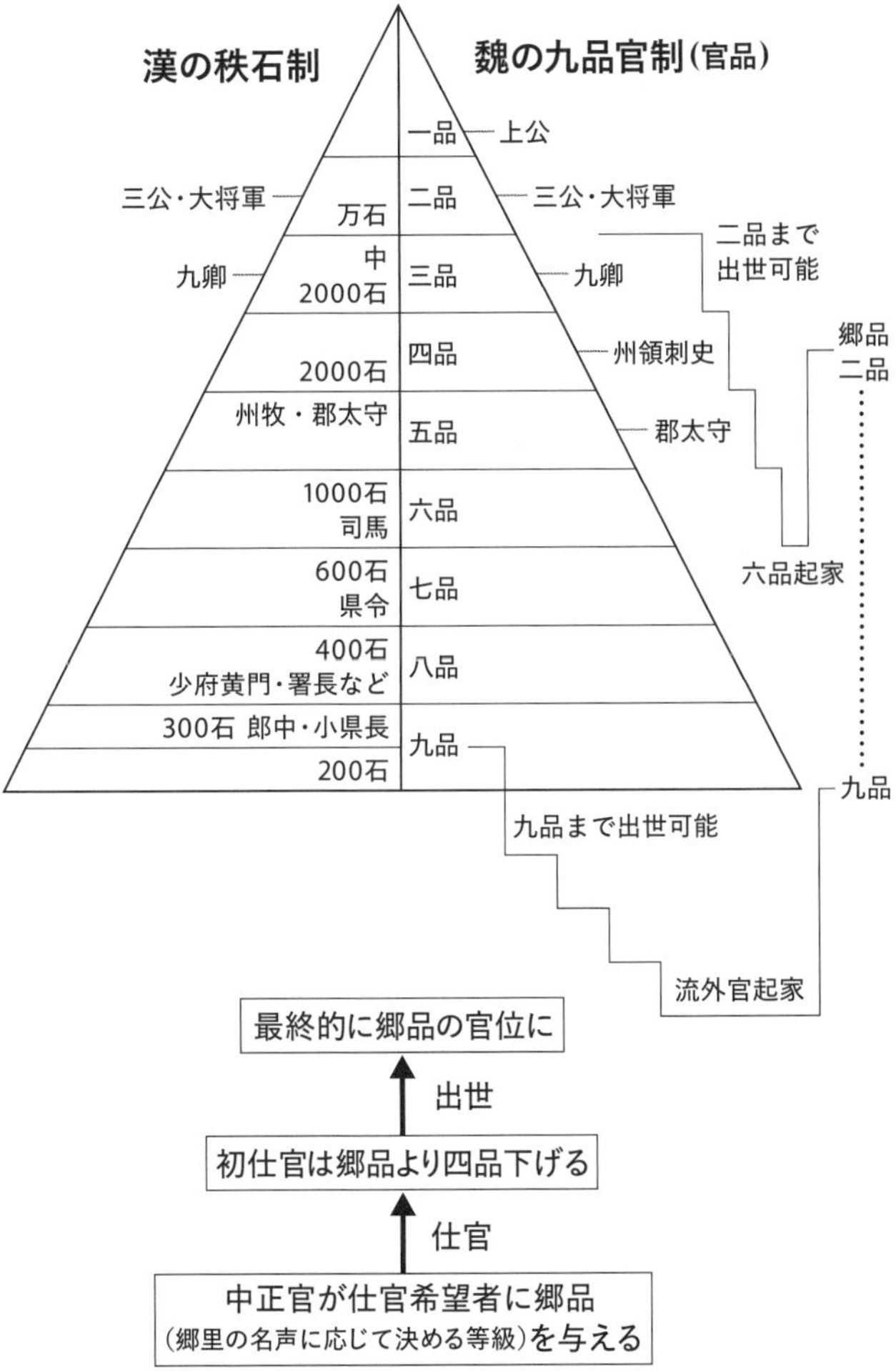

る。大志を抱き、口数は少なく、喜怒を表さなかった。身長は七尺五寸（約一七二㎝）、手を垂れると膝《ひざ》の下まで届き、振り返ると自分の耳を見ることができた。

（曹魏が建国されると）蜀では「曹丕が（漢を）簒奪《さんだつ》して即位し、皇帝はすでに殺害された」と伝えられた。そのため漢中王（の劉備）は、（皇帝の）喪《も》を布告し喪服をつけ、孝愍《こうびん》皇帝と諡した。夏四月、皇帝の位に武担《ぶたん》の南で即《つ》き、大赦令を発し、元号を章武《しょうぶ》と改めた。諸葛亮を丞相とし、許靖《きょせい》を司徒とした。宗廟を立て、高皇帝（劉邦）以降の皇帝を合祭した。夫人の呉氏を立てて皇后とし、子の禅を皇太子とした。

魏王の丕《ひ》は、姓を曹といい、沛国譙県《しょうけん》の人である。父の操が魏王となり、丕はその位を嗣《つ》いだ。まず九品により人を官に任用する法を定めた。州と郡にそれぞれ九品（中正制度のため）の中正官を置き、人物（の優劣）を区別し、その高低を順序づけさせた。丕はやがて漢を簒奪し、自分で立って皇帝となり、曹操を追尊して太祖武皇帝《たいそぶこうてい》とし、元号を黄初《こうしょ》と改めた。

## 解説・鑑賞

### 即位を天に告げる

陳寿の『三国志』は、表面的には曹魏を正統としているが、詳細に読んでいくと、蜀漢の正統を潜ませている部分に気がつく。

皇帝から天子への二段階即位を行っていた漢と魏の君主にとって、国家が交替した時にもっとも重要となる儀礼は、天子として「告代祭天文《こくだいさいてんぶん》」により国家の交替を天に告げることにあった。

曹丕は、漢の献帝の禅位の冊文《さくぶん》を掲げたあとで、「庚午《こうご》、王 壇《だん》に升りて阼《そ》に即《つ》き、百官 陪《ばい》位《い》す」（『三国志』巻二 文帝紀）と記されるだけである。裴注には、長々と引用される数次にわたる勧進文《かんじんぶん》（即位を勧める文）も、告代祭天文も、いまも許昌《きょしょう》に残る即位を記念した碑にも、まったく触れることはない。あくまでも漢の献帝の禅位の冊の結果としての即位を記すだけなのである。陳寿が曹丕の即位を歓迎していないことが分かろう。

『十八史略』は、さらにそれを貶《おとし》め、曹丕を「魏主」と表現し、漢の禅譲を受けたことを「簒《さん》」の一字により貶めている。

年号《ねんごう》も章武元年《しょうぶがんねん》と改元《かいげん》しまた国《くに》も大蜀《たいしょく》と号《ごう》した　今《いま》ここに大魏《だいぎ》には大魏皇帝《だいぎこうてい》が立《た》ち　大蜀《たいしょく》には大蜀皇帝《たいしょくこうてい》が立《た》ったのである
天《てん》に二日《じつ》なしという千古《せんこ》の鉄則《てっそく》はここに破《やぶ》れた


蜀は地名であり、劉備の国家は「漢」、あるいは「季漢《きかん》」である。それを蜀と呼ぶのは、表面的には魏を正統とする陳寿が、「蜀書」として季漢の歴史を記したことによる。

これに対して、陳寿の『三国志』は、劉備の即位について、蜀学《しょくがく》の学者が総力を挙げて著した讖文《しんぶん》（予言書）にあふれる勧進文二種を掲げ、「皇帝の位に成都の武担《ぶたん》の南に即く」と皇帝位に就いたことを場所とともに明記する。『十八史略』はこれを踏襲する。

また、『三国志』には、「惟《こ》れ建安二十六年四月丙午《へいご》、皇帝たる備　敢《あへ》て玄牡《げんと》を用ひ、皇天《こうてん》上帝《じょうてい》・后土神祇《こうどじんき》に昭告《しょうこく》す」から始まる「告代祭天文」をすべて掲載している（『三国志』巻三十二 先主伝）。すなわち、劉備こそが漢の正統を継いで即位したことを天に告げる資格があると、陳寿は主張しているのである。

『十八史略』は、長大な「告代祭天文」を載せる代わりに、宗廟を立てて、高祖劉邦より以下の漢皇帝を祭祀したことを伝える。劉備の建国した季漢《きかん》（季は末っ子の意）が、前漢・後漢を継承するものであることを明確に記しているのである。

# 第一六回 夷陵の戦い

帝恥《ヂ》二関羽之没《セシヲ》一、自《ラ》将《トシテ》伐《ツ》二孫権《ヲ》一。権求《ムレドモ》レ和《ヲ》不レ許《サ》。権遣《ハス》二使《ヲ》於魏《ニ》一。魏封《ジテ》レ権《ヲ》為《ス》二呉王《ト》一。魏主問《ヒテ》二呉使趙咨《ニ》一曰《ク》、呉王頗《ル》知《レル》レ学《ヲ》乎《ト》。咨曰《ク》、呉王任《ジ》レ賢《ニ》使《ヒ》レ能《ヲ》、志《ハ》存《ス》二**経略**《ニ》一。雖《モ》下有《レバ》二余閑一博《ク》覧《ルト》中書史《ヲ》上、不《ト》レ効《ハ》二書生《ノ》尋《ネ》レ章《ヲ》摘《ムニ》レ句《ヲ》一。魏主曰《ク》、呉《ハ》難《ル》レ魏《ヲ》乎《ト》。咨曰《ク》、**帯甲**百万、江・漢《ヲ》為《ス》レ池《ト》。何《ノ》難《ルコトカ》之有《ラント》。曰《ク》、呉《ニ》如《キ》二大夫《ノ》一者幾人《カト》。咨曰《ク》、聡明特達者《ノ》、八九十人《アリ》。如《キハ》二臣之《ノ》比一、車載《セ》斗《モテ》量《ルトモ》、不レ可《カラ》二勝《ゲテ》数《フ》一。

帝自《リ》二**巫峡**一至《ルマデ》二**夷陵**《ニ》一、立《テ》二数十屯《ヲ》一、与二呉《ノ》軍一相拒《グコト》累月。呉《ノ》

将《タル》陸遜、**連**《リニ》破《ル》二其《ノ》四十余営《ヲ》一。帝夜《ニ》遁《ル》。魏主責《ムルモノ》二呉《ノ》**侍子**《ヲ》一、不《レ》至《ラ》。怒《リテ》伐《ツ》レ之《ヲ》。呉王改《メ》二元《ヲ》黄武《ト》一、臨《ミテ》レ江《ニ》拒守《ス》。

◉語　釈

**頗**……たいへん。
**経略**……国家の運営と戦略。
**帯甲**……武装した兵士。
**巫峡**《ふきょう》……四川省の北部にあって、長江の両岸が相迫って急流となっている名所。
**夷陵**《いりょう》……湖北省の地名。
**連**……しきりに。
**侍子**《じし》……盟約の保証に質《ち》として入れる子供。人質。

◉書き下し

帝　関羽の没《ぼっ》せしを恥ぢ、自ら将として孫権を伐つ。権　和を求むれども許さず。権使を魏に遣はす。魏 権を封じて呉王と為す。魏主 呉の使たる趙咨《ちょうし》に問ひて曰く、「呉王 頗《すこぶ》る学を知れるか」と。咨 曰く、「呉王 賢に任じ能を使ひ、志は経略に存す。余閑有れば博《ひろ》く書史を覧《み》ると雖も、書生の章を尋ね句を摘《つ》むに効《なら》はず」と。魏主 曰く、「呉は魏を難《はばか》るか」と。咨 曰く、「帯甲《たいこう》百万、江・漢を池《ち》と為す。何の難ることか之《これ》有らん」と。曰く、「呉に大夫の如《ごと》き者 幾人か」と。咨 曰く、「聡明特達の者、八九十人あり。臣の比《たぐい》の如きは、車に載《の》せ斗《と》もて量《はか》るとも、勝《あ》げて数《かぞ》ふ可からず。

帝 巫峡《ふきょう》より夷陵《いりょう》に至るまで、数十屯《とん》を立て、呉の軍と相 拒ぐこと累月。呉の将たる陸《りく》遜《そん》、連《しき》りに其の四十余営を破る。帝 夜に遁《のが》る。

魏主 呉の侍子《じし》を責むるも、至らず。怒りて之を伐つ。呉王 元を黄武と改め、江に臨みて拒守す。

---

◉**現代語訳**

昭烈《しょうれつ》皇帝（劉備）は関羽が（曹操と孫権の挟撃により）陣没したことを恥じ、自ら将となって孫権を征伐した。孫権は和睦を求めたが（劉備は）許さなかった。孫権は使者を曹魏に派遣した。魏主（曹丕）は呉の使者である趙咨《ちょうし》に尋ねて、「呉王はよほど学問があられるか」と言った。趙咨は、「呉王は賢者を認容し有能な者を用いて、志は天下の統一にあり

陛下《へいか》 呉《ご》の使者《ししゃ》が
荊州《けいしゅう》を返《かえ》し
孫夫人《そんふじん》を送《おく》り届《とど》けて
末長《すえなが》くよしみを結《むす》び
共《とも》に魏《ぎ》を滅《ほろ》ぼし
天下《てんか》を分《わ》けあいたいと
申《もう》し ご返答《へんとう》を待《ま》って
ございます
馬良《ばりょう》
それはならぬぞ
まず 呉《ご》を
滅《ほろ》ぼしてから
魏《ぎ》をとるの
じゃ
しかし 仇《かたき》はすべて
命《いのち》をとり 恨《うら》みは
お晴《は》らしになり
ました
討《う》つならば
魏《ぎ》が先《さき》かと
……
馬良《ばりょう》よ
仇討《あだう》ちだけで桃園《とうえん》の
誓《ちか》いが終《お》わった
わけではない
今一度《いまいちど》漢室《かんしつ》を
盛《も》り立《た》てることが
三人《にん》の誓《ちか》いであった

物語では、呉からの和平に対して、劉備は桃園の誓いをもちだして、それを拒否した。

ます。暇があれば博く書物を読んでおられますが、書生が章句（解釈）に拘《こだわ》るような読み方はいたしません」と答えた。魏主は、「呉は魏を恐れはばかるか」と尋ねた。趙咨は、「（呉は）甲冑をつけた兵士が百万、長江・漢水を池としております。どうして恐れはばかることがありましょう」と答えた。魏主は、「呉に大夫のような者は何人おられるのか」と尋ねた。趙咨は、「聡明で特に優れた者が、八九十人おります。臣《わたし》のようなものは、車に載《の》せて斗《ます》で量っても、数えきれないほどおります」と答えた。

　昭烈皇帝は巫峡《ふきょう》から夷陵《いりょう》にまで、数十の陣営を築き、呉の軍と攻防すること数ヵ月に及んだ。呉の将である陸遜《りくそん》は、続けざまにその陣営四十余りを焼き討ちした。昭烈皇帝は夜

夷陵の戦い
曹魏
蜀漢
秭帰《しき》
白帝城《はくていじょう》
劉備
江陵《こうりょう》
夷陵《いりょう》
陸遜
孫呉
長江
劉備
陸遜


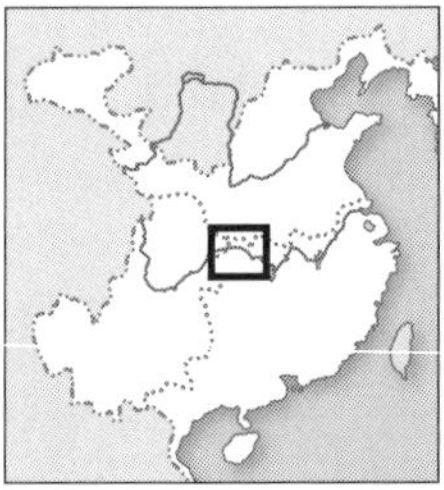

劉備が流れを下って攻め込んだことに対し、陸遜は守りを固めて戦わなかった。劉備が長い陣営を築き、志気が衰えたところで、陸遜は火攻めにより、劉備を破った。

にまぎれて逃げた。

魏主（曹丕）は呉（が約束の子）を人質として出すよう責めたが、（呉はすでに劉備を破ったので）応じなかった。（魏主は）怒って呉を討伐した。呉王は（自立して）元号を黄武《こうぶ》と改め、長江で（魏の攻撃を）防ぎ（呉を）守った。

## 解説・鑑賞

### 劉備の東征

孫呉の裏切りにより、関羽を殺害された劉備は、激昂《げきこう》していた。曹丕が魏を建国したことに対抗して、季漢《きかん》を建国したばかりであるにもかかわらず、関羽の仇討ちのために孫呉と戦うことを決定した。劉備と情を同じくする張飛は、弔い合戦に備えて準備に戻った際に、部下に裏切られて寝首を掻《か》かれてしまう。張飛の仇も呉に逃走した。劉備の感情は昂《たかぶ》るばかりである。

これに対して趙雲《ちょううん》は呉への東征に堂々と反対した。「関羽の仇討ちという私怨《しえん》のために、漢を滅ぼした国家の宿敵曹魏を後回しにして孫呉を討つのは間違っている」と。

一国の皇帝たる者が臣下の戦死を理由に、自ら軍を率いて、宿敵曹魏ではなく孫呉へ攻め込む誤りを、諸葛亮は百も承知していたはずである。しかし、諸葛亮は東征を止めなかった。

夷陵の戦いでは、陸遜の火攻めに劉備は敗れた。

「義弟」のため仇討ちは、劉備の生きざまのすべてだったからである。

劉備は、曹操や孫権のように自分の手足となって各方面で軍を指揮してくれる一族を持たなかった。劉備は、社会の最下層部の出身なのだ。その劉備が、一国の皇帝にまでなれたのは、臣下と「情」で結びついていたためである。集団の中核となり、劉備のために命をいつでも差し出そうとした関羽と張飛、その関羽が、裏切りものと孫呉のために、非業の死を遂げた。寝食を共にした「義弟」の関羽のために、自ら軍を率いて劉備は戦いに赴く。

**劉備像（成都武侯祠）**
成都の武侯祠は現在、諸葛亮を祭っているが、本来は劉備の陵墓である。

この夷陵の戦いの敗戦後、劉備は帰らぬ人となった。繰り返すが、諸葛亮は、それを止めなかった。止められなかったのだ。互いに命を差し出しあうような「情」に基づく信頼関係を貫くこと、それが劉備の「すべて」であったためであろう。

## 第一七回　遺孤を託す

三年夏四月、帝崩《ズ》。在位三年。改《ムル》レ元《ヲ》者《こと》一、曰《フ》二章武《ト》一。諡《シテ》曰《フ》二昭烈皇帝《ト》一。太子《ノ》禅即《キ》レ位《ニ》、封《ジテ》レ亮《ヲ》為《ス》二武郷侯《ト》一。太子既《ニ》立《チ》、是《ヲ》為《ス》二後皇帝《ト》一。

後皇帝名《ハ》禅、字《ハ》公嗣、昭烈皇帝《ノ》子也。年十七《ニシテ》即《キ》レ位《ニ》、改《ム》二元《ヲ》建興《ト》一。丞相《ノ》諸葛亮受《ケテ》二遺詔《ヲ》一輔《ク》レ政《ヲ》。昭烈臨《ミテ》レ終《ハリニ》謂《ヒテ》レ亮《ニ》曰《ク》、君《ノ》才《ハ》十二‐倍《ス》曹丕《ニ》一。必《ズ》能《ク》安《ンジ》二国家《ヲ》一、終《ニハ》定《メン》二大事《ヲ》一。嗣子可《クンバ》レ輔《ク》輔《ケヨ》レ之《ヲ》。如《シ》其《レ》不可《ナラバ》、君可《シ》二自取《ル》一。亮涕泣《シテ》曰《ク》、臣**敢**《テ》**不**《ランヤ》下尽《クシ》二**股肱之力**《ヲ》一、效《シ》二忠貞之節《ヲ》一、継《グニ》レ之《ニ》以《テセ》上レ死《ヲ》。亮乃《チ》約《シ》二官職《ヲ》一、修《メ》二法制《ヲ》一、下《シテ》レ教《ヲ》曰《ク》、夫《レ》参署《ナル》者《ハ》、集《メ》二衆思《ワ》一、広《ムル》二忠益《ヲ》一也。若《シ》遠《ザケ》二小嫌《ヲ》一、難《ラバ》二相違覆《スルコトヲ》一、曠闕《シテ》損《アラント》矣。亮乃《チ》遣《ハシ》二鄧芝《ヲ》一、使《シテ》レ呉《ニ》修《メシム》レ好《ヲ》。芝見《エテ》二呉王《ニ》一曰《ク》、蜀有《リ》二重険之固一、呉有《リ》二三江之阻一。共《ニ》為《サバ》二脣歯《ヲ》一、進《ミテ》可《ク》三兼二-并《ス》天下《ヲ》一、退《キテハ》可《シト》二鼎足《シテ》而立《ツ》一。呉遂《ニ》絶《チ》レ魏《ト》、専《ラ》与レ漢和《ス》。

◉語　釈

**敢不**……反語。敢テ……セザランヤと読む。「不敢」は否定を表し、敢テ……セズと読む。

**股肱《ここう》之力**……「股」はもも、「肱」はひじ。全身の力。臣下が全力をあげて君主に尽くすこと。

**下教《かきょう》**……命令を下すこと。当時諸侯の命令は教といった。

**参署《さんしょ》**……「参」は相談すること。「署」は署名。諸官が協議してその決議に署名し、実行に移す制度。

**難相違覆**……「難」は憚ること。「違」は異見を述べること。「覆」はくり返し審議すること。

**曠闕**《こうけつ》……「曠」は空しい、「闕」は欠けるの意。職務をおろそかにすること。
**重険之固**……蜀の地には内に険《けわ》しい剣閣《けんかく》があり、外に斜谷《やこく》・駱谷《らくこく》・子午谷《しごこく》があって、二重の要害となっている。
**三江之阻**……「三江」は呉淞《ごしょう》江・銭塘《せんとう》江・浦陽《ほよう》江で、これらが自然の要害となっている。
**唇歯**《しんし》……くちびると歯。それから転じて相互の利害関係が非常に密接なたとえ。
**兼幷**……合わせて一つにすること。
**鼎足**《ていそく》……「鼎《かなえ》」は三足。三つのものが互いに釣り合いを保って対立するのに用いる。

### ◉書き下し

三年夏四月、帝 崩ず。在位三年。元を改むる者《こと》一、章武《しょうぶ》と曰ふ。諡《おくりな》して昭烈皇帝《しょうれつこうてい》と曰ふ。太子の禅 位に即き、亮を封じて武郷侯《ぶきょうこう》と為す。太子 既に立ち、是《これ》を後皇帝《こうこうてい》と為す。

後皇帝 名は禅 字は公嗣《こうし》、昭烈皇帝の子なり。年十七にして位に即き、元を建興《けんこう》と改む。丞相の諸葛亮 遺詔《いしょう》を受けて政を輔《たす》く。昭烈 終はりに臨みて亮に謂ひて曰く、「君の才は曹丕に十倍す。必ず能く国家を安んじ、終《つい》には大事を定めん。嗣子《しし》 輔く可くんば之を輔けよ。如《も》し其れ不可ならば、君 自ら取る可し」と。亮 涕泣《ていきゅう》して曰く、「臣 敢て股肱《ここう》の力を尽くし、忠貞の節を効《いた》し、之に継ぐに死を以てせざらんや」と。亮 乃ち官職を約し、法制を修《おさ》め、教を下して曰く、「夫《そ》れ参署《さんしょ》なる者は、衆思《しゅうし》を集め、忠益を広むるなり。若し小嫌を遠ざけ、相 違覆《いふく》することを難《はばか》らば、曠闕《こうけつ》して損あらん」と。亮 乃ち鄧芝《とうし》を遣はし、呉に使して好《よしみ》を修めしむ。芝 呉王に見《まみ》えて曰く、「蜀に重険《じゅうけん》の固《かため》有り、呉に三江の

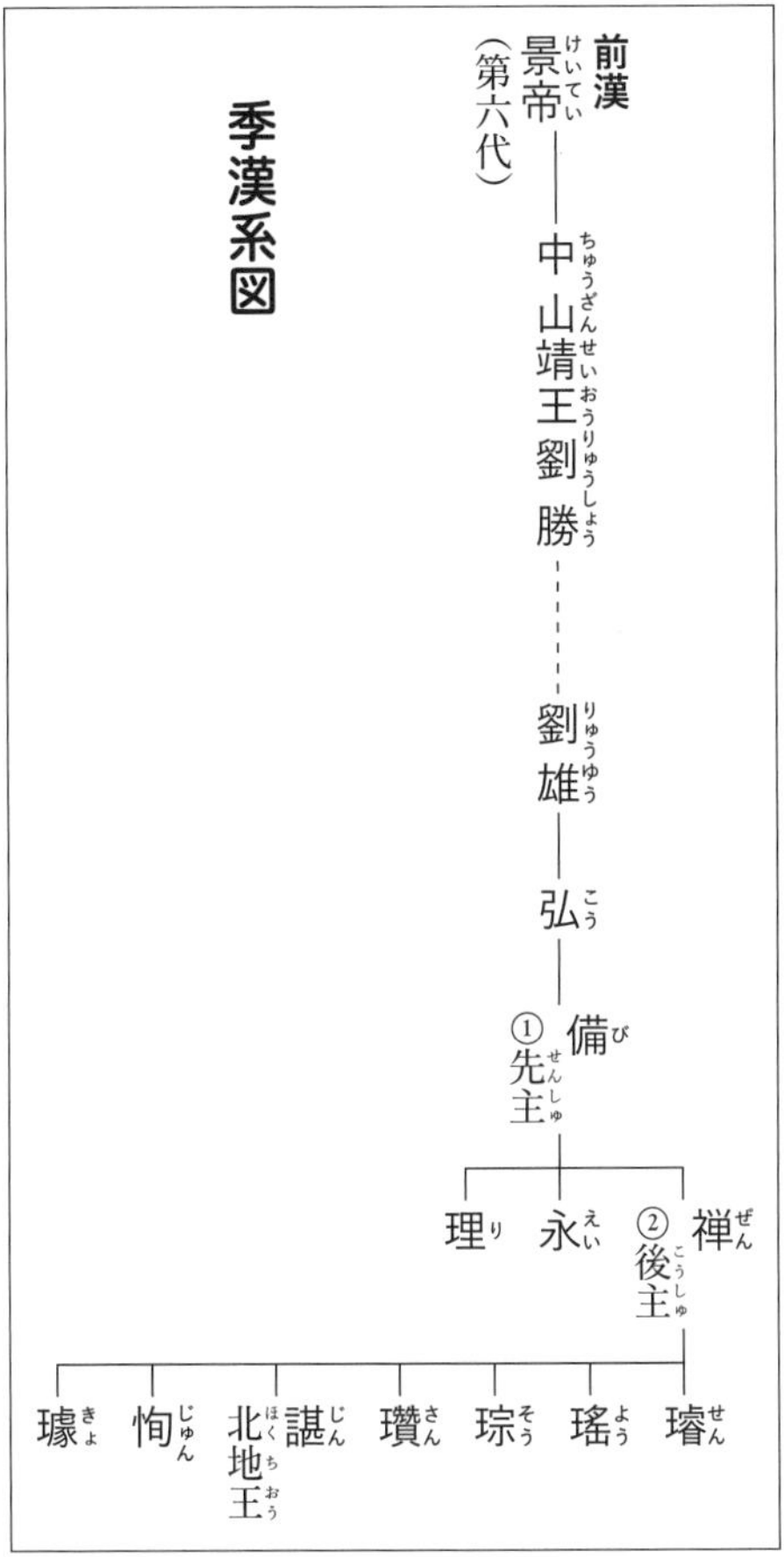
季漢系図
前漢
景帝《けいてい》
(第六代)
中山靖王劉勝《ちゅうざんせいおうりゅうしょう》
劉雄《りゅうゆう》
弘《こう》
備《び》
①先主《せんしゅ》
禅《ぜん》
②後主《こうしゅ》
永《えい》
理《り》
璿《せん》
瑤《よう》
琮《そう》
瓚《さん》
諶《じん》
北地王《ほくちおう》
恂《じゅん》
璩《きょ》

阻《そ》有り。共に唇歯《しんし》を為さば、進みて天下を兼幷《けんぺい》す可く、退きては鼎足《ていそく》して立つ可し」と。呉遂に魏と絶ち、専《もっぱ》ら漢と和す。

## ◉現代語訳

章武《しょうぶ》三年夏四月、帝（劉備）が崩御した。在位三年。元号を改めること一回、章武という。諡《おくりな》して昭烈皇帝とする。皇太子の禅が（皇帝の）位に即き、諸葛亮を封建し武郷侯《ぶきょうこう》とした。太子が立ち、これを後皇帝という。

後皇帝、名は禅、字は公嗣《こうし》といい、昭烈皇帝の子である。十七歳で位に即き、元号を建《けん》興《こう》と改めた。丞相の諸葛亮は遺詔《いしょう》を受けて政治を輔佐した。昭烈皇帝は臨終のとき亮に、「君の才は曹丕にくらべて十倍もすぐれている。きっと国家を安泰にし、やがては（天下統一の）大事業を完成できよう。あとつぎ（の禅）がもし助けられる（才能がある）ならば、助けてやってもらいたい。もしないようならば、君自ら天下を取るがよい」といった。亮は涙を流して、「臣《わたし》は股肱として全力を尽くし、忠貞の節義を守り、一命を投げ出してお仕えいたします」と申しあげた。亮はそこで官職の数を省き、法制を改め、（群臣に）訓示して、「およそ参署《さんしょ》の官とは、多数の意見を集めて、忠言の利益を広めるためのものである。もし同僚間の些細な嫌疑を気がねし、異見を述べ反覆審議することを遠慮するならば、（天下の政務は）おろそかとなり、（ひいては国家の）損失となろう」と言った。亮はさらに鄧芝《とうし》を呉に派遣し、好《よし》みを修めさせた。鄧芝は呉王に謁見して、「わが蜀は、要害にかこまれ、呉には三江の険阻があります。（今この二国が同盟して）唇《くちびる》と歯のような関係になれば、進んでは天下を統合することができ、退いても鼎《かなえ》の足のように三国が並び立つことができます」と申しあげた。呉王はかくて魏と（国交を）絶ち、専ら（蜀）漢と結んだ。

## 解説・鑑賞

### 「忠」か「乱命」か

劉備は夷陵の戦いで陸遜に敗れ、白帝城《はくていじょう》で死の床につくと、成都から諸葛亮を呼び、あとつぎの劉禅を託した。「劉禅に才能があれば輔佐して欲しい。もしなければ、君が代わって君主になってほしい」と。『三国志』諸葛亮伝は、この君臣の信頼関係を褒めたたえ、こののちの諸葛亮の一生が劉禅を託された信頼に対する「忠」であったと強調する。

しかし、当時の人々は、劉備に「忠」を尽くした臣下として関羽・張飛を挙げるだけである。明《みん》末の王夫之《おうふうし》（王船山）は、劉備の遺言を君主として出してはいけない「乱命」であるとし、「この遺言から、劉備が諸葛亮を関羽のように全面的には信頼していないことが分かる」

ただ一つ 心《こころ》にかかるは 太子《たいし》劉禅《りゅうぜん》がまだ幼年《ようねん》で あることじゃ いったいどのような 人物《じんぶつ》に成長《せいちょう》するのか ……
そこで 丞相《じょうしょう》に一つ 頼《たの》みがある
なんで ございましょう
もし劉禅《りゅうぜん》が帝《みかど》たる 天質《てんしつ》を備《そな》えている ものならば よく 助《たす》けてやって もらいたい しかし 帝王《ていおう》の器《うつわ》でない時《とき》は 丞相《じょうしょう》 君《きみ》は自《みずか》ら 蜀《しょく》の帝《みかど》となって 万民《ばんみん》を治《おさ》めて もらいたいのじゃ
なんと

『三国志』も、諸葛亮に対して「君自《みずか》ら取るべし」と述べて、劉禅を託す。諸葛亮の志《こころざし》は漢の復興であるため、漢の血統を引かない自分が即位しても、志は実現しない。

**白帝城**
劉備が諸葛亮に劉禅を託した白帝城《はくていじょう》。

と述べている。

陳寿が強調する「忠」のベールを剥《は》がしていくと、劉備と諸葛亮の間の緊張関係が見えてくる。劉備に嫌われている劉巴《りゅうは》という名士をめぐり、両者はせめぎあいを見せている。劉巴の才能を評価する諸葛亮は、劉備の反対を押し切り、行政長官である尚書令《しょうしょれい》に任命させた。尚書令は、かつて劉備が諸葛亮とそりの合わない法正《ほうせい》を据えて、諸葛亮の勢力を牽制した官職であった。

諸葛亮は、名士の抱負であった理想の国家を建設するため、君主と争ってでも政策を推進していく。その結果、劉備との間に緊張が生じても仕方がない。遺言は、こうした両者の関係の中で生じたせめぎあいの結果出された「乱命」と捉えるべきであろう。

# 第一八回　七縦七禽

魏主以《テ》二舟師《ヲ》一撃《ツ》レ呉《ヲ》。呉列《ス》二艦《ヲ》于江《ニ》一。江水盛長《ス》。魏主臨望《シ》、歎《ジテ》曰《ク》、我雖《モ》レ有《リト》二武夫千群一、無《キ》レ所レ施《ス》也《ト》。於《テ》レ是《ニ》還《ス》レ師《ヲ》。

南夷畔《ク》レ漢《ニ》。丞相《ノ》亮往《キテ》平《グ》レ之《ヲ》。有《リ》二孟獲《ナル》者一、素《ヨリ》為《ル》二夷・漢《ノ》所《ト》レ服《スル》。亮生二致《シ》獲《ヲ》一、使《メ》レ観《セ》二営陣《ヲ》一、縦《チテ》使《ム》二更《ニ》戦《ハ》一。七縦七禽《シ》、猶《ホ》遣《ラントス》レ獲《ヲ》。獲不《シテ》レ去《ラ》曰《ク》、公《ハ》天威也。南人不《ト》二復《タ》反《セ》一矣。

魏主又以《テ》二舟師《ヲ》一臨《ム》レ呉《ニ》。見《テ》二波濤《ノ》洶湧《スルヲ》一歎《ジテ》曰《ク》、嗟乎、固《ニ》天《ノ》所三以限《ル》二南北《ヲ》一也《ト》。

魏主《ノ》丕殂《ス》。僭《スルコト》レ位《ヲ》七年、改元《スル》者一、曰《フ》二黄初《ト》一。諡《シテ》曰《フ》二文皇帝《ト》一。子《ノ》叡立《ツ》、是《レ》為《リ》二明帝一。叡《ノ》母被《ル》レ誅《セ》。丕嘗《テ》与レ叡出《デテ》猟《シ》、見《ル》二子母《ノ》鹿《ヲ》一。既《ニ》射二其《ノ》母《ヲ》一、使《ム》三叡《ヲシテ》射《セ》二其《ノ》子《ヲ》一。叡泣《キテ》曰《ク》、陛下已《ニ》殺《セリ》二其《ノ》母《ヲ》一。臣不《ト》レ忍《ビ》レ殺《スニ》二其《ノ》子《ヲ》一。丕惻然《タリ》。及《ンデ》レ是《ニ》為《リ》レ嗣《ト》即《ク》レ位《ニ》。

**処士**《ノ》管寧、字《ハ》幼安。自《リ》二東漢《ノ》末一、避《クルコト》二地《ヲ》遼東《ニ》一三十七年。魏徴《ス》レ之《ヲ》。乃《チ》浮《ビテ》レ海《ニ》西《ニ》帰《ル》。拝《スレドモ》レ官《ニ》不レ受《ケ》。

◉語釈

**盛長**……水があふれて勢いの盛んなこと。
**千群**……一千の団体。群は隊のような単位。
**南夷**《なんい》……南方の異民族。南蛮ともいう。
**天威**《てんい》……人智を超えた天により与えられた威力。
**波濤洶湧**《はとうきょうゆう》……濤は大波。洶湧はわきたつさま。
**誅**……罪があるものが殺されること。

**惻然**《そくぜん》……あわれみいたむさま。
**処士**《しょし》……官に仕えないで民間にいる人。中国では、このような民間の処士を高潔として、これを尊重する風習があった。

**◉書き下し**

魏主 舟師《しゅうし》を以て呉を撃つ。呉 艦《かん》を江に列す。江水 盛長す。魏主 臨望し、歎《たん》じて曰く、「我 武夫《ぶふ》千群有りと雖も、施す所無きなり」と。是に於て師を還す。

南夷《なんい》漢に畔《そむ》く。丞相の亮 往きて之を平《たいら》ぐ。孟獲《もうかく》なる者有り、素《もと》より夷《い》・漢《かん》の服する所と為る。亮 獲を生致し、営陣《えいじん》を観《み》せしめ、縦《はな》ちて更に戦はしむ。七縦七禽《しょうきん》し、猶ほ獲を遣《や》らんとす。獲 去らずして曰く、「公は天威なり。南人 復た反せず」と。

魏主 又 舟師《しゅうし》を以て呉に臨む。波濤《はとう》の洶湧《きょうゆう》するを見て歎じて曰く、「嗟乎《ああ》、固《まこと》に天の南北を限る所以なり」と。

魏主の丕《ひ》殂《そ》す。位を僭《せん》すること七年、改元する者《こと》一、黄初《こうしょ》と曰ふ。諡して文皇帝《ぶんこうてい》と曰ふ。子の叡《えい》立つ、是れ明帝為《めいていた》り。叡の母 誅せらる。丕 嘗《かつ》て叡と出でて猟し、子母の鹿を見る。既に其の母を射、叡をして其の子を射せしむ。叡 泣きて曰く、「陛下 已《すで》に其の母を殺せり。臣 其の子を殺すに忍びず」と。丕 惻然《そくぜん》たり。是に及んで嗣と為り位に即く。

処士《しょし》の管寧《かんねい》、字は幼安《ようあん》。東漢の末より、地を遼東《りょうとう》に避くること三十七年。魏　之を徴《ちょう》す。乃ち海に浮びて西に帰る。官に拝すれども受けず。

## ◉現代語訳

魏主（曹丕）は（孫呉と季漢の同盟締結に対し）水軍を率いて呉を攻めた。呉は軍艦を長江に並べた。（折しも）長江の水量はたいへん増していた。魏主は（長江に）臨んで見渡し、嘆息して「わたしに勇猛の兵士千隊がいても、（長江の増水には）施しようがない」と言った。こうして軍を引きあげた。

南蛮（雲南省に居住した異民族）が季漢《きかん》に叛いた。丞相の諸葛亮は出兵してこれを平定した。（南蛮の中に）孟獲《もうかく》という者がおり、平素より蛮人・漢人より心服されていた。亮は孟獲を生け捕りにし、陣営を見せた後、釈放して改めて戦わせた。七たび釈放して七たび生け捕りにし、それでも孟獲を釈放しようとした。孟獲は立ち去らず、「公は天の威力を持っております。南人はもう叛きません」と言った。

曹丕はまた水軍を率いて呉に向かった。（しかし）長江の波浪が沸き立つさまを見て歎いて、「ああ、まことに天が南北を分けているのには理由がある」と言った。

魏主の曹丕が死去した。帝位を僭称《せんしょう》すること七年、元号を改めること一回、黄初《こうしょ》という。諡《おくりな》して文皇帝という。子の曹叡が立った、これが明帝である。叡の母は（讒言により曹丕に）誅殺されていた。曹丕はあるとき叡と猟に出かけ、親子づれの鹿を見た。（曹丕は）母鹿を射止めたあと、叡に子鹿を射るよう命じた。叡は（わが身に引き較べ）涙を流して、「陛下はすでに母鹿を殺されました。臣《わたし》は子鹿を殺すに忍びません」と言った。曹丕は悲痛に思った。そうして（叡が）後嗣となり、位についた。

処士の管寧《かんねい》は、字を幼安《ようあん》という。後漢末より、（乱世を）避け遼東の地にいること三十七年。魏がこれを徴召《ちょうしょう》した。すると（管寧は）海を渡って西（方の魏）に帰って来た。官を授けられたが（固辞して）受けなかった。

## 解説・鑑賞

### 心を攻める

章武三（二二三）年、劉備が崩御した混乱を利用し、益州郡《えきしゅうぐん》の豪族である雍闓《ようがい》は、孫権と結んで蜀漢に反乱を起こした。夷陵の戦い以降の蜀漢と孫呉との対立関係を利用したのである。諸葛亮は、劉禅の即位直後であったため、しばらくこれを放置した。

建興《けんこう》三（二二五）年、荊州名士の鄧芝《とうし》を孫呉に派遣して、外交関係を修復した諸葛亮は、自

と申《もう》して謀反《むほん》を恐《おそ》れて皆殺《みなごろ》しにするなど仁者《じんしゃ》のすることではありませぬ また あの広大《こうだい》な蛮地《ばんち》でそれは不可能《ふかのう》なことにございまする
昔《むかし》から戦《いくさ》の道《みち》は「心《こころ》を攻《せ》めるを上計《じょうけい》 城《しろ》を攻《せ》めるを下計《かけい》」と申《もう》します それがしは彼《かれ》らを心《こころ》から服従《ふくじゅう》させたならばそれで充分《じゅうぶん》と考《かんが》えまする
さすが噂《うわさ》にたがわぬ見識《けんしき》…
馬謖《ばしょく》よ 私《わたし》もそのように考《かんが》えていた
これから魏《ぎ》や呉《ご》と対《たい》するためにも後《のち》の不安《ふあん》は取《と》り除《のぞ》いておかねばならぬ 蜀《しょく》にとってはどんな苦労《くろう》をしても南蛮平定《なんばんへいてい》はやっておかねばならぬ
はい

馬謖は南征に際して、南蛮の心を攻めることを説き、諸葛亮はこれを高く評価した。

そちの罪《つみ》は
すべて孔明《こうめい》が負《お》う
孔明《こうめい》の功《こう》はそちに
譲《ゆず》ってやろう
それゆえそちは
以前《いぜん》の通《とお》り
南蛮国王《なんばんこくおう》として
蛮土《ばんど》の民《たみ》を愛《あい》し
わしに代《か》わって
王化《おうか》に勤《つと》めてくれ
それでは
拙者《せっしゃ》のような
未熟者《みじゅくもの》に
今《いま》まで通《どお》り
南蛮国《なんばんこく》を
治《おさ》めよと
そうじゃ
ううっ
ううう

諸葛亮が孟獲《もうかく》を七たび破って七たび捕らえた「七縦七禽《しちしょうしちきん》」（縦は、はなつの意）は、『三国志』の本文ではなく、注に引く習鑿歯《しゅうさくし》の『漢晋春秋《かんしんしゅんじゅう》』に記され、伝説に近い。

ら軍を率いて南征を行った。当時、諸葛亮が最も評価していた部下に馬謖《ばしょく》がいた。「白眉《はくび》」（馬氏の五人兄弟の中で眉の白い馬良が最もすぐれていたため、同類の中ですぐれたものを白眉という）の故事で有名な兄の馬良《ばりょう》を筆頭に「馬氏の五常《ごじょう》」（馬氏の兄弟は、五人とも字に「常」の字がついていたので「五常」と呼ぶ）と讃えられた荊州襄陽の名士である。入蜀後、越嶲太守《えっすいたいしゅ》に任命され南蛮の状況に詳しかった馬謖は、諸葛亮に抜擢されて参軍《さんぐん》（参謀）の地位にあった。

出発に先立って馬謖は、諸葛亮に「敵の心を攻めることが上策であり、城を攻めることは下策です」と進言した。南征した諸葛亮は、連戦連勝し、雍闓は除かれたが、新たに孟獲《もうかく》が人望を集めて指導者となっていた。諸葛亮は、孟獲を生け捕りにし、放免することを繰り返し、孟獲が納得するまで、「七たび放《はな》ちて七たび禽《とりこ》にした（七回釈放して七回捕虜とした）」という。

心を攻める、つまり心服させることをめざしたのである。南征の終了後も諸葛亮は、現地の人々に統治をすべて任せて引きあげた。それを危惧する意見もあったが、南蛮は諸葛亮の死去するまで一度として背くことはなく、北伐に必要な武器・食糧・兵士などを提供し続けた。諸葛亮は、馬謖の進言どおり、南蛮の城ではなく、心を攻めることに成功したのである。

なお、曹叡の言葉に曹丕が心を動かしたのは、曹丕が曹叡の母である甄《しん》皇后を殺していたためである。

# 第一九回　出師の表

漢《ノ》丞相亮《タル》、率《ヰテ》二諸軍《ヲ》一北《ノカタ》伐《ツ》レ魏《ヲ》。臨《ミテ》レ発《スルニ》上疏《シテ》曰《ク》、今天下三分《シ》、益州疲弊《セリ》。此《レ》危急存亡之秋也。宜《シク》《ク》レ開二|張《ス》聖聴《ヲ》一、不レ宜《シク》《カラ》レ塞《グ》二忠諫之路《ヲ》一。**宮中・府中**《ハ》、倶《ニ》為《リ》二一体一。**陟**二|**罰**《スルニ》**臧否**《ヲ》一不レ宜《シク》《カラ》二異同《アル》一。若《シ》有《ラバ》二作《シ》レ姦《ヲ》犯《シ》レ**科**《ヲ》及《ビ》忠善《ナル》者一、宜《シク》《シ》下付《シ》二有司《ニ》一論《ジテ》二其《ノ》刑賞《ヲ》一、以《テ》昭《ラカニス》中平明之治《ヲ》上。親《シミ》二賢臣《ニ》一遠《ザクルハ》二小人《ヲ》一、此《レ》**先漢**所二|以《タリ》興隆《セシ》一也。親《シミ》二小人《ニ》一遠《ザクルハ》二賢臣《ヲ》一、此《レ》**後漢**所二|以傾頽《セシ》一也。臣《ハ》本《ト》**布衣**、躬《ラ》耕《シ》二南陽《ニ》一、苟《シクモ》全《ウシ》二性命《ヲ》於乱世《ニ》一、不レ求《メ》二**聞達**《ヲ》於諸侯《ニ》一。先帝不レ以《テセ》二臣《ガ》卑鄙《ナルヲ》一、**猥自枉屈**《リニ》《ラ》《シテ》、三二|顧《シ》臣《ヲ》於草廬之中《ニ》一、**諮**《ヌルニ》レ

臣《ニ》以《テス》二当世之事《ヲ》一。由《リテ》レ是《ニ》感激《シ》、許《スニ》二先帝《ニ》一以《テス》二駆馳《ヲ》一。先帝知《リ》二臣《ノ》謹慎《ナルヲ》一、臨《ミ》レ崩《ズルニ》、寄《スルニ》以《テセリ》二大事《ヲ》一。受《ケテヨリ》レ命《ヲ》以来、夙夜憂懼《シ》、恐《ル》三付託《ノ》不《シテ》レ効《アラ》、以《テ》傷《ツクヲ》二先帝之明《ヲ》一。故《ニ》五月渡《リ》レ瀘《ヲ》、深《ク》入《ル》二不毛《ニ》一。今南方已《ニ》定《マリ》、兵甲已《ニ》足《ル》。当《ニ》《シ》下奨二率《シテ》三軍《ヲ》一、北《ノカタ》定《ム》中中原《ヲ》上。興《シ》二復《シ》漢室《ヲ》一、還《サンコトハ》二于旧都《ニ》一、此《レ》臣《ガ》所下以《テ》報《イテ》二先帝《ニ》一而忠《ナル》中陛下《ニ》上之職分也《ト》。遂《ニ》屯《ス》二漢中《ニ》一。

◉語　釈

**危急存亡之秋《とき》**……国家が亡びるか続くかの危うい瀬戸際。秋は、最も大切な時の意。

**宮中府中**……「宮中」は禁中、劉禅の近臣が多い。「府中」は丞相府。諸葛亮の部下となる。

**陟罰《ちょくばつ》臧《ぞう》否《ひ》**……陟は昇進。臧は善、否は悪。善を賞し、悪を罰すること。

**科**……蜀科のこと。諸葛亮が制定した法令。

**先漢**……前漢のこと。文帝・景帝の時に興隆した。

**後漢**……桓帝・霊帝の時に衰えた。
**布衣**《ふい》……無位無官。
**聞達**《ぶんだつ》……名聞栄達。
**猥自枉屈**……猥は卑下することば、枉屈《おうくつ》はまげかがめること。尊貴の身分でありながら、自分を下におくこと。
**諮**……上より下の者に相談すること。
**付託不效**……依頼の効果がないこと。頼み甲斐のない意。
**先帝之明**……明は人を見る鑑識眼。
**五月渡瀘**……建興《けんこう》三年五月に亮は瀘水《ろすい》を渡って南征し孟獲《もうかく》を下した。
**不毛**……草木の生じない地、転じて蛮地のこと。
**旧都**……前漢の都は長安、後漢の都は洛陽にあった。

**◉書き下し**

漢の丞相たる亮、諸軍を率ゐて北のかた魏を伐つ。発するに臨みて上疏《じょうそ》して曰く、「今天下三分し、益州疲弊せり。此れ危急存亡《ききゅうそんぼう》の秋《とき》なり。宜しく聖聴《せいちょう》を開張《かいちょう》すべく、宜しく忠諫《ちゅうかん》の路《みち》を塞ぐべからず。宮中・府中は、倶に一体為《た》り。臧否《ぞうひ》を陟罰《ちょくばつ》するに、宜しく異同あるべからず。若《も》し姦を作《な》し科を犯し及び忠善なる者有らば、宜しく有司に付し、其の刑賞を論じて、以て平明の治を昭《あき》らかにすべし。賢臣に親しみ、小人を遠ざくるは、此れ先漢 興隆せし所以なり。小人に親しみ、賢臣を遠ざくるは、此れ後漢 傾頽《けいたい》せし所以なり。臣は本《も》と布衣《ふい》、躬《みずか》ら南陽に畊《たがや》し、苟《いや》しくも性命を乱世に全うし、聞達を諸侯に求めず。先帝 臣が卑鄙《ひひ》なるを以てせず、猥《みだ》りに自ら枉屈《おうくつ》して、臣を草廬《そうろ》の中に三顧し、臣に諮《たず》ぬるに当世の事を以てす。是《これ》に由りて感激し、先帝に許すに駆馳《くち》を以てす。先帝 臣の謹慎なるを知り、崩ずるに臨み、寄するに大事を以てせり。命を受けてより以来、夙夜憂懼《しゅくやゆうく》し、付託《ふたく》の效《こう》あらずして、以て先帝の明を傷つくを恐る。故に五月 瀘《ろ》を渡り、深く不毛《ふもう》に入る。今 南方已《すで》に定まり、兵甲 已に足る。当に三軍を奨率して、北のかた中原を定むべし。漢室を興復し、旧都に還さんことは、此れ臣が先帝に報いて陛下に忠なる所以の職分なり」と。遂に漢中に屯す。

## ◉現代語訳

漢の丞相である諸葛亮は、諸軍を率いて北に進んで魏を攻めた。出発するに際して上疏して、「いま天下は三分し、益州は疲弊しております。これは（季漢にとり）危急存亡《ききゅうそんぼう》の時といわねばなりません。どうか陛下にはお耳を広く開き、忠義を尽くして諫言する路を

「出師《すいし》の表」の「表」は、公開する上奏文のことである。諸葛亮は、曹魏を討ち漢を復興することが、蜀漢の国是《こくぜ》であると天下に示した。それは、諸葛亮の志でもあった。

**出師の表**
成都の武侯祠に残る岳飛《がくひ》の筆といわれる出師の表。

塞いではなりません。宮中と丞相府は、ともに一体であります。善悪を賞罰するときに、異なる基準があってはなりません。もし悪事をしたり蜀科《しょくか》を犯したり（逆に）忠義善良な者があれば、担当の役人に命じて、その刑罰恩賞を論じて、それにより（陛下の）公平正明な政治を明らかにしてください。賢臣に親しみ、小人を遠ざけたことが、前漢の興隆した理由です。小人に親しみ、賢臣を遠ざけたことが、後漢の傾むき衰えた理由です。臣《わたくし》はもと無位無官で、自ら南陽で耕作し、どうにか乱世で命をつなげればよいと思い、名声や出世を諸侯に求めませんでした。（ところが）先帝（昭烈皇帝）は臣が卑しい田舎者であるにもかかわらず、わざわざ自分から膝をまげて、臣を草廬のなかに三度もお訪ねになり、臣に当世の急務をお尋ねになりました。これより感激し、先帝のため奔走することを誓ったのです。先帝は臣の慎み深いことを知り、崩御に臨んで、国家の大事を託されました。遺命をお受けしてよりこのかた、朝早くから夜おそくまで憂い恐れ、託された効《かい》なく、先帝のおめがねを傷つけることを心配しております。そのため五月には瀘水《ろすい》を渡り、深く未開の地に入り（南征を行い）ました。いま南方はすでに治まり、兵士も武器も十分に整いました。（そこで）三軍を励まし率いて、北に進み（魏を討伐して）中原を平定すべきであります。漢室を復興し、旧都（洛陽）に帰ることは、これこそ臣が先帝（のご恩）に報いて陛下に忠を尽くすための職務であります」と言った。こうして漢中に駐屯した。

## 解説・鑑賞

鄧芝《とうし》を呉に派遣して、外交関係を修復した諸葛亮は、建興《けんこう》三（二二五）年春、自ら軍を率いて南征し、秋には平定する。後顧の憂いを断った諸葛亮は、建興五（二二七）年、大軍を率いて漢中《かんちゅう》に進駐し、以後五次におよぶ北伐を開始する。出兵にあたって、中原を回復し、漢を復興するという戦争目的を明確に示すとともに、劉備から受けた恩に報い、劉禅に忠を尽くすために、みずから北伐を行うことを宣言した文章が「出師《すいし》の表」である。諸葛亮のまごころがき

建興《けんこう》五年《ねん》春《はる》三月《がつ》
孔明《こうめい》は三十万《まん》の
大軍《たいぐん》を率《ひき》いて
北伐《ほくばつ》に向《む》かった
蜀

蜀の旗が画面を占めるのは、横山先生が、季漢という普及していない国名ではなく、蜀を国号に用いたことによる。それでも諸葛亮の旗には「漢武郷《かんぶきょう》侯《こう》」と大書《たいしょ》されている。

**漢中武侯祠**
諸葛亮が北伐の拠点とした漢中には、最も古い武侯祠《ぶこうし》（諸葛亮を祀《まつ》る廟）が存在する。

らめく文章であり、古来、日本でも中国でも読み継がれてきた名文である。

　出師表は、今の蜀漢の危機的状況から始まる。益州疲弊せり、と。続いて自らの一生を振り返る。南陽（襄陽）で暮らしていた自分は、先帝劉備から三顧の礼を受け、君臣水魚の交わりを結んで蜀漢を樹立した。南方はすでに定まり、いまこそ中原を回復し、漢室を復興する時である。これが、先帝劉備の恩を受けた自分が、陛下劉禅に忠を尽くすための責務なのだ、と。文章には諸葛亮の忠がほとばしっている。

　ただし、諸葛亮は、『三国志』に収録される「出師の表」の全文の中で十三回も「先帝」という劉備を指す言葉を用いている。劉禅に捧《ささ》げたにもかかわらず、「陛下」という劉禅への呼びかけは六回に過ぎない。諸葛亮が、「先帝」

を多用するのは、自らが劉備の信任を受けて、劉禅に忠を尽くしていることの確認のためである。劉備の遺言がそうした配慮を諸葛亮に必要とさせてしまったのである。

幸い、劉禅は諸葛亮を固く信じ続けた。亡国の暗君として有名な劉禅であるが、諸葛亮を「相父《しょうほ》」（丞相である父）と慕い、全く疑わなかったことは、諸葛亮が忠臣として生を全うできた大きな要因として、もう少し評価されてもよい。

# 第二〇回　後出師の表

明年、率キテ二大軍ヲ一攻ム二祁山ヲ一。戎陣整斉、号令明粛ナリ。始メ魏以テ二昭烈既ニ崩ジ、数歳寂然トシテ無キヲレ聞クコト、略ボ無シレ所レ備フル。猝《にはか》ニ聞キ二亮ノ出ヅルヲ一、朝野恐懼セリ。於テレ是ニ天水・安定等ノ郡、皆応ジレ亮ニ、関中響震ス。魏主如《ゆ》キ二長安ニ一、遣ム二張郃ヲシテ拒ガレ之ヲ。亮使ム下馬謖ヲシテ督シ二諸軍ヲ一戦ハ中于街亭ニ上。謖違ヒ二亮ノ節度ニ一、郃大イニ破ルレ之ヲ。亮乃チ還ル二漢中ニ一。

已ニシテ而復タ言シテ二於漢帝ニ一曰ク、漢ト賊トハ不二両立セ一、王業ハ不二偏安セ一。臣鞠躬尽力シテ、死シテ而後ニ已マン。至リテハ二於成敗利鈍ニ一、非ザル三臣ガ所ニ二能ク逆メ観ル一也ト。引キテレ兵ヲ出デ二散関ヨリ一、囲ムモ二陳倉ヲ一、不レ克タ。

## ◉語釈

**祁山**《きざん》……甘粛省の東南部の山名。
**恐懼**《きょうく》……恐れおののくこと。
**響震**《きょうしん》……響の物を震わせるように、驚き騒ぐこと。
**節度**《せつど》……節制法度の義、ここでは指図のこと。
**鞠躬**《きくきゅう》……もと身を屈めて敬うの意。転じて一事に専念して他を顧みる暇《いとま》もないのをいう。
**逆観**……逆はあらかじめ。予知すること。

## ◉書き下し

明年、大軍を率ゐて祁山《きざん》を攻む。戎陣整斉《じゅうじんせいせい》、号令明粛なり。始め魏 昭烈 既に崩じ、数歳 寂然として聞くこと無きを以て、略ぼ備ふる所無し。猝《にはか》に亮の出づるを聞き、朝野 恐懼せり。是に於て天水《てんすい》・安定《あんてい》などの郡、皆 亮に応じ、関中 響震す。魏主 長安に如《ゆ》き、張郃《ちょうこう》をして之を拒がしむ。亮 馬謖《ばしょく》をして諸軍を督《とく》し街亭《がいてい》に戦はしむ。謖 亮の節度に違ひ、郃 大いに之を破る。亮 乃ち漢中に還る。

已《すで》にして復た漢帝に言《もう》して曰く、「漢と賊とは両立せず、王業は偏安せず。臣 鞠躬《きくきゅう》尽力して、死して後に已《や》まん。成敗利鈍《せいはいりどん》に至りては、臣が能く逆《あらかじ》め観《み》る所に非ざるなり」と。兵を引きて散関《さんかん》より出で、陳倉《ちんそう》を囲むも、克たず。

### ◉現代語訳

翌年（建興《けんこう》六、二二八年）、（諸葛亮は）大軍を率いて（魏の）祁山《きざん》を攻めた。軍陣は整然とし、号令は明らかで厳《おごそ》かであった。これよりさき魏は昭烈皇帝がすでに崩御し、数年間（季漢は）ひっそりして（軍事行動も）聞くことがなかったので、（季漢に対して）ほぼ備えていなかった。にわかに諸葛亮が出兵したと聞き、朝廷も民間も震えあがった。このため天水・安定などの諸郡は、みな亮に呼応し、関中は驚き騒いだ。魏主（曹叡《そうえい》）は長安に行き、張郃《ちょうこう》にこれを防がせた。亮は馬謖《ばしょく》に諸軍を指揮させて街亭《がいてい》で戦わせた。（しかし）謖は亮の指図通りにせず、張郃は大いにこれを破った。亮はそこで（残兵をまとめて）漢中に戻った。

しばらくしてまた漢帝（劉禅）に上書して、「漢と賊（魏）とは両立せず、王者の大業は（洛陽のような中国の中心で行われるべきで、蜀のような偏鄙《へんぴ》な場所に）偏《かた》よ（って存在してい）ることに安んじることはできません。臣《わたくし》は身をかがめ敬い慎んで力を尽くし、死ぬまで努力を続けていく覚悟であります。（事の）成功失敗や遅速につきましては、臣のあらかじめわかるところではありません」と申しあげた。軍を率いて散関《さんかん》から出撃し、陳倉《ちんそう》を包囲した

それにひきかえ
汝《なんじ》は王平《おうへい》の注意《ちゅうい》も
聞《き》かず山上《さんじょう》に
陣取《じんど》る愚《ぐ》を
おかしている
ではないか
しかし兵法《へいほう》に
「高《たか》きによって
低《ひく》きを視《み》るは
勢《いきお》いすでに破竹《はちく》
……」と
ありまする
馬鹿者《ばかもの》
なんたる愚《ぐ》……
生兵法《なまびょうほう》とは
まさにそなたの
ためにある
言葉《ことば》だ…
馬謖《ばしょく》よ
功《こう》をあせり
蜀全軍《しょくぜんぐん》を
退却《たいきゃく》やむを得《え》ずに
いたらしめた
罪《つみ》は重《おも》い……
そなたは……
そなたは死刑《しけい》じゃ


「泣いて馬謖《ばしょく》を斬」った諸葛亮は、任命責任を取り、自らも罰して右《ゆう》将軍に格下げされる。なお、「高きによって……」という兵法はなく、『三国志演義』の創作である。

が、勝てなかった。

## 解説・鑑賞

建興《けんこう》六年（二二八）、第二次北伐に際して、諸葛亮が上奏したという「後出師の表《こうすいしのひょう》」が、ここでは部分的に引用されている。

「後出師の表」は、陳寿の『諸葛氏集』『三国志』には収録されず、孫呉の大鴻臚《だいこうろ》（外務大臣）であった張儼《ちょうげん》『黙記《もくき》』により伝わった。しかし、その中の趙雲《ちょううん》の死亡年が『三国志』の記述と異なることもあって、古来、偽作の疑いが、かけられている文章である。

しかし、兄の子である諸葛恪《しょかつかく》が、近ごろ家の叔父（諸葛亮）の賊と戦うための表を読んだが、深く嘆息した、と述べている。曹魏との戦いを反対されていた諸葛恪が深く嘆息する内容としては、「後出師の表」の方がふさわしい。したがって、「後出師の表」が諸葛亮の自作である蓋《がい》然性《ぜんせい》は高い。張儼『黙記』により伝わったことは、説明できないことではない。

それでは、陳寿はなぜ、『三国志』のみならず、『諸葛氏集』にも「後出師の表」を収録しなかったのであろうか。それは、「後出師の表」の内容と関わりがある。

「鞠躬《きくきゅう》」は、身をかがめて敬い慎むことで、『論語《ろんご》』郷党《きょうとう》篇を典拠とし、「死して後 已む」

おっ 楊儀《ようぎ》 孔明《こうめい》は達者《たっしゃ》か
はい 日夜《にちや》兵士《へいし》を 調練《ちょうれん》し 意気盛《いきさか》んに ございます
右将軍《ゆうしょうぐん》（孔明《こうめい》）は 陛下《へいか》にこれを 奉呈《ほうてい》せよと 申《もう》されました
おう 何《なに》か
うん これは 出師《すいし》の表《ひょう》では ないか また出陣《しゅつじん》を いたすのか
はい 右将軍《ゆうしょうぐん》が 漢中《かんちゅう》に留《とど》まり 将兵《しょうへい》を調練《ちょうれん》いたし ましたのもこの日《ひ》に 備《そな》えての こと

「後出師の表」は、「出師の表」に比べて強い悲壮感が漂《ただよ》う。おそらく劉禅には上奏せず（このため『三国志』本文には無い）、兄の諸葛瑾《しょかつきん》に送ったものが残ったのであろう。

も、『論語』泰伯《たいはく》篇を典拠とする。後者は、曾子《そうし》（孔子の弟子）が仁を体得し実践していくことの任の重さと道の遠さを述べた有名な文章である。徳川家康の「人の一生は重き荷を負いて遠き道を行くが如《ごと》し。急ぐべからず」という遺訓《いくん》の典拠にもなっていることで、日本でも有名である。その重き荷とは、曾子には仁であり、諸葛亮には北伐とその結果としての「聖漢」の「大一統《だいいっとう》」であった。

ただし、この文章はそれが「成功するか失敗するか、勝利を得るか敗北するかは、わたし

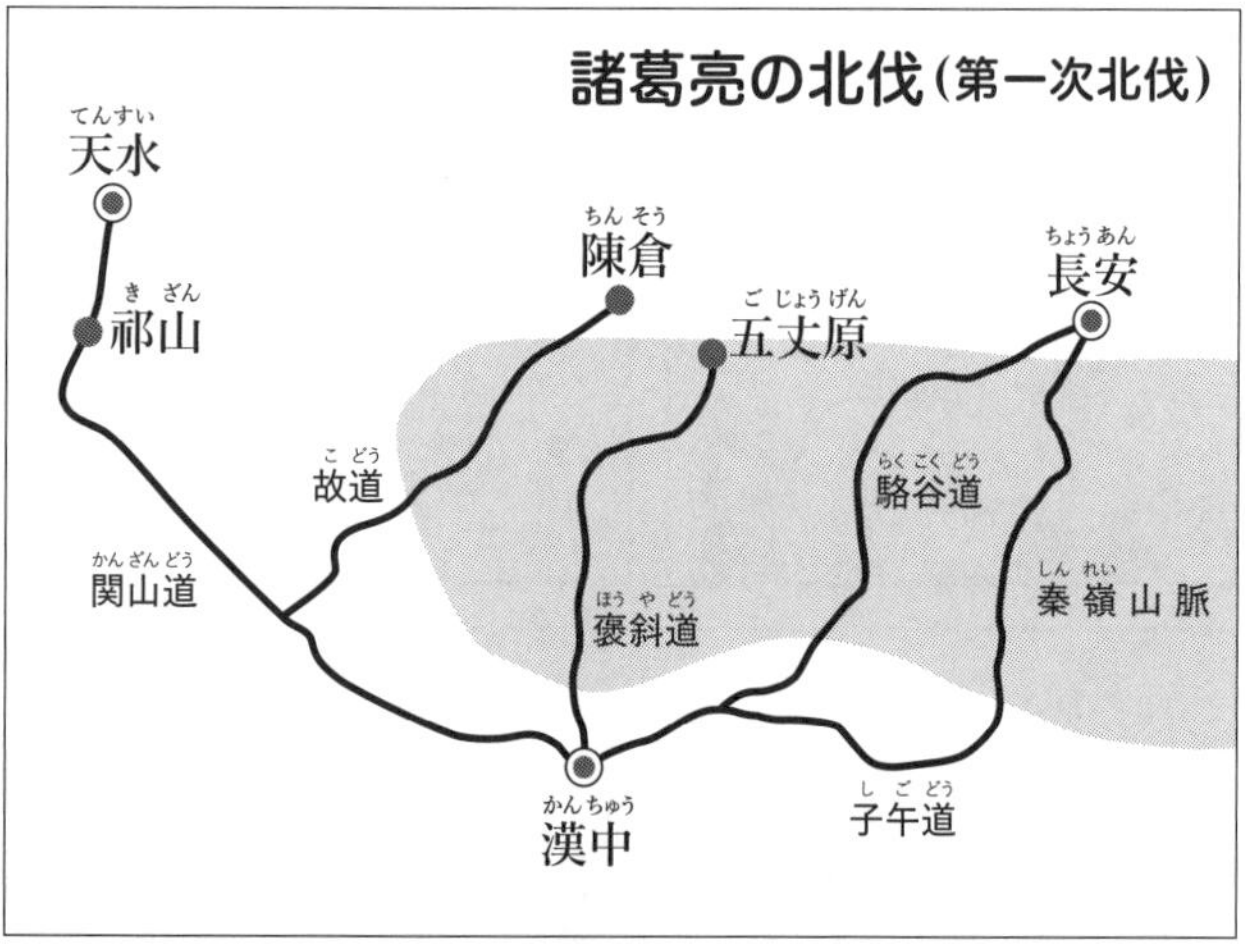

諸葛亮の北伐（第一次北伐）
天水《てんすい》
祁山《きざん》
陳倉《ちんそう》
五丈原《ごじょうげん》
長安《ちょうあん》
故道《こどう》
関山道《かんざんどう》
駱谷道《らくこくどう》
褒斜道《ほうやどう》
秦嶺《しんれい》山脈
漢中《かんちゅう》
子午道《しごどう》


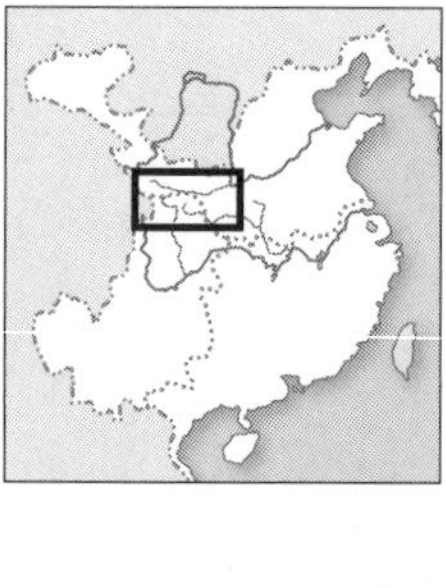

諸葛亮が駐屯する漢中から魏の長安までの間には、険しい秦嶺（しんれい）山脈がそびえ立つ。諸葛亮は、長安に最も近い子午道から長安を急襲する策を退け、なだらかで広い関山道から涼州を取る戦術を採用した。

の洞察力では予測することができるものではありません」と終わる。「草廬対」に見られた圧倒的な自信は影をひそめ、「出師の表」に見られる強い決意も全面的には展開されない。繰り返されるのは、高祖《こうそ》劉邦《りゅうほう》、劉繇《りゅうよう》と王朗《おうろう》、曹操《そうそう》、関羽《かんう》の失敗例と、趙雲をはじめとする失った精鋭部隊への嘆きである。陳寿が、この文章を『諸葛氏集』にも『三国志』にも収録しなかった理由は、全体に立ち込める悲壮感にあろう。

それでも、諸葛亮の「聖漢」による「大一統」の志が、折れることはなかった。幾多の困難を掲げながらも、そして成功への確信が持てなくとも、それは死ぬまでその重任を担い続けねばならない理想であった。「聖漢」の滅亡時に生まれた諸葛亮の運命と言い換えてもよい。諸葛亮は、病に冒された身体に鞭《むち》打って、漢中を拠点に北伐を続けるのである。

# 第二一回　北伐已まず

呉王《ノ》孫権、自《ラ》称《シ》二皇帝《ヲ》於武昌《ニ》一、**追**《ニ》二‐**尊**《シテ》父《ノ》堅《ヲ》一為《シ》二武烈皇帝《ト》一、兄《ノ》策《ヲ》為《ス》二長沙桓王《ト》一。已《ニシテ》而遷《ス》二都《ヲ》建業《ニ》一。

蜀漢《ノ》丞相《タル》亮、又伐《チ》レ魏《ヲ》囲《ム》二祁山《ヲ》一。魏遣《ム》下司馬懿《ヲシテ》督《シ》二諸軍《ヲ》一拒《ガ》上レ亮《ヲ》。懿不レ肯《ゼ》レ戦《フヲ》一。賈詡等曰《ク》、公畏《ルルコト》レ蜀《ヲ》如《シ》レ虎《ノ》。**奈**二天下《ノ》笑《ヲ》一**何**《セント》。懿乃《チ》使《ム》二張郃《ヲシテ》向《カハ》レ亮《ニ》。亮逆《ヘ》戦《ヒ》、魏兵《ノ》大《イニ》敗《ル》。亮以《テ》二糧《ノ》尽《クルヲ》一退《ク》レ軍《ヲ》。郃追《ヒ》レ之《ヲ》、与レ亮戦《ヒ》、中《リテ》二伏弩《ニ》一而死《ス》。亮還《リテ》勧《メ》レ農《ヲ》講《ジ》レ武《ヲ》、作《リ》二**木牛・流馬**《ヲ》一、治《メ》二**邸閣**《ヲ》一、息《メ》レ民《ヲ》休《メ》レ士《ヲ》、三年《ニシテ》而後用《フ》レ之《ヲ》。悉《クシテ》二衆十万《ヲ》一、又由《リ》二**斜谷口**一伐《チ》レ魏《ヲ》、進《ミテ》軍《ス》二渭南《ニ》一。魏《ノ》大

## 将軍タル司馬懿引キテレ兵ヲ拒ギ守ル。

**◉語 釈**

**追尊**……死後に尊号をおくること。
**奈—何**……どうしたらよいのか。「奈—何」は、文字を飛びこえて続けて「いかん」と読む。
**木牛《もくぎゅう》流馬《りゅうば》**……諸葛亮が発明した輸送車輌。
**邸閣《ていかく》**……兵糧を貯蔵する倉庫。
**斜谷口《やこくこう》**……今の陝西省褒城《ほうじょう》県にある。

**◉書き下し**

呉王の孫権、自ら皇帝を武昌《ぶしょう》に称し、父の堅を追尊《ついそん》して武烈《ぶれつ》皇帝と為し、兄の策を長沙《ちょうさ》桓王《かんおう》と為す。已《すで》にして都を建業《けんぎょう》に遷す。
蜀漢の丞相たる亮、又 魏を伐ち祁山《きざん》を囲む。魏 司馬懿をして諸軍を督し亮を拒がしむ。懿 戦ふを肯《がえん》ぜず。賈詡《かく》ら曰く、「公 蜀を畏《おそ》るること虎の如し。天下の笑《わらい》を奈何《いかん》せん」と。懿 乃ち張郃《ちょうこう》をして亮に向かはしむ。亮 逆《むか》へ戦ひ、魏の兵 大いに敗る。亮 糧の尽くるを以て軍を退く。郃之を追ひ、亮と戦ひ、伏弩《ふくど》に中《あた》りて死す。亮還りて農を勧め武を講じ、木牛《もくぎゅう》・流馬《りゅうば》を作り、邸閣《ていかく》を治め、民を息《やす》め士を休め、三年にして後之を用ふ。衆十万を悉《つ》くして、又斜谷《やこく》口より魏を伐ち、進みて渭南《いなん》に軍す。魏の大将軍たる司馬懿兵を引きて拒ぎ守る。

### ◉現代語訳

呉王の孫権は、自ら皇帝と武昌《ぶしょう》で称し、父の堅を追尊して武烈《ぶれつ》皇帝とし、兄の策を長沙《ちょうさ》桓王とした。やがて都を建業に遷した。

　蜀漢の丞相である諸葛亮は、再び魏を討伐し祁山《きざん》を包囲した。魏は司馬懿を派遣して諸軍を統率し亮の攻撃を防いだ。懿は戦うことを承知しなかった。賈詡たちは、「公が蜀を恐れることは虎のようであります。天下のもの笑いになるのをいかがされますか」と言った。そこで懿は張郃に亮と戦わせた。亮は迎え撃ち、魏軍は大敗した。亮は食糧が尽き軍を撤退した。張郃はこれを追撃し、亮と戦い、(蜀軍が)伏せた弩《ど》にあたり戦死した。亮は帰ると農業を推進し、武を奨励し、木牛・流馬をつくり、邸閣《ていかく》を整備し、民衆と兵士を休息させ、三年してから後に用いた。軍勢十万を総動員して、斜谷《やこく》から魏を討伐し、進んで渭水《いすい》の南(の五丈原)に布陣した。魏の大将軍である司馬懿は兵を率いて防ぎ守った。

武郷
きさまら先祖《せんぞ》もすべて漢《かん》に仕《つか》え代々《だいだい》その禄《ろく》を食《は》みながらご恩《おん》に報《むく》いようとせずかえって謀反《むほん》を助《たす》け恥《はじ》と思《おも》わぬか
孔明《こうめい》余《よ》の忠告《ちゅうこく》を聞《き》いて引《ひ》き揚《あ》げれば命《いのち》までとろうとは思《おも》わなかったがこうなれば決戦《けっせん》じゃ
望《のぞ》むところでは大将同士《たいしょうどうし》に戦《たたか》わせるかそれとも陣立《じんだ》ての勝負《しょうぶ》をするか
よしまず陣立《じんだ》てを争《あらそ》おう
ではまずきさまが陣《じん》を敷《し》いてみよ

物語では、諸葛亮と司馬懿の直接対決は、陣立て合戦となり、司馬懿の混元一気の陣を破った諸葛亮が八陣を布き、司馬懿を圧倒する。

**第二次北伐**

建興《けんこう》六（二二八）年五月、曹魏が石亭《せきてい》で孫呉に大敗を喫したことを機に、十一月に第二次北伐が開始された。諸葛亮は故道《こどう》を通り散関《さんかん》を越え、郝昭《かくしょう》が守る難攻不落の陳倉《ちんそう》を攻撃した。雲梯《うんてい》と呼ばれる梯子《はしご》車や、城門を破壊する衝車《しょうしゃ》を利用し、さらに、井闌《せいらん》という櫓《やぐら》から城内に矢を浴びせ、土を運んで堀を埋め、激しく攻めたてたが、二重の城壁に阻《はば》まれた。最後には、トンネルを掘って地下からも攻めたが、郝昭はすべてに対応し、諸葛亮も万策が尽きた。長安から曹真《そうしん》が援軍を率いて押し寄せ、自軍の兵糧も底をついたため、諸葛亮はあきらめて兵を引いた。当時の武器の能力では、城を陥落させるためには、多くの日数が必要であった。しかし、補給の困難さは、十分な日数を諸葛亮に与えなかったのである。

漢中に戻った諸葛亮は、運搬手段の工夫に意を尽くした。木牛・流馬である。木牛・流馬は、陳寿が具体的な数値を書き残している割には、実態はつかめていない。宋代の『事物紀原《じぶつきげん》』は、木牛をながえを付けた小さい車、流馬を一輪車であるとし、劉仙洲《りゅうせんしゅう》『中国古代農業機械発明史』も、木牛・流馬を木製の一輪車とする。これに対して、譚良嘯《たんりょうしょう》『八陣図与木牛流馬』は、木牛を積載量は多いが速度の遅い四輪車、流馬をその改良型で積載量を減らす代わりに速度を

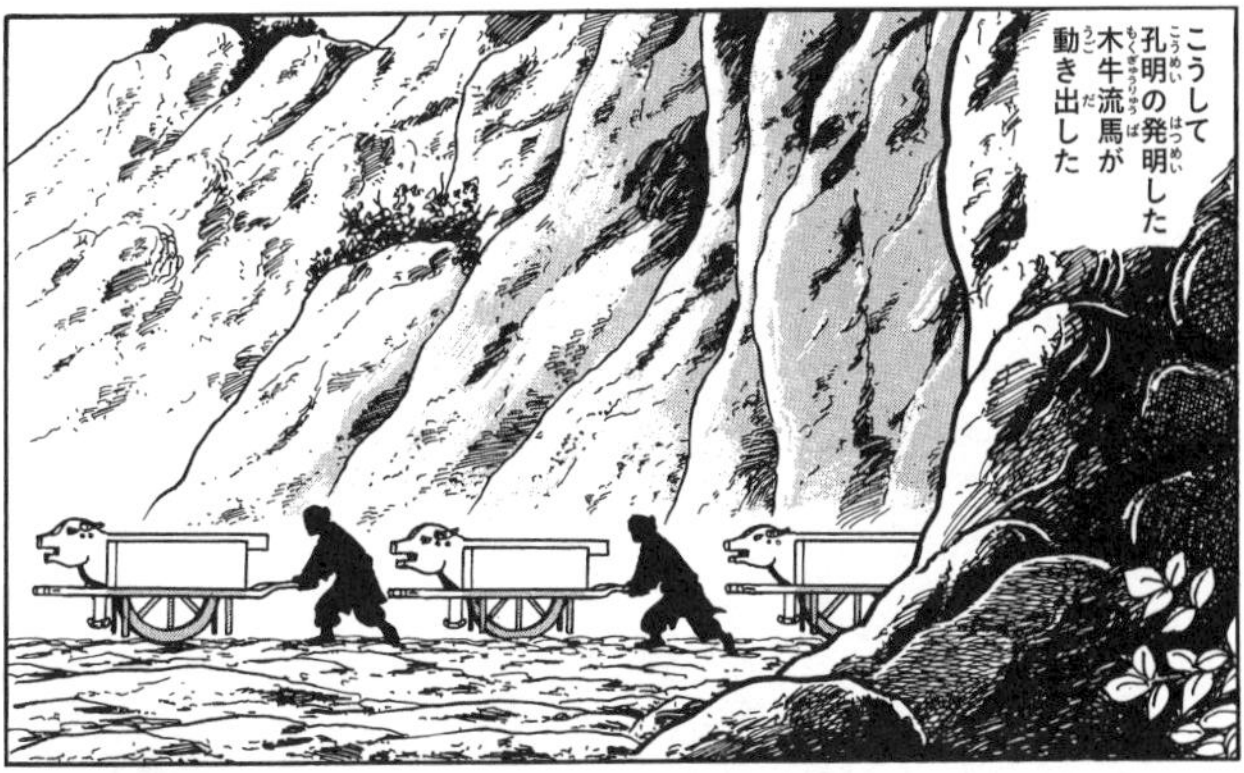
こうして
孔明《こうめい》の発明《はつめい》した
木牛流馬《もくぎゅうりゅうば》が
動《うご》き出《だ》した

木牛流馬《もくぎゅうりゅうば》はどんな
悪路《あくろ》も苦《く》にせず
大量《たいりょう》の兵糧《ひょうろう》の
運輸《うんゆ》を可能《かのう》にした
これは仲達《ちゅうたつ》の計算《けいさん》を
すっかりくつがえす
ものであった

諸葛亮が工夫を凝《こ》らした木牛《もくぎゅう》・流馬《りゅうば》は、『三国志』の注に詳細な寸法が書き残されている。諸葛亮が改良した「八陣《はちじん》」も、偏平な車を使って騎兵を防ぐ陣形であった。

あげた四輪車とする。いずれにせよ、これが兵糧補給に役立ったことは間違いない。しかし、漢中から五丈原まで褒斜道《ほうやどう》で五〇〇里（二〇〇㎞）、一日に二〇里（八㎞）しか進めない木牛では、往復に五〇日もかかってしまう。蜀の桟道《さんどう》を越えて補給を行うことは、かくも困難なことであった。

### 第三次北伐

建興《けんこう》七（二二九）年、諸葛亮は曹魏の武都《ぶと》郡・陰平《いんぺい》郡を陳式《ちんしょく》に攻撃させた。この地方に居住する、チベット系の異民族である氐《てい》族・羌《きょう》族を味方につけることも目的であった。曹魏は、郭《かく》淮《わい》を派遣して陳式を迎え撃たせたので、諸葛亮は自ら軍を率い、郭淮を退けた。この功績で、諸葛亮は右将軍から再び丞相の地位に返り咲いた。

第三次北伐は、諸葛亮の慎重な戦略の典型である。武都・陰平の二郡は、北伐ルートの後方にあたる。自己の存在のすべてを賭けて、乾坤一擲《けんこんいってき》の勝負を挑むのであれば、この二郡などは打ち捨てておき、ひたすら曹魏の首都洛陽を目指すべきであろう。しかし、諸葛亮は二郡の確保を重視した。攻めながらも、守っているのである。国力の劣る蜀漢は、曹魏に攻勢をかけながらも、つねに守りを意識して北伐を進めていく。守備の拠点を攻撃して獲得した第三次北伐は、「攻撃は最大の防御」という言葉がピッタリである。

# 北伐（第二次～第四次）

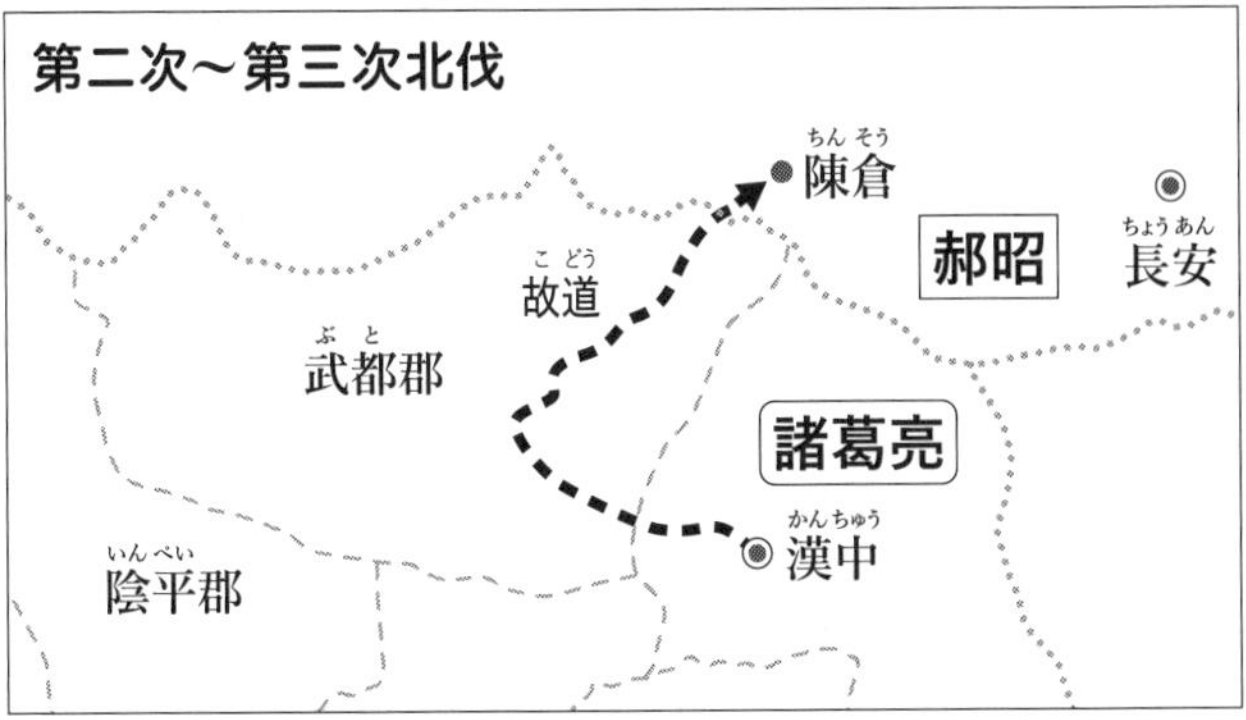


第二次、第三次は一連の戦役である。諸葛亮は自らおとりとなり、陳倉を攻めて魏軍を引きつけた。その間、陳式は武都・陰平の二郡を取り、涼州への足がかりを得た。

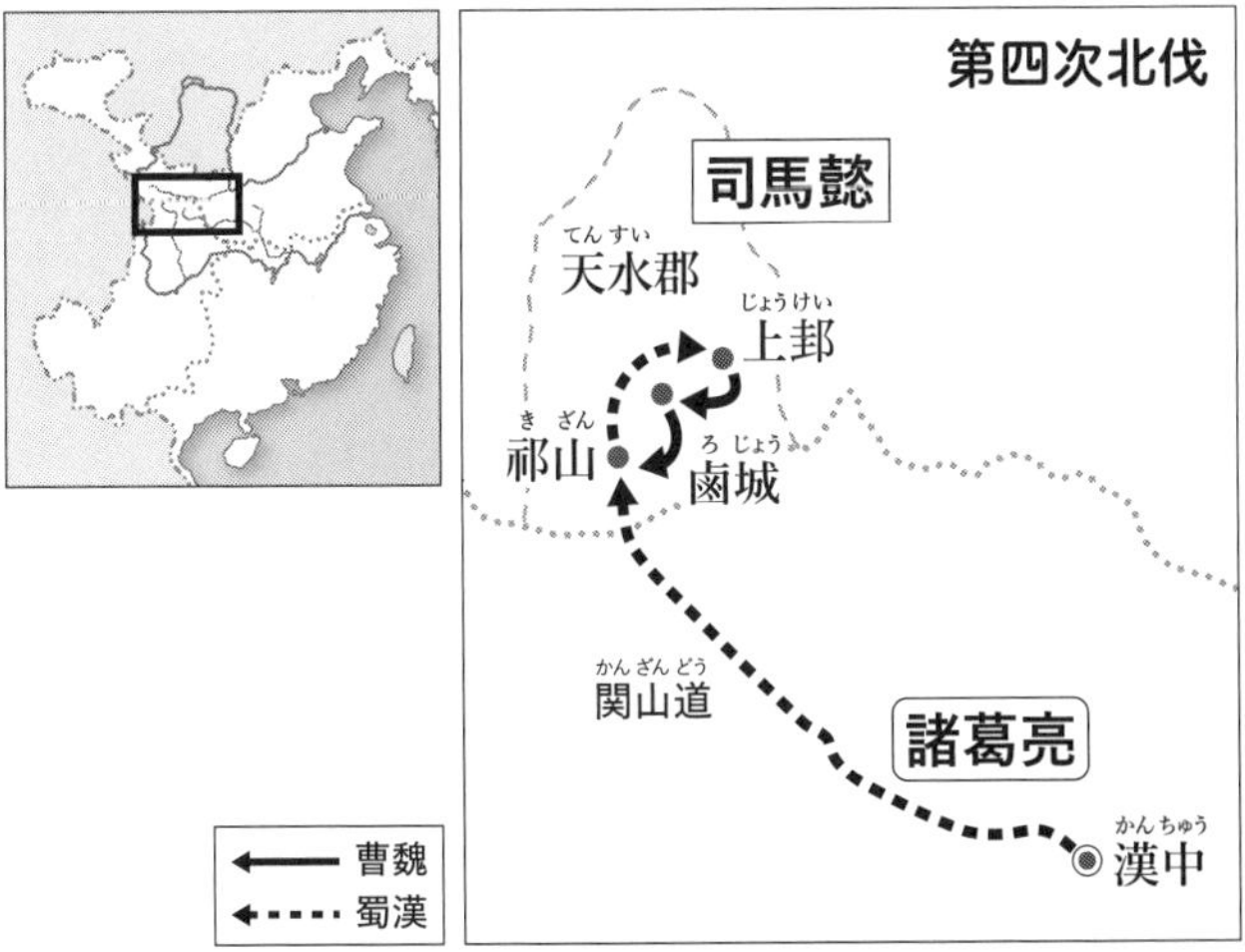


第四次北伐は、五回にわたる北伐の中で唯一、主力同士の戦闘が行われた。諸葛亮は司馬懿を大破したが、兵糧が続かずに兵を引いた。

## 曹真の侵攻

国力の回復を目指して北伐を休止していた建興八（二三〇）年、逆に曹魏が攻め込んできた。曹真《そうしん》が斜谷道《やこくどう》、張郃《ちょうこう》が子午道《しごどう》、司馬懿が西城《さいじょう》から漢中を脅かす。諸葛亮は、楽城《らくじょう》で曹魏軍を待ち受けるとともに、李厳《りげん》に二万の兵を率いて、漢中救援を命じた。しかも、後任の江州都督《こうしゅうととく》に息子の李豊《りほう》を任命して李厳の勢力を守る配慮を見せた。それでも李厳は、言を左右にして兵を動かさなかった。大雨で曹魏軍が撤退し事なきを得たが、許し難い命令違反である。李厳は諸葛亮をねたんでいたのである。

## 第四次北伐

建興九（二三一）年、諸葛亮は第四次北伐を行った。木牛を利用するなど兵糧輸送を工夫して、関山道《かんざんどう》を通り祁山を包囲した。諸葛亮はこの戦いで初めて宿敵の司馬懿と直接対決した。第五次まで続く司馬懿との戦いの中で、諸葛亮は命を落とし、司馬懿はその功績で西晋建国の基礎を築く。まさに宿敵と呼ぶにふさわしい相手である。諸葛亮が祁山を包囲すると、司馬懿は、拠点である上邽《じょうけい》を費曜《ひよう》に守らせ、自ら祁山に向かった。諸葛亮は裏をかいて、祁山の包囲をゆるめて上邽を攻撃、費曜を打ち破った。折しも麦秋である。諸葛亮は上邽の麦をすべて刈り取った。目の前で自国の麦を奪われながら、司馬懿はなお動こうとしない。諸葛亮は、わざと軍を引いて敵の出足を誘う。司馬懿は、これを追い鹵城《ろじょう》に至るが、進軍を止める。曹魏の諸将は、納得できず司馬懿に戦いを迫る。やむなく司馬懿は、諸葛亮率いる主力軍との決戦に向かった。諸葛亮は、得たりとばかり魏延《ぎえん》らに迎撃させ、散々に打ち破って大勝を得た。しかし、李厳の怠慢により兵糧が続かず、またも撤退、諸葛亮は李厳を罰した。

# 第二二一回　秋風五丈原

亮以《テ》三前者《ニ》数《〻》出《デシガ》、皆運糧不レ継《ガ》、使《メシヲ》二己《ガ》志《ヲシテ》不《ラ》レ伸《ビ》、乃《チ》分《カチテ》レ兵《ヲ》**屯田**《ス》。耕《ス》者雑《ハリ》二於渭浜《ノ》居民之間《ニ》一、而《モ》百姓**安堵**《シ》、軍《ニ》無《シ》レ私焉。亮数《〻》挑《ムモ》二懿《ニ》戦《ヲ》一、懿不レ出《デ》。乃《チ》遺《ルニ》以《テス》二**巾幗**・婦人之服《ヲ》一。亮《ノ》使者至《ルヤ》二懿《ノ》軍《ニ》一、懿問《ウテ》二其《ノ》寝食及《ビ》事《ノ》煩簡《ヲ》一、而不レ及《バ》二戎事《ニ》一。使者曰《ク》、諸葛公夙《ニ》興《キ》夜《ニ》寝《ネ》、**罰二十**以上《ハ》皆親《ラ》覧《ル》。所《ハ》二**噉食**《スル》一、不《ト》レ至《ラ》二**数升**《ニ》一。懿告《ゲテ》レ人《ニ》曰《ク》、食少《ク》事煩《ハシ》、其《レ》能《ク》久《シカラン》乎《ト》。亮病篤《シ》。有《リ》二大星一、赤《クシテ》而**芒**《アリ》、墜《ツ》二亮《ノ》営中《ニ》一。未《ダ》レ《シテ》幾《ナラ》亮卒《ス》。**長史**《ノ》楊儀整《ヘテ》レ軍《ヲ》還《ル》。百姓奔《リテ》告《ゲ》レ懿《ニ》、懿追《フ》レ之《ヲ》。姜維令《シム》二儀《ヲシテ》反《シ》レ旗《ヲ》鳴《ラシ》レ鼓《ヲ》、

若将向懿。懿不敢逼。百姓為之諺曰、死諸葛、走生仲達。懿笑曰、吾能料生、不能料死。亮嘗推演兵法、作八陣図。至是懿案行其営塁、歎曰、天下奇材也。

◉語釈

**屯田**……兵士がその土地を守りながら農耕に従事すること。

**安堵《あんど》**……堵は垣。本来は人が屋敷内に安心して住めるという意味。

**巾幗《きんかく》**……巾は頭巾。幗は女の首飾り。女の持ち物を贈って男らしくないのを皮肉ったのである。

**罰二十**……杖で二十回打つ軽い罰。

**啖食《たんしょく》**……啖は啖に同じ意味。食べること。

**数升**……日本でいうと三、四合。

**芒《ぼう》**……光の尾。

**長史《ちょうし》**……丞相長史。諸葛亮の丞相府の属官の長。

仲達……司馬懿の字。
推演……おしひろめること。
案行……調べて見廻ること。

◉**書き下し**

亮 前者《さき》に数ゝ《しばしば》出でしが、皆 運糧継《つ》がず、己《おのれ》が志をして伸びざらしめしを以て、乃ち兵を分かちて屯田《とんでん》す。耕す者 渭浜《いひん》の居民《きょみん》の間に雑《まじ》はり、而も百姓 安堵し、軍に私無し。亮 数ゝ懿に戦を挑むも、懿 出でず。乃ち遺《おく》るに巾幗《きんかく》・婦人の服を以てす。亮の使者 懿の軍に至るや、懿 其の寝食及び事の煩簡《はんかん》を問うて、戎事《じゅうじ》に及ばず。使者 曰く、「諸葛公 夙《つと》に興《お》き夜に寝《い》ね、罰二十以上は皆 親《みづか》ら覧《み》る。噉食《たんしょく》する所は数升に至らず」と。懿 人に告げて曰く、「食少く事煩《わずら》はし、其れ能く久しからんや」と。亮 病篤《あつ》し。大星有り、赤くして芒《ぼう》あり、亮の営中に墜《お》つ。未だ幾《いくばく》ならずして亮 卒す。長史の楊儀《ようぎ》、軍を整へて還る。百姓 奔《はし》りて懿に告げ、懿 之を追ふ。姜維《きょうい》 儀をして旗を反し鼓を鳴らし、将に懿に向はんとするが若くせしむ。懿 敢て逼《せま》らず。百姓 之が為に諺《ことわざ》して曰く、「死せる諸葛、生ける仲達《ちゅうたつ》を走らす」と。懿 笑ひて曰く、「吾 能く生を料《はか》れども、死を料る能はず」と。亮 嘗て兵法を推演して、八陣の図を作る。是に至りて懿 其の営塁を案行《あんこう》し、歎じて曰く、「天下の奇材《きさい》なり」と。

### ◉現代語訳

諸葛亮はこれまでしばしば出兵したが、つねに食糧の運搬が続かず、自分の志を遂げられなかったので、そこで兵を分けて屯田した。耕す兵士は渭水《いすい》のほとりの住民のなかに雑居したが、（規律がよく行き届いていたので）農民たちは安心して、軍に不正はなかった。諸葛亮はしばしば司馬懿に戦いを挑んだが、懿は出てこなかった。そこで（懿の臆病を恥ずかしめるため）巾幗《きんかく》（婦人用の頭巾）と婦人の服を贈った。諸葛亮の使者が司馬懿の軍に至ると、懿は亮の寝食と仕事の忙しさを聞き、軍事には触れなかった。使者は、「諸葛公は朝は早く起き夜は更《ふ》けてから休み、杖《じょう》罪二十以上はみな自分で調べられます。召し上がられるのは三、四合に過ぎません」と答えると、司馬懿は人に告げて、「（諸葛亮の）食事は少なく仕事は多い、長生きはできまい」と言った。（果たして）諸葛亮は病気が重くなった。（ある夜）大きな星があり、赤く長い尾を引き、亮の陣営の中に落ちた。間もなく諸葛亮は亡くなった。丞相長史《じょうしょうちょうし》の楊儀《ようぎ》は、軍を整えて帰還した。土地の者が（事の様子を）走って司馬懿に注進し、懿はこれを追撃した。姜維は楊儀に旗の向きを翻し（進軍の）太鼓を鳴らし、いまにも司馬懿に向かって出撃するかのように見せかけさせた。司馬懿はあえて近寄らなかった。土地の者はこのため諺《ことわざ》を作って、「死せる諸葛、生ける仲達を走らす」と言った。（葛と達で韻を踏んでいる）。司馬懿は苦笑して、「わたしは生きている者のことを考えることはできるが、死んだ者のことは考えられない」と言った。諸葛亮はかつて兵法（の原理）を推しすすめて、八陣の図を作った。ここに至り司馬懿はその陣営のあとを巡見して、感嘆して、「天下の奇才である」と言った。

## 解説・鑑賞

建興《けんこう》十二（二三四）年、諸葛亮は孫呉に使者を派遣し、出兵を促すとともに、四月、十万の兵を率いて褒斜道《ほうやどう》より五丈原《ごじょうげん》に進んだ。今までの北伐が兵糧の不足に苦しんだことに鑑み、木牛・流馬で運搬に当たったほか、斜谷水《やこくすい》の河辺に土地を開墾し、付近の農民とともに屯田《とんでん》を行い、兵糧の確保に努めた。

五丈原の蜀漢軍に対して、曹魏軍を率いる司馬懿は、国城《こくじょう》から渭水の南岸に渡り、土塁を築いて本陣を設けた。背水の陣となる。慎重な司馬懿が、あえて渭水を渡った理由は、南岸の食糧貯蔵庫を守ることと全軍の士気の高揚にあった。諸葛亮は、渭水を渡り北岸に出て、長安に東進したかったが、自ら指揮をしない別動隊では、郭淮《かくわい》に守られた北岸に渡ることはできなかった。

有能であるがゆえに諸葛亮は、すべての仕事を自分で背負いこんだ。本来、丞相という国家全体の責任者が、軍を率いて自ら戦う必要などはない。劉備が理想とする前漢の建国者である劉邦の丞相《じょうしょう》蕭何《しょうか》は、内政に専念していた。武将の韓信《かんしん》が宿敵項羽《こうう》を撃破したのである。諸葛亮は、蕭何の仕事をしながら、韓信の役割まで果たそうとした。あまりの激務ぶりに、見かねた部下が「すべての仕事を気にかけることはお止め下さい」と進言したことがある。自分を心配してくれる部下の言葉に、諸葛亮は喜び、感謝をしたのだが、結局はすべての仕事をこなし続けた。責任感が彼を駆り立てたのである。

諸葛亮の死後における蜀漢の急速な衰退は、彼の能力の高さと役割の大きさを物語る。国家経営に責任感を持ち、誠実に仕事を続けてきた諸葛亮は、最

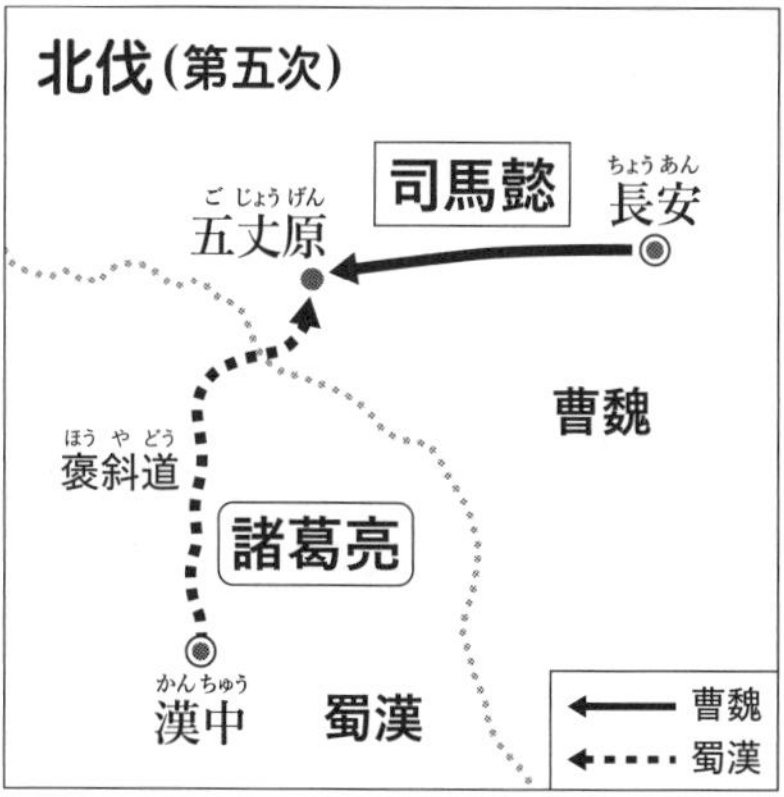


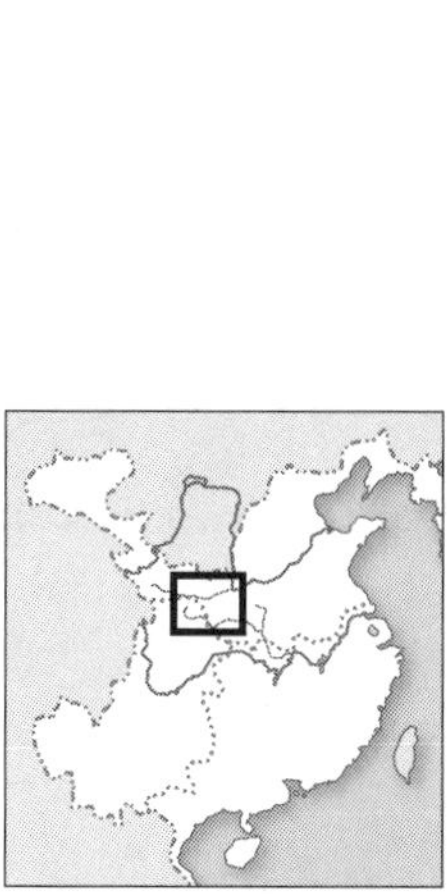

第五次北伐において、諸葛亮は、屯田制（軍屯）を行って兵糧を確保した。しかし、その寿命が北伐の継続を許さなかった。

土井晩翠《つちいばんすい》は、「星落秋風五丈原《ほしおつしゅうふうごじょうげん》」の中で、「悲運を君よ天に謝せ」と歌っている。北伐の途中、病に斃《たお》れた「悲運」ゆえに、諸葛亮は「判官贔屓《ほうがんびいき》」の日本で長く愛される。

後の気力を振り絞り、司馬懿に決戦を挑むのである。

五月、諸葛亮期待の孫呉軍は、明帝に撃退された。孫呉軍敗退の報を聞き、焦る諸葛亮に司馬懿は持久戦を強いる。動こうとしない司馬懿に、諸葛亮は婦人の頭巾と着物を贈りつけ、戦う勇気の無さを辱めた。司馬懿は、動じない。無用な挑発によって、諸葛亮は焦りを司馬懿に見透かされた。司馬懿は、諸葛亮からの使者に、諸葛亮の執務ぶりを尋ねた。寝食を忘れた仕事ぶりと食事の少なさから、その死去が近いことを悟ったという。果たして、八月、病魔に冒された諸葛亮は、自陣に落ちてくる星を自分の将星《しょうせい》（守り星）であると指差し、巨星の落下とともに陣没した。五十四歳であった。

司馬懿は、撤退後の諸葛亮の陣営をくまなく調査し、「天下の奇才である」と称した。蜀漢の滅亡後、司馬懿の子司馬昭は、諸葛亮の兵法を調査させ、それを記録させた。

**成都武侯祠の諸葛亮像**
成都の武侯祠の諸葛亮像は、金色に塗られている。各地の武侯祠の中で最も美麗な像である。

**定軍山の諸葛亮墓**
諸葛亮は陣没する際、簡素に埋葬することを遺言した。のち、民の祭祀する者が絶えないため、沔陽《べんよう》に廟を立てた。

**成都の武侯祠**
成都の武侯祠は本来、劉備の漢昭烈陵《かんしょうれつびょう》（恵陵）を中心とする遺跡であるが、附設される諸葛亮の廟の方が有名となり武侯祠と呼ばれている。

**漢中武侯祠の諸葛亮像**
諸葛亮終焉の地である漢中には、もっとも長い歴史を持つ武侯祠が残っている。

赤壁のテーマパークで復原された攻城用具

# 第一二三回　治を識るの良材

亮為《スニ》レ政《ヲ》無《シ》レ私。馬謖素《ヨリ》為《ル》二亮《ノ》所《ト》レ知《ル》。及《ビ》レ敗《ルニ》レ軍《ヲ》流涕《シテ》斬《リ》レ之《ヲ》、而《シテ》卹《ム》二其《ノ》後《ヲ》一。李平・廖立、皆為《ル》二亮《ノ》所《ト》レ廃《スル》。及《ビ》レ聞《クニ》二亮之喪《ヲ》一、皆歎息流涕《シ》、卒《ニ》至《ル》二発《シテ》レ病《ヲ》死《スルニ》一。史《ニ》称《スラク》、亮開《キ》二誠心《ヲ》一、布《ク》二公道《ヲ》一。刑政雖《モ》レ峻《ナリト》而無《シ》二怨《ム》者一。真《ニ》識《ル》レ治《ヲ》之良材《ナリト》。而《シテ》謂《フハ》下其《ノ》材長《ジテ》二於治《ムルニ》レ国《ヲ》、将略《ハ》非《ズト》上レ所《ニ》レ長《ズル》、則《チ》非也。

初《メ》丞相《ノ》亮、嘗《テ》表《シテ》二於帝《ニ》一曰《ク》、臣成都《ニ》有《リ》二桑八百株、薄田十五頃一。子弟《ノ》衣食自《ラ》有《リ》レ余《リ》。不三別《ニ》治《メテ》レ生《ヲ》以《テ》長《ゼ》二尺寸《ヲ》一。臣死《スル》

之日、不トㇾ使メ下内ニ有リ二余帛一、外ニ有リテ二贏財一、以テ負カ中陛下ニ上。至リテㇾ是ニ卒スルヤ、如シ二其ノ言ノ一。諡スニ忠武ト一。

◉語 釈

**卹**《じゅつ》……恤と同じ。ここでは馬謖の遺族を救済したこと。
**李平**《りへい》……李厳のこと。名を改めていた。
**史**……陳寿の三国志（蜀志）をさす。
**株**《しゅ》……桑などの樹木を数える単位。
**頃**《けい》……土地の広さの単位。現在の一八二a《アール》にあたる。
**贏財**《えいざい》……贏は余。余った財産。

◉書き下し

亮 政を為すに私無し。馬謖 素より亮の知る所と為る。軍を敗るに及び流涕《りゅうてい》して之を斬り、而して其の後を卹《あはれ》む。李平《りへい》・廖立《りょうりつ》、皆 亮の廃する所と為る。亮の喪を聞くに及び、皆 歎息流涕《りゅうてい》し、卒《つい》に病を発して死するに至る。

史に称すらく、「亮 誠心を開き、公道を布《し》く。刑政 峻なりと雖も而も怨む者無し。真《まこと》に治を識るの良材なり」と。而して「其の材 国を治むるに長じて、将略は長ずる所に非ず」と謂ふは、則ち非なり。

初め丞相の亮、嘗《かつ》て帝に表して曰く、「臣 成都に桑八百株、薄田十五頃《けい》有り。子弟の衣食自《おのずか》ら余り有り。別に生を治めて以て尺寸を長ぜず。臣 死するの日、内に余帛《よはく》有り、外に贏財《えいざい》有りて、以て陛下に負《そむ》かしめず」と。是に至りて卒するや、其の言の如し。忠武《ちゅうぶ》と謚《おくりな》す。

**◉現代語訳**

諸葛亮は政治を行う際に無私《むし》（公平）であった。馬謖は平素から諸葛亮の知遇を受けていた。（しかし、街亭の戦いで亮の指図に従わず）敗戦を招くと（亮は）泣いて馬謖を斬り、そしてその遺族に厚く情をかけた。李平（李厳）や廖立《りょうりつ》は、いずれも諸葛亮に免官された。（しかし）亮の死を聞くと、ともに歎き悲しみ涙を流し、（李平は）とうとう病気になって死んだ。

（陳寿の『三国志』諸葛亮伝の）評に、「諸葛亮は誠心を開き、公平な政道を布いた。刑罰や政事は峻厳であったがそれを怨む者はなかった。まことに政治を心得た優れた人物である」と称している。しかし（陳寿が）、「その才能は国を治めることは長《た》けているが、（臨機応変の）将軍としての智略は得意としていない」と評しているのは、不当である。

これよりさき丞相の諸葛亮は、かつて皇帝（劉禅）に上表して、「臣《わたくし》は成都に桑八百株《しゅ》、痩せた田十五頃《けい》を持っております。子弟の衣食はそれで十分です。別に生業を営んでわずかな財産を増やそうとは思いません。臣が死んだ日に、家に余分の絹があり、外に余分の財があって、陛下のご信頼に背くようなことは致しません」と申しあげていた。こうして亡くなってみると、その言葉通りであった。忠武と諡《おくりな》された。

## 解説・鑑賞

### 泣いて馬謖を斬る

話は遡《さかのぼ》る。第一次北伐は、建興《けんこう》六（二二八）年から開始された。諸葛亮は大軍を動かすのに最も安全な関山道《かんざんどう》を通って天水郡《てんすいぐん》を攻略するため、趙雲《ちょううん》と鄧芝《とうし》に褒斜道《ほうやどう》から郿《び》をうかがう陽動作戦を行わせ、曹真《そうしん》が主力を郿に集めている隙に天水郡を支配した。曹魏の明帝は、自ら長安に出陣するとともに、張郃《ちょうこう》を先鋒とする。諸葛亮は、ここで愛弟子の馬謖《ばしょく》を起用する。馬謖は、天水郡東北の街亭《がいてい》で張郃を迎え撃ったが、策に溺れて水のない山上に布陣し、張郃に囲ま

お待《ま》ちくだされ 丞相《じょうしょう》はここを防《ふせ》ぎ 魏軍《ぎぐん》を一人《ひとり》も通《とお》すなとの お言葉《ことば》でございました この細《ほそ》い山道《やまみち》に柵《さく》を 設《もう》け 砦《とりで》を築《きず》いて 軍勢《ぐんぜい》を配置《はいち》すべきです もし山頂《さんちょう》に陣《じん》を築《きず》き 万一《まんいち》魏軍《ぎぐん》に山《やま》を 取《と》り囲《かこ》まれたら なんといたします
そなたの考《かんが》えは 女子《おなご》の ようじゃな
なんと!
兵法《へいほう》にも 「高《たか》きによりて下《ひく》きを 視《み》れば 勢《いきおい》 竹《たけ》をさすが 如《ごと》し」と申《もう》すでは ないか 魏軍《ぎぐん》が現《あらわ》れ たら 一気《いっき》に山《やま》を 駆《か》けおりて 叩《たた》きつぶせ ばよいではないか
それにな 高翔《こうしょう》が列柳城《れつりゅうじょう》に さらに魏延《ぎえん》も街亭《がいてい》の 後《うし》ろに向《む》かったと いうではないか 一体何《いったいなに》を恐《おそ》れる のじゃ
それほど 丞相《じょうしょう》はここが 重要《じゅうよう》とお考《かんが》えに なってるとは 思《おも》われませぬか
ここは 我《われ》らが しっかりと守《まも》りを 固《かた》めるべきで ございます

必死に止める王平の忠告を聞かず、馬謖は諸葛亮の命じた街道ではなく、山の上に陣を置いて敗れた。

れて軍を壊滅させた。馬謖の失態により、第一次北伐は失敗し、諸葛亮は軍をまとめて漢中に戻り、馬謖を斬った。また、自らをも罰し、敗戦の責任を明らかにした。

　諸葛亮の北伐は、緒戦からつまずいた。結局この後、街亭での失敗を取り戻すことはできなかった。敗戦の最も大きな原因は、諸葛亮による馬謖の抜擢にある。劉備は臨終の折、諸葛亮に「馬謖はいつも実力以上のことを口にしている。重く用いることはできない。君もその点を十分に考えるとよい」と忠告し

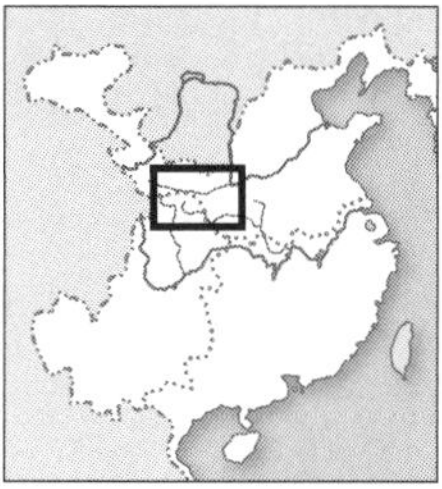

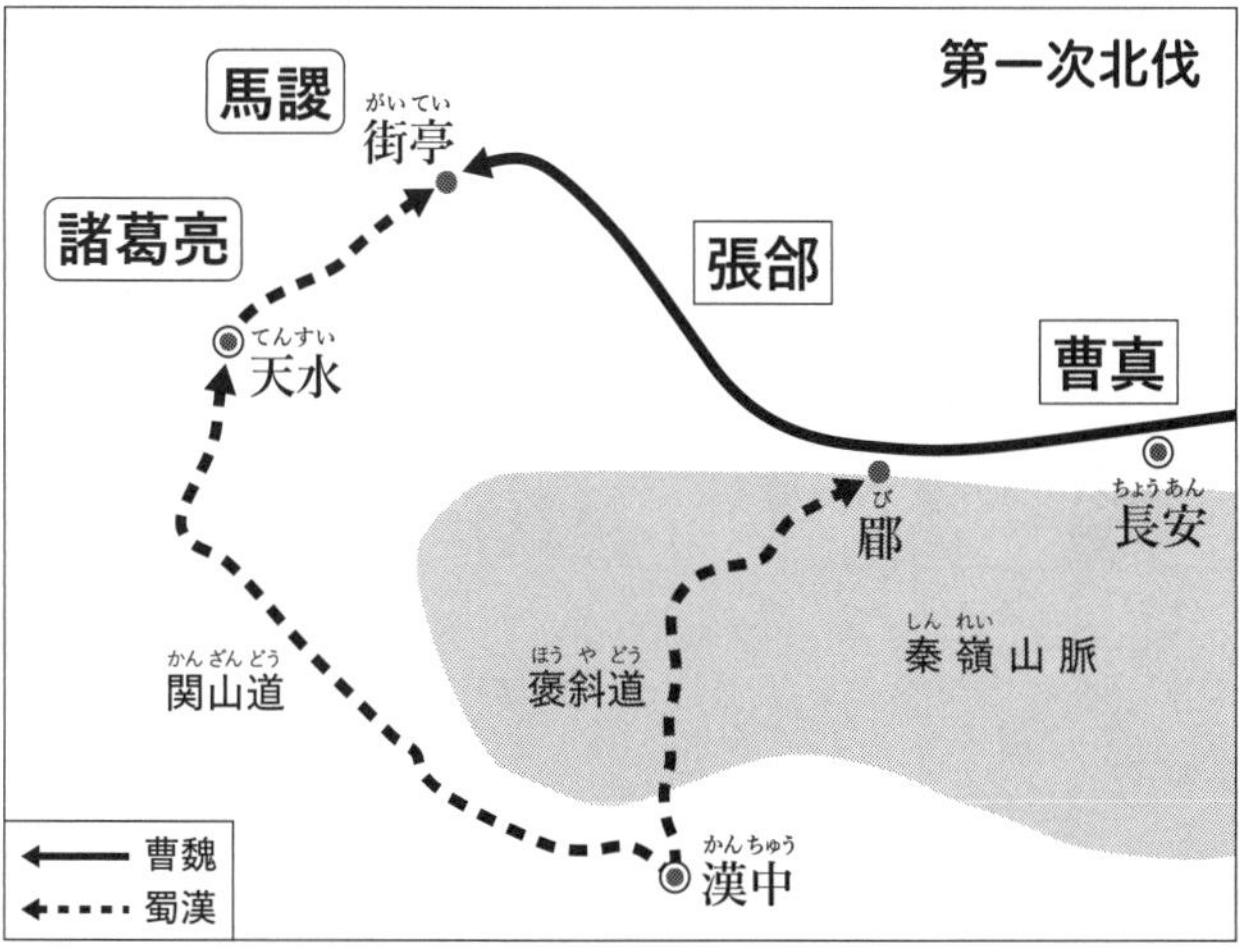

死罪《しざい》は覚悟《かくご》して
おりました
私《わたし》をお斬りになる
ことで大義《たいぎ》を正《ただ》す
ことになるならば
謖《しょく》は死《し》すともお恨《うら》みは
いたしませぬ
馬謖《ばしょく》
お前《まえ》の遺族《いぞく》は
死後《しご》も孔明《こうめい》が
面倒《めんどう》を見《み》る
すみやかに
軍法《ぐんぽう》を正《ただ》せ
この者《もの》を曳《ひ》き出《だ》し
軍門《ぐんもん》の外《そと》に
おいて斬《き》れっ
参《まい》られい
丞相《じょうしょう》
今《いま》まで色々《いろいろ》と
お教《おし》えいただき
ありがとう
ござい
ました

諸葛亮の政治の「公」を代表する事例が、「泣いて馬謖を斬る」である。弟のように愛した後継者候補に対してすら、諸葛亮が法を曲げることはなかった。

ていた。先鋒には、魏延か呉懿《ごい》が任命されると周囲も考えていた。それでも、諸葛亮は馬謖に重任を授けた。馬謖の兄で「白眉」と称えられた馬良《ばりょう》は孫呉との夷陵の戦いで死去し、龐統《ほうとう》も入蜀の際に戦死、徐庶《じょしょ》は曹魏に仕えており、襄陽で諸葛亮と勉学に励んだ旧友は、数少なくなっていた。そうした中、馬謖だけが、諸葛亮の傍らできらめく才能を見せ続けていたのである。長期戦化するであろう曹魏との戦い、四十八歳の諸葛亮は自分の後継者となりうる若い才能に賭けたのである。

だからこそ諸葛亮は、「泣いて馬謖を斬」らざるをえなかった。荊州名士の馬謖の失敗を諸葛亮が庇《かば》えば、益州名士の支持の上に成り立っている蜀漢政権は瓦解してしまうのである。すでに荊州名士の向朗《しょうろう》が、馬謖を庇い損害を大きくしていた。蜀漢は、曹魏・孫呉よりもその成立が遅れた。しかも、支配する領土は益州一州に過ぎない。公正な政治を行って、益州の人々の支持を受けなければ、すぐさま滅亡してしまう。そうした危機感の中で、諸葛亮は馬謖を斬り、向朗を免官して、自らをも罰して丞相から右将軍《ゆうしょうぐん》へと退き、益州に敗戦を詫《わ》びた。こうしなければ蜀漢は立ち行かなかったのである。

# 第二四回　曹氏の建て直し

魏主性好《ム》二土功《ヲ》一。先レ是《ヨリ》既《ニ》治《ム》二**許昌宮**《ヲ》一。後《ニ》又作《リ》二洛陽宮《ヲ》一、徒《ス》二長安《ノ》**鐘簴・橐駝・銅人・承露盤**《ヲ》於洛陽《ニ》一。盤折《レ》、声聞《ユ》二数十里《ニ》一。銅人重《ク》不レ可《カラ》レ致《ス》。乃《チ》大《イニ》発《シ》レ銅《ヲ》、鋳《テ》二銅人二《ヲ》一、列‐二坐《セシメ》於司馬門外《ニ》一、号《シテ》曰《フ》二翁仲《ト》一。起《コシ》二土山《ヲ》於**芳林園**《ニ》一、植《ヱ》二雑木善草《ヲ》一、捕《ラヘテ》二禽獣《ヲ》一致《ス》二其《ノ》中《ニ》一。諫《ムル》者皆不レ納《レラレ》。

魏主有《リ》レ疾。召《シテ》二司馬懿《ヲ》一**入朝**《セシメ》、以《テ》二曹爽《ヲ》一為《ス》二大将軍《ト》一。魏主《ノ》叡殂《ス》。僭位《スルコト》十四年。改元《スル》者三、曰《フ》二太和・青龍・景初《ト》一。子《ノ》芳立《ツ》。是《レ》為《リ》二廃帝《タル》邵陵《ノ》厲公《ト》一。芳八歳《ニシテ》即《ク》レ位《ニ》。司馬懿・

**曹爽、受ケ二遺詔ヲ一輔クレ政ヲ。懿ヲ為ス二太傅ト一。**

◉語　釈

**許昌**《きょしょう》……河南省許昌市。曹操の拠点であった。

**鐘簴**《しょうきょ》**・橐駝**《たくだ》**・銅人**……「鐘簴」は鐘および鐘を釣る台。「橐駝」はラクダの異名。ここでは門前に立てる獣像。「銅人」は金人に同じ。金属製の人間像。いずれも秦の始皇帝の鋳造したもの。

**承露盤**《しょうろばん》……漢の武帝が建章宮《けんしょうきゅう》に建てた銅盤。甘露を承けるために設けたもの。

**芳林園**《ほうりんえん》……天子が所有する園林のひとつ。

**入朝**……朝廷に参内して、天子に謁見すること。

**太傅**《たいふ》……官職名。三公の上に置かれる上公で、人民の最高位である。

◉書き下し

魏主 性 土功を好む。是より先 既に許昌宮を治む。後に又 洛陽宮を作り、長安の鐘《しょう》簴《きょ》・橐駝《たくだ》・銅人・承露盤《しょうろばん》を洛陽に徙す。盤 折れ、声 数十里に聞ゆ。銅人は重く致す可からず。乃ち大いに銅を発し、銅人二を鋳て、司馬門外に列坐せしめ、号して翁仲《おうちゅう》と曰ふ。土山を芳林園に起こし、雑木善草を植ゑ、禽獣を捕らへて其の中に致す。諫むる者 皆納れられず。

魏主 疾有り。司馬懿を召して入朝せしめ、曹爽《そうそう》を以て大将軍と為す。魏主の叡《えい》 殂《そ》す。僭位すること十四年。改元する者《こと》三、太和《たいわ》・青龍《せいりゅう》・景初《けいしょ》と曰ふ。子の芳《ほう》 立つ。是れ廃帝《はいてい》たる邵陵《しょうりょう》の厲公《れいこう》為《た》り。芳 八歳にして位に即く。司馬懿・曹爽、遺詔を受け政を輔く。懿を太傅《たいふ》と為す。

## ◉現代語訳

魏主（明帝）は生まれつき土木工事が好きであった。これより前に許昌宮を造った。後にまた洛陽宮を築き、長安にあった鐘虡《しょうきょ》・橐駝《たくだ》・銅人・承露盤《しょうろばん》を洛陽に移そうとした。（そのとき）承露盤が折れ、その音は数十里も（先まで）聞こえた。銅人は重く運ぶことができなかった。そこで大いに銅を徴発して、（新しく）銅人二体を鋳造し、司馬門の外に並べ置き、号して翁仲《おうちゅう》といった。築山を芳林園《ほうりんえん》の中に造り、種々の木や得がたい草を植え、（珍しい）鳥獣を捕らえてその中に放った。諫言する者はみな聞き入れられなかった。

魏主は病気になった。司馬懿を召して朝廷に参内させ、（ともに後事を託した）曹爽《そうそう》を大将軍にした。魏主の曹叡《そうえい》が死んだ。帝位を僭称すること十四年であった。元号を改めること三回、太和《たいわ》・青龍《せいりゅう》・景初《けいしょ》という。

子の曹芳《そうほう》が立った。これが廃帝となる邵陵《しょうりょう》の厲公《れいこう》である。曹芳は八歳で即位した。司馬懿と曹爽が、遺詔を受けて政治を輔佐した。(曹爽は)司馬懿を太傅とした。

## 解説・鑑賞

### 明帝の奢侈

『十八史略』がまとめる明帝《めいてい》の土木工事は、『三国志』にはさらに詳細に描かれ、明帝の奢侈《しゃし》により曹魏が衰退していくさまが語られる。陳寿は、西晋の歴史家であるため、曹魏が衰退して、司馬氏の西晋が勃興する理由を『三国志』に組み込まなければならなかった。宿敵の諸葛亮が陣没して、気が緩んだ明帝が土木工事を重ね、衰退の原因をつくる。実に分かりやすい。

明帝が土木工事を行ったことは事実である。しかし、それは洛陽宮《らくようきゅう》の整備により、皇帝権力を再編するためでもあった。このほか明帝は、後漢までの国家祭祀を変更し、曹魏としての礼制を確立している。

明帝の奢侈は、皇帝権力強化の一環なのである。

魏《ぎ》主《しゅ》曹叡《そうえい》は
孔明《こうめい》の死《し》で
安心《あんしん》したのか
宮殿《きゅうでん》造《づく》りに
力《ちから》を入《い》れ始《はじ》めた

洛陽《らくよう》に朝陽殿《ちょうようでん》
太極殿《たいぎょくでん》 総章観《そうしょうかん》を
築《きず》き

曹叡《そうえい》は、諸葛亮の死後、猛烈な勢いで宮殿を建設する。一方で、礼制も整備しているので、曹魏という国家の確立を目指したのであろうが早く卒し、司《し》馬《ば》懿《い》の台頭を招いた。

## 曹爽政権

明帝が死去すると、遺言により司馬懿とともに幼帝の曹芳《そうほう》を補佐した曹爽《そうそう》は、司馬懿を中核とする名士勢力が、君主権力をしのぐほどの力を持つに至った現状の打開を図った。曹爽は、何晏《かあん》・夏侯玄《かこうげん》を行政の中心に就け、中央集権的な政治を目指した。何晏は、後漢末の外戚何進《かしん》の孫で、母の尹氏が曹操の夫人となったため宮中で育てられた。夏侯玄は曹爽の叔母の子で、夏侯氏は一族に準ずる扱いを受けていた。曹爽は、こうした曹氏の姻戚《いんせき》により側近グループを形成し、司馬懿を太傅《たいふ》に祭りあげ、政権の全権を掌握することに成功したのである。

曹爽は、何晏の勧めで法律を重視する改革政治を行い、夏侯玄の献策で九品中正制度の改正を試みた。いずれも、曹魏の君主権力の強化を図るものである。ことに九品中正制度の改正案の内容は、郡の中正官には人物評価のみを行わせ、人事権を尚書《しょうしょ》に一元化しようとするものであった。尚書は曹爽一派が掌握していたので、この改正案は、曹爽による人事権掌握を目指すものでもあった。これは、陳羣《ちんぐん》が名士の名声を官僚制度に反映するものとして成立させた九品中正制度の中から、名士に有利な部分を覆《くつがえ》すものであった。当然、司馬懿は激しい反感を持ったが、軽々しく行動は起こさず、曹爽政権の諸政策の行方や政権内の名士層の動向をじっくりと観察していた。

## 何晏と論語集解

何晏は、儒教との係わりのなかで老荘思想を復興した。『易』『老子』『荘子《そうじ》』という思想の中心となる三冊の本を三玄と呼ぶことから、これを玄学《げんがく》と言う。何晏は曹爽のもと、この新しい哲学を武器に、曹氏の君主権力を建て直そうとした。

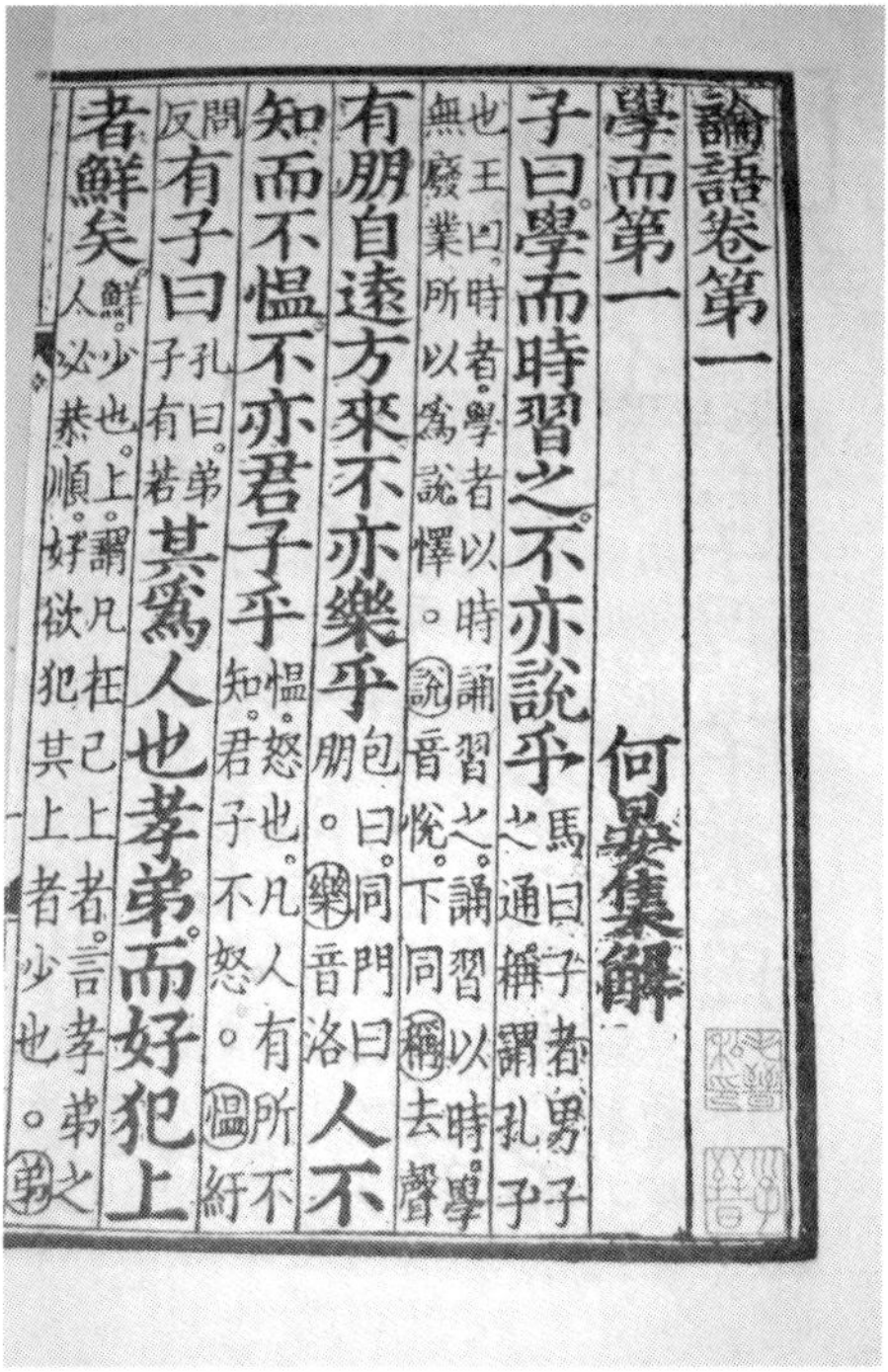
論語卷第一
學而第一　何晏集解
子曰學而時習之不亦說乎 馬曰子者男子之通稱謂孔子也王曰時者學者以時誦習之誦習以時學無廢業所以爲說懌○說音悅下同稱去聲
有朋自遠方來不亦樂乎 包曰同門曰朋○樂音洛
人不知而不慍不亦君子乎 慍怒也凡人有所不知君子不怒○慍紆問反
有子曰其爲人也孝弟而好犯上者鮮矣 孔曰弟子有若鮮少也上謂凡在己上者言孝弟之人必恭順好欲犯其上者少也○弟

何晏の『論語集解』

魏は漢から禅譲《ぜんじょう》を受けるとき、伝説上の天子である舜《しゅん》が堯《ぎょう》から禅譲を受けたことをお手本として、自らの国家の交替を正統化している。漢と堯は、ともに赤をシンボルカラーとする火徳《かとく》の国家であり、魏と舜は黄色の土徳《どとく》の国家である。曹操の先祖が舜の末裔であるとするあやしげな系譜も作成された。孔子の言行録である『論語《ろんご》』のなかには、舜は「無為《むい》」により安定した支配を行ったとする部分がある。何晏は、そこに目をつけた。何晏は、『論語集解《ろんごしっかい》』（『論語』を解釈する本）を著し、老荘思想により、孔子が尊重する舜の無為を、官僚を選ぶことの重要性を説いたものであると解釈し、それを自分たちの政治理念にしようとしたのである。

『老子』の無為とは、何もしないことである。無為の政治では、舜は何もしないことになる。舜が何もしなくても、安定した支配を行えたわけは、自分を支える官僚たちを、舜がしっかりと選んだためである。こう説明して、何晏は、人材登用の君主による一元化を目指したのである。具体的には、郡中正《ぐんちゅうせい》の与える郷品《きょうひん》により、その人の一生の出世が定まってしまう九品中正制度は、君主による一元的な人材登用とは言えない。百歩譲って、登用は郡中正に任せるとしても、官僚がどのように出世していくのかは、皇帝が、直接的には皇帝のもとで人事を担当する吏部《りぶ》尚書《しょうしょ》が、決定すべきなのである。曹爽は、このような考え方を持つ何晏を吏部尚書に任命した。何晏は、自分が創設した新しい文化である玄学に基づいて人事を行い、人材登用の中央集権化を目指したのであった。

## 第一二五回　丞相を継ぐ者

漢《ハ》自《リ》二丞相《ノ》亮既《ニ》亡《ビシ》一、蒋琬為《ス》レ政《ヲ》。楊敏毀《リテ》レ琬《ヲ》曰《ク》、作《スコト》レ事《ヲ》憒憒《タリ》、不《ト》レ及《バ》二前人《ニ》一。或《ヒト》請《フ》レ推二‐治《セント》敏《ヲ》一。琬曰《ク》、吾実《ニ》不レ如《カ》二前人《ニ》一、無《シト》レ可《キ》レ推《ス》。琬卒《シ》、費禕・董允為《ス》レ政《ヲ》。公亮《ニシテ》尽《クス》レ忠《ヲ》。允卒《シ》、姜維与二費禕一並《ビテ》為《ス》レ政《ヲ》。

魏《ノ》曹爽驕奢《ナルコト》無《シ》レ度。懿殺《ス》レ之《ヲ》。懿為《リ》二魏《ノ》丞相《ト》一、加《フレドモ》二九錫《ヲ》一不レ受《ケ》。爽之党《タル》夏侯覇奔《ル》レ蜀《ニ》。姜維問《ヒテ》レ之《ニ》曰《ク》、懿得《タリ》レ政《ヲ》。復有《リヤ》二征伐《ノ》志一否《ヤト》。覇曰《ク》、彼営二‐立《シ》家門《ヲ》一、未《ダ》レ遑《アラ》二外事《ニ》一。有《リ》二鍾士季《ナル》者一。雖《モ》レ少《シト》若《シ》管《セバ》二朝政《ヲ》一、呉・蜀之憂《トナラント》也。魏《ノ》司馬懿卒《ス》。以《テ》二其《ノ》子《タル》師《ヲ》一為《シ》二撫軍大将軍《ト》一、録《セシム》二尚書《ノ》事《ヲ》一。
呉主殂《ス》。諡《シテ》曰《フ》二太皇帝《ト》一。子《ノ》亮立《ツ》。
漢《ノ》費禕、汎《ク》愛《シテ》不《レバ》レ疑《ハ》、降人刺二殺《ス》之《ヲ》一。姜維用《ヒ》レ事《ヲ》、数《〻》出《シ》レ兵《ヲ》
攻《ム》レ魏《ヲ》。

◉語　釈

**憒憒**《かいかい》……はっきりしないさま。

**推治**《すいち》……取り調べて刑罰に処すること。

**九錫**《きゅうせき》……天子から勲功ある者に特別に賜わる九つの品。輿馬《よば》・衣服・楽器・朱戸・納陛《のうへい》・虎賁《こほん》・弓矢・鈇鉞《ふえつ》・秬鬯《きょちょう》のこと。九錫を受けた者、あるいはその子孫は新しい国家をつくることも多い。

**撫軍大将軍**《ぶぐん》……官名。父の司馬懿が就いていた将軍職である。

◉書き下し

漢は丞相の亮 既に亡びしより、蔣琬 政を為す。楊敏《ようびん》 琬を毀《そし》りて曰く、「事を作すこと憒憒《かいかい》たり、前人に及ばず」と。或ひと敏を推治せんと請ふ。琬 曰く、「吾 実《まこと》に前人に如《し》かず、推す可き無し」と。琬 卒し、費禕《ひい》・董允《とういん》 政を為す。公亮にして忠を尽くす。允 卒し、姜維《きょうい》 費禕と並びて政を為す。

魏の曹爽《そうそう》 驕奢《きょうしゃ》なること度無し。懿 之を殺す。懿 魏の丞相と為り、九錫《きゅうせき》を加ふれども受けず。爽の党たる夏侯覇《かこうは》、蜀に奔る。姜維 之に問ひて曰く、「懿 政を得たり。復た征伐の志有りや否や」と。覇 曰く、「彼 家門を営立し、未だ外事に遑《いとま》あらず。鍾士季《しょうしき》なる者有り。少《わか》しと雖も若《も》し朝政を管《かん》せば、呉・蜀の憂《うれい》とならん」と。魏の司馬懿 卒す。其の子たる師《し》を以て、撫軍《ぶぐん》大将軍と為し、尚書の事を録せしむ。

呉主 殂《そ》す。謚して太皇帝《たいこうてい》と曰ふ。子の亮《りょう》 立つ。

漢の費禕、汎《ひろ》く愛して疑はざれば、降人 之を刺殺す。姜維 事を用ひ、数〻兵を出し魏を攻む。

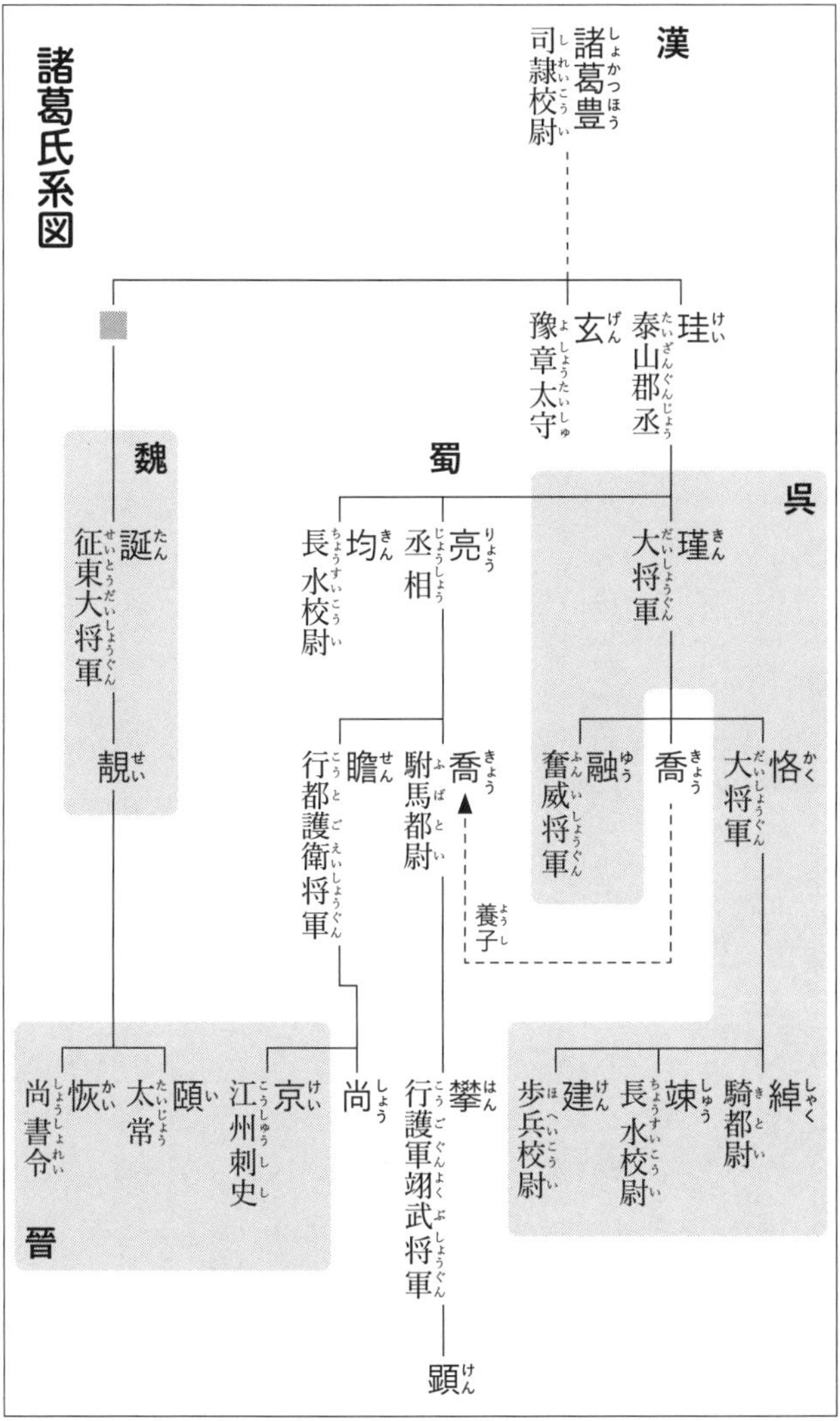
諸葛氏系図
漢
諸葛豊《しょかつほう》
司隷校尉《しれいこうい》
珪《けい》
泰山郡丞《たいざんぐんじょう》
玄《げん》
豫章太守《よしょうたいしゅ》
魏
誕《たん》
征東大将軍《せいとうだいしょうぐん》
靚《せい》
蜀
亮《りょう》
丞相《じょうしょう》
均《きん》
長水校尉《ちょうすいこうい》
喬《きょう》
駙馬都尉《ふばとい》
瞻《せん》
行都護衛将軍《こうとごえいしょうぐん》
養子《ようし》
呉
瑾《きん》
大将軍《だいしょうぐん》
恪《かく》
大将軍《だいしょうぐん》
喬《きょう》
融《ゆう》
奮威将軍《ふんいしょうぐん》
綽《しゃく》
騎都尉《きとい》
竦《しゅう》
長水校尉《ちょうすいこうい》
建《けん》
歩兵校尉《ほへいこうい》
攀《はん》
行護軍翊武将軍《こうごぐんよくぶしょうぐん》
顕《けん》
尚《しょう》
京《けい》
江州刺史《こうしゅうしし》
頤《い》
太常《たいじょう》
恢《かい》
尚書令《しょうしょれい》
晋

**◎現代語訳**

漢では丞相の諸葛亮が亡くなってから、蔣琬《しょうえん》が政治をとった。楊敏《ようびん》は蔣琬を非難して、「（蔣琬は）政治をするのがはっきりとしておらず、前人（の諸葛公）に及ばない」と言った。ある人が楊敏を取り調べて処罰するよう（蔣琬に）請うた。蔣琬は、「わたしは本当に前人に及ばない、（楊敏の言は事実であるから）処罰のしようがない」と言った。蔣琬が亡くなると、費禕《ひい》・董允《とういん》が政治をとった。（二人とも）公明誠実でよく忠義を尽くした。董允が亡くなると、姜維《きょうい》が費禕と並んで政治をとった。

魏の曹爽《そうそう》は驕奢であること限りなかった。司馬懿がこれを殺した。司馬懿は魏の丞相となり、九錫《きゅうせき》を賜わったが受けなかった。曹爽の党派である夏侯覇《かこうは》は、（曹爽が殺されたので）蜀に亡命した。姜維は覇に尋ねて、「司馬懿は政権を獲得した。他国を征伐する意志はあるだろうか」と言った。夏侯覇は、「かれは一家一門の繁栄に努めており、ま

**漢魏許昌**
漢の献帝が最後に都を置いた許（現在の許昌市）。遠方に見えるのは、献帝が天を祭った毓秀台《いくしゅうだい》。

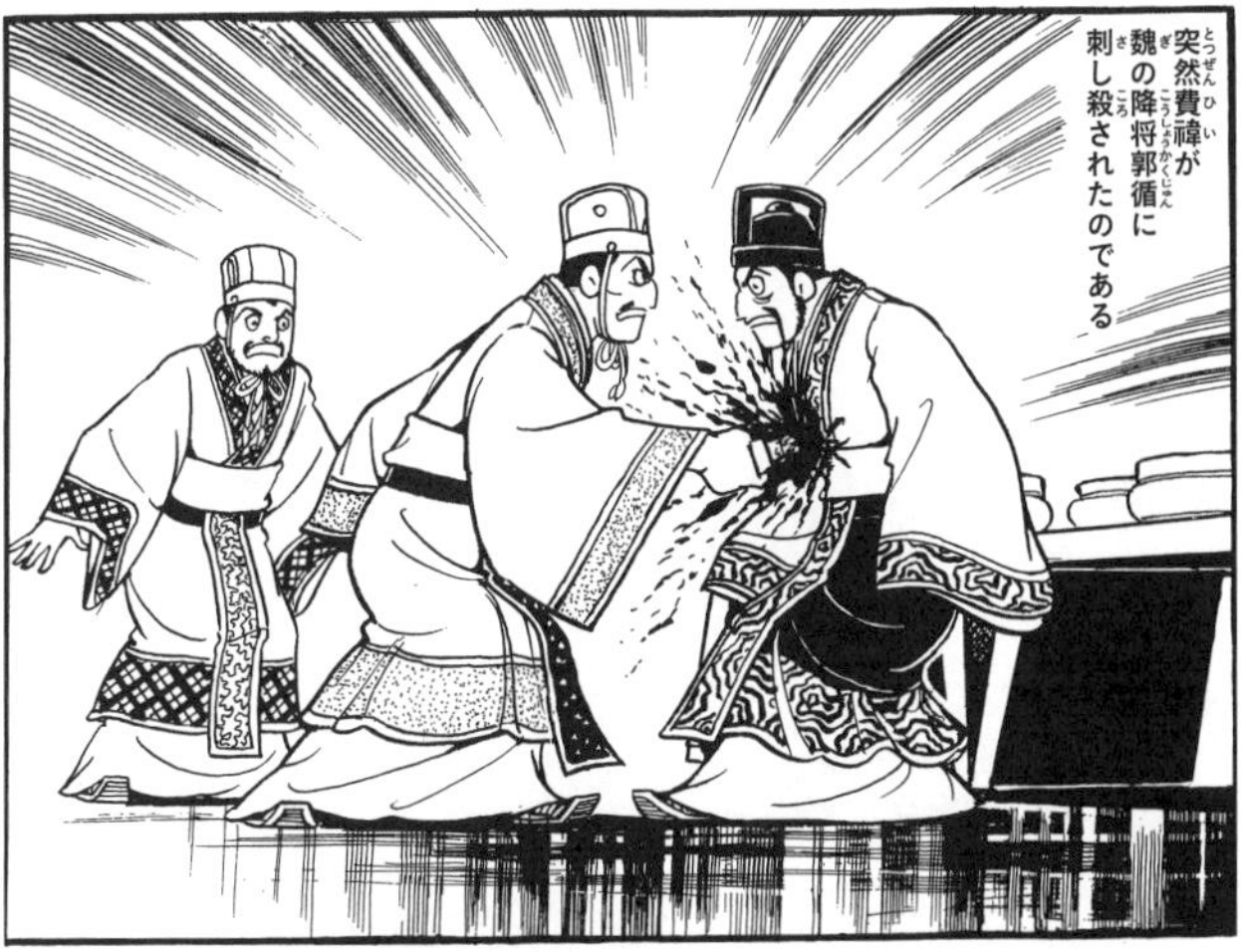
突然《とつぜん》費禕《ひい》が
魏《ぎ》の降将《こうしょう》郭循《かくじゅん》に
刺《さ》し殺《ころ》されたのである

玄徳《げんとく》 孔明《こうめい》の遺志《いし》を
継《つ》ぎ 漢朝再興《かんちょうさいこう》を
考《かんが》えていた者《もの》は
蔣琬《しょうえん》 費禕《ひい》そして
姜維《きょうい》の三人《にん》だったと
いっていい
その二人《ふたり》を失《うしな》い
今《いま》や蜀《しょく》の運命《うんめい》は
姜維《きょうい》一人《ひとり》の
双肩《そうけん》にかかった

蔣琬《しょうえん》と費禕《ひい》はともに荊州《けいしゅう》出身で、諸葛亮が基盤とした荊州「名士」の支持基盤を継承できた。これに対して、姜維の政治基盤はほとんど無く、軍だけが頼りであった。

だ他国の事に（手をまわす）暇はありません。（ただ）鍾士季《しょうしき》（鍾会）という者がおります。弱年ですがもし朝政に与《あずか》れば、呉と蜀の心配の種となるでしょう」と答えた。魏の司馬懿が亡くなった。その子である司馬師《しばし》を撫軍《ぶぐん》大将軍とし、尚書《しょうしょ》の政務を総覧させた。

呉主（孫権）がなくなった。諡《おくりな》をして太皇帝という。子の孫亮《そんりょう》が立った。

漢の費禕は、ひろく（人を）愛して疑うことがなかったので、（魏から）降服した人（郭《かく》循《じゅん》）に刺殺された。（そこで）姜維が政事を行ない、たびたび兵を出し魏を攻撃した。

## 解説・鑑賞

### 守りに徹する

丞相の死後、蜀漢を率いた者は、蔣琬《しょうえん》であった。諸葛亮とともに入蜀した荊州名士で、当初与えられた簡単な職務にくさって泥酔し、劉備に処罰されかけた。それをかばって諸葛亮が育て上げた蔣琬は、蔣琬の死後政権を担当した費禕とともに、諸葛亮の薫陶を受けた後継者と言えよう。その政策は、守りに徹するものであった。諸葛亮の北伐による国力の消耗を回復することに努めたのである。

諸葛亮の軍事的後継者となった姜維《きょうい》の意見は異なる。蜀漢が国力の回復に努めれば、地力に

**石陣八陣（白帝城）**
諸葛亮が考案したという八陣を模した遺跡。

勝る曹魏は、さらに国力を増すはずである。そうなれば勝ち目はない。一時の安逸をむさぼるべきではなく、決戦を挑むべきである。費禕が死去すると、姜維は曹魏への進攻を始める。

しかし、蜀漢内部には反対論が根強かった。姜維の北伐には、諸葛亮のような配慮がなかったためである。諸葛亮は、北伐の前に南征を行い、軍に必要な資材を整え、益州が疲弊しないように努力した。しかし、姜維は諸葛亮に及ばない。そこまでの配慮も行政能力も持ち合わせていなかった。姜維は次第に政権内で孤立していく。

そんな姜維を支えたものが、曹魏から亡命してきた夏侯覇《かこうは》であった。夏侯覇は、夏侯淵《かこうえん》の子であるが、曹爽と親しかったため、曹爽が司馬懿に殺害された正始《せいし》の政変《せいへん》の後、司馬氏を避けて蜀漢に亡命した。こうした場合、家族は誅殺されるが、夏侯淵の勲功に免じて、楽浪郡に流されただけであった。その後、蜀に亡命して、姜維を助けていくのである。

# 第二六回　司馬氏の台頭

魏《ノ》李豊、数〻為《ル》二魏主《ノ》所《ト》レ召《ス》。司馬師知《リテ》二其《ノ》議《スルコトヲ》レ己《ヲ》殺《ス》レ之《ヲ》。魏主不《レバ》レ平《カナラ》、左右勧《ム》レ誅《センコトヲ》レ師《ヲ》。魏主不二敢《テ》発《セ》一。師廃《ス》二魏主《ヲ》一。僭《スルコト》レ位《ヲ》十六年。改《ムル》レ元《ヲ》者二、曰《フ》二正始・嘉平《ト》一。師迎‐立《ス》二**高貴郷公**《ヲ》一、是《レ》為《リ》二廃帝一。名《ハ》髦、**文帝**之孫《ニシテ》、**明帝**之姪《ナリ》。年十四《ニシテ》即《ク》レ位《ニ》。

揚州都督《ノ》毌丘倹・刺史《ノ》文欽、起《コシテ》レ兵《ヲ》討《ツ》二司馬師《ヲ》一。師撃《チテ》敗《ル》レ之《ヲ》。師卒《ス》。

弟《ノ》昭為《リ》二大将軍《ト》一、録《ス》二尚書《ノ》事《ヲ》一。已《ニシテ》而為《リ》二大都督《ト》一、**仮**《セラル》二**黄鉞**《ヲ》一。

揚州都督ノ諸葛誕、起コシテレ兵ヲ討ツレ昭ヲ。昭攻メ二-殺ス之ヲ一。昭為リ二相国ト一、封ゼラル二晋公ニ一。加フレドモ二九錫ヲ一不レ受ケ。

**◉語釈**

**高貴郷公**《こうききょうこう》……高貴は邑の名。今の河北省にあった。郷公は、王の庶子の封爵の名。

**文帝**……曹丕の諡《おくりな》。

**明帝**……丕の子、叡の諡。

**仮黄鉞**……「黄鉞《こうえつ》」は黄金で飾った大斧。天子の征伐に用いるもので、都督の持つべきものでないから、仮るという。

**◉書き下し**

魏の李豊《りほう》数〻魏主の召す所と為る。司馬師《しばし》其の己《おのれ》を議することを知りて之を殺す。魏主平《たひら》かならざれば、左右師を誅せんことを勧む。魏主敢《あえ》て発せず。師魏主を廃す。位を僭《せん》すること十六年。元を改むる者《こと》二、正始《せいし》・嘉平《かへい》と曰ふ。師高貴郷公《こうききょうこう》を迎立す、是れ廃帝為《た》り。名は髦《ぼう》、文帝の孫にして、明帝の姪《おい》なり。年十四にして位に即く。

揚州《ようしゅう》都督《ととく》の毌丘倹《かんきゅうけん》・刺史の文欽《ぶんきん》、兵を起こして司馬師を討つ。師 撃ちて之を敗る。師 卒す。

弟の昭《しょう》 大将軍と為り、尚書の事を録す。已にして大都督と為り、黄鉞《こうえつ》を仮《か》せらる。揚州都督の諸葛誕《しょかつたん》、兵を起こして昭を討つ。昭 之を攻め殺す。昭 相国《しょうこく》と為り、晋公《しんこう》に封ぜらる。九錫を加ふれども受けず。

---

### ◉現代語訳

魏の李豊《りほう》はしばしば魏主（曹芳《そうほう》）に召されて（何か密談して）いた。司馬師《しばし》はそれが自分（を除くため）のことを話し合っていると知って豊を殺した。魏主は心中穏やかでなく、左右の者は司馬師を誅するよう勧めた。魏主は実行しかねていた。司馬師は（機先を制して）魏主を廃し（斉王《せいおう》とし）た。魏主は位を僭称すること十六年、元号を改めること二回、正《せい》始《し》・嘉平《かへい》という。師は高貴郷公（曹髦《そうぼう》）を迎えて立てた、これが廃帝である。名は髦といい、文帝の孫であり、明帝の甥に当たる。十四歳で即位した。

魏の揚州都督の毌丘倹《かんきゅうけん》と揚州刺史の文欽《ぶんきん》が、兵を起こして司馬師を討った。司馬師は撃ちこれを破った。師が亡くなった。

弟の司馬昭《しばしょう》が大将軍となり、尚書の政務を総覧した。しばらくして大都督となり、（天子の持つべき生殺与奪の権を象徴する）黄鉞《こうえつ》を仮りに与えられた。揚州都督の諸葛誕《しょかつたん》は、兵を起こして昭を討った。昭はこれを攻め殺した。昭は相国《しょうこく》となり、晉公に封建された。九錫《きゅうせき》をたまわったが受けなかった。

## 解説・鑑賞

### 司馬氏の専制

明帝の遺詔《いしょう》を受けた曹爽《そうそう》による反名士政策に対して、司馬懿はクーデタを起こす。正始《せいし》の政《せい》変《へん》である。皇帝の曹芳《そうほう》が明帝の高平陵《こうへいりょう》へと墓参するための外出に、曹爽は兄弟とともにお供として従った。司馬懿は、この隙を見逃さなかった。郭皇太后《かくこうたいごう》に曹爽兄弟の解任を上奏し、許可されると皇太后の令により、洛陽城内のすべての城門を閉鎖、皇帝直属の軍隊である禁軍《きんぐん》の指揮権を掌握した。さらに皇帝を迎えるため、洛水《らくすい》のほとりに布陣し、曹爽を弾劾する上奏文を皇帝に奉った。

曹爽の腹心である桓範《かんぱん》は、決戦を主張したが、免官のみに止めるという甘言に負けた曹爽は、戦わずして降服、司馬懿はわずか一日の無血クーデタにより、政権を奪取したのであった。結局、曹爽との約束は、反故《ほご》にされた。曹爽・何晏《かあん》らは殺され、以後、反司馬氏勢力の排除は続き、司馬氏への権力集中が進む。

司馬懿への抵抗がまったく無かったわけではない。王淩《おうりょう》の乱はその一つである。王淩は董卓を打倒した司徒王允《おういん》の甥にあたり、司馬懿の兄である司馬朗《しばろう》とも交友関係があった。司馬懿より七歳年長の曹魏の旧臣である。王淩は曹爽に見込まれて、その大将軍長史《だいしょうぐんちょうし》（曹爽の大将軍府の属官の長）に就いており、それへの報復を恐れたのであろうか。曹氏一族の曹彪《そうひょう》を擁立して、皇帝の曹芳《そうほう》もろとも司馬懿を亡き者にしようと試みたのである。計画は密告され、王淩は処刑された。曹魏の朝廷は、完全に司馬懿に制圧されたのである。

嘉平《かへい》三（二五一）年、司馬懿が死去すると、長子の司馬師《しばし》が撫軍《ぶぐん》大将軍・録尚書事《ろくしょうしょじ》として、父の地位を継承した。地位を盤石にするため司馬師は、曹爽一派でありながら生き延びた夏侯《かこう》玄《げん》を除くことを目指す。夏侯玄を評価していた李豊《りほう》を陥れ、司馬師暗殺の陰謀を無理やり自白させ、夏侯玄と李豊を処刑したのである。さらに、その陰謀に皇帝の曹芳が関わったと言い立て、郭皇太后を脅かして皇帝を廃位させた。皇帝の廃立をも欲しいままにする司馬師の専断に、寿春《じゅしゅん》に駐屯していた鎮東将軍《ちんとうしょうぐん》の毌丘倹《かんきゅうけん》は激怒した。毌丘倹は、明帝の恩寵を受けていたのである。かつて曹爽に厚遇されていた文欽《ぶんきん》も加わった反乱に対して、司馬師は自ら軍を率いてこれを平定した。しかし、戦いの最中に病が悪化し、自らも死去した。

司馬師の死後、兄の地位を弟の司馬昭が継ごうとする。ところが、新皇帝の曹髦《そうぼう》は、司馬師

**河南省温県の司馬懿像**

司馬氏の祖先を祀る廟の傍に立っている。案内してくれた村長は司馬懿を「偉大な政治家であり、軍事家です」と自慢していた。

今《いま》まで曹爽《そうそう》に
ないがしろに
されていた魏皇帝《ぎこうてい》は
これを喜《よろこ》び司馬懿《しばい》を
丞相《じょうしょう》に任《にん》じた

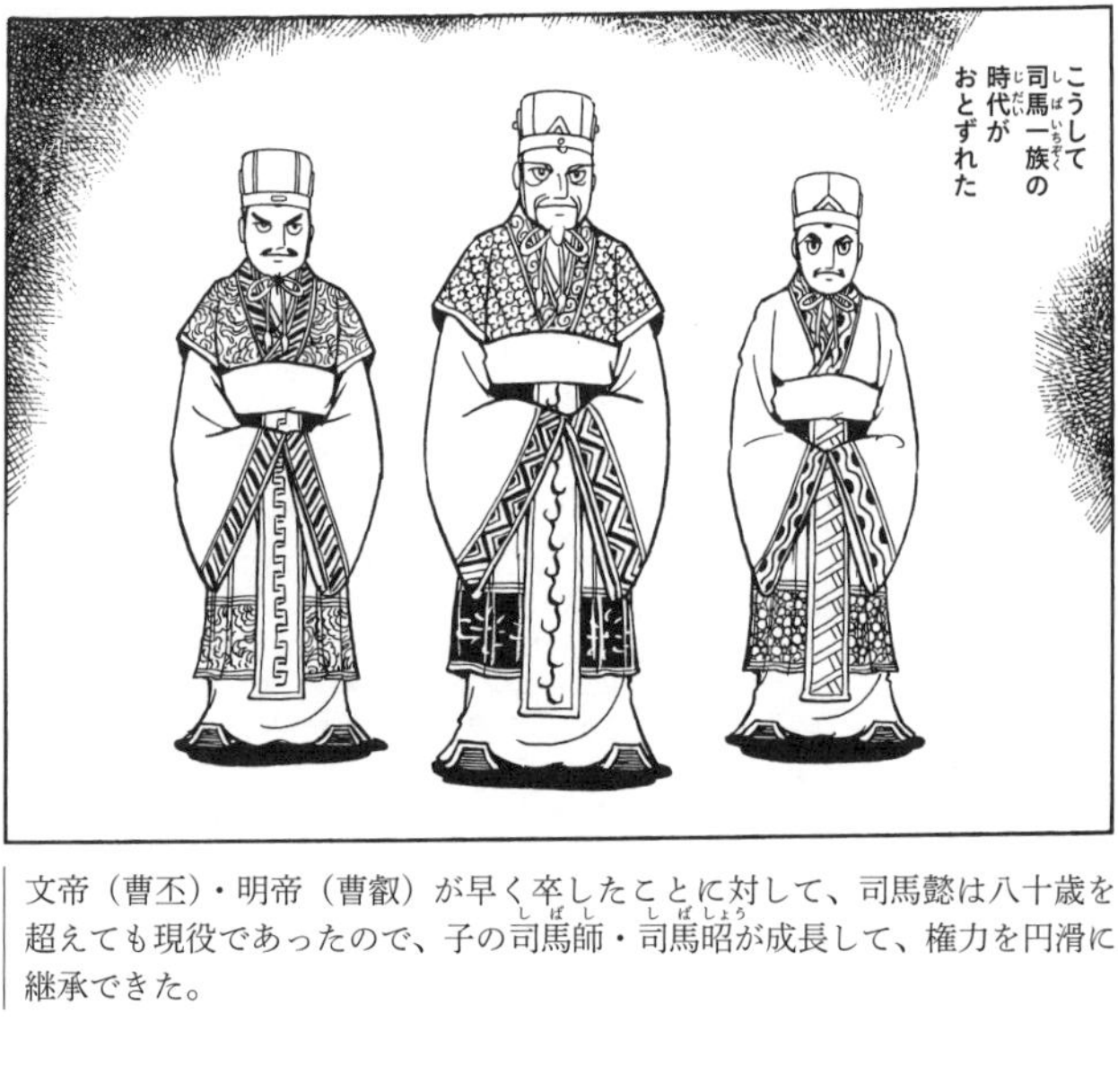
こうして
司馬一族《しばいちぞく》の
時代《じだい》が
おとずれた

文帝（曹丕）・明帝（曹叡）が早く卒したことに対して、司馬懿は八十歳を超えても現役であったので、子の司馬師《しばし》・司馬昭《しばしょう》が成長して、権力を円滑に継承できた。

のもとに駆けつけた司馬昭にそのまま許昌《きょしょう》に止まるように命じ、尚書の傅嘏《ふか》に軍を率いて洛陽に帰らせようとした。司馬昭と軍とを切り離そうとしたのである。しかし、傅嘏は皇帝を裏切り、司馬昭側についた。司馬昭は、皇帝の命を無視して洛陽に帰還、皇帝を脅かし、兄と同じ大将軍・侍中《じちゅう》・都督《ととく》中外諸軍事《ちゅうがいしょぐんじ》・録尚書事に任命された。こうした司馬昭の専横に対し、諸《しょ》葛誕《かったん》が寿春《じゅしゅん》で抵抗する。諸葛誕が孫呉に援助を求めたため、司馬昭は孫呉とも戦いながら、諸葛誕を平定、殺害した。諸葛誕の部下の数百人は、諸葛誕の恩を思い、最後まで降服を拒否したので斬刑に処された。凄惨な最期であった。

## 第二七回 孫氏の衰退

呉主《ノ》亮親《ラス》レ政《ヲ》。数〻出《デテ》二中書《ニ》一、視《ル》二太帝《ノ》時《ノ》旧事《ヲ》一。嘗《テ》食《ラヒテ》二生梅《ヲ》一索《ム》レ蜜《ヲ》。蜜中《ニ》有《リ》二鼠矢一。召《シテ》二蔵吏《ヲ》一問《ヒテ》曰《ク》、黄門従《リ》レ爾求《シ》レ蜜《ヲ》邪《ト》。吏曰《ク》、向《ニ》求《メシモ》不《リキト》二敢《テ》与《ヘ》一。黄門不レ服《セ》、令《ム》レ破《ラ》二鼠矢《ヲ》一。矢中燥《ク》。因《リテ》大笑《シテ》曰《ク》、若《シ》矢先《ヨリ》在《ラバ》二蜜中《ニ》一、中外倶《ニ》湿《ハン》。今外湿《ヒ》内燥《ク》。必《ズ》黄門《ノ》所《ナラント》レ為《ス》也。詰《レバ》レ之《ヲ》果《タシテ》服《セリ》。左右驚《キ》慄《ク》。大将軍《ノ》孫綝、以《テ》二其《ノ》多《キヲ》レ所二難問《スル》一、称《シテ》レ疾《ト》不レ朝《セ》。以《テ》レ兵《ヲ》囲《ミ》レ宮《ヲ》、廃《シテ》レ亮《ヲ》為《シ》二会稽王《ト》一、迎二立《ス》琅邪王《ノ》休《ヲ》一。休立《チ》、以《テ》レ綝《ヲ》為《ス》二丞相《ト》一。綝又無《シ》レ礼二於新君《ニ》一。遂《ニ》被《ル》レ誅《セ》。

**◉語 釈**

**太帝**《たいてい》……太皇帝のこと。呉主孫権の謚《おくりな》。
**旧事**……先例のこと。
**鼠矢**《そし》……「矢」は糞。
**黄門**《こうもん》……宦官の異称。後漢の時、宦官に宮門を監視させてからの称である。宮城の小門は黄色に塗ってあるのでこの名がついた。

**◉書き下し**

呉主の亮《りょう》 政を親《みづか》らす。数〻中書に出でて、太帝《たいてい》の時の旧事を視る。嘗て生梅を食らひて蜜を索《もと》む。蜜中に鼠矢《そし》有り。蔵吏を召して問ひて曰く、「黄門《こうもん》 爾《なんぢ》より蜜を求めしか」と。吏 曰く、「向《さき》に求めしも敢《あえ》て与へざりき」と。黄門 服せず。鼠矢を破らしむ。矢中 燥《かわ》く。困りて大笑して曰く、「若し矢 先より蜜中に在らば、中外 倶に湿《うるほ》はん。今 外湿ひ 内燥く。必ず黄門の為す所ならん」と。之を詰《なじ》れば果たして服せり。左右 驚き慄《おのの》く。大将軍の孫綝《そんちん》、其の難問する所多きを以て、疾と称して朝せず。兵を以て宮を囲み、亮を廃して会稽王《かいけいおう》と為し、瑯邪王《ろうやおう》の休《きゅう》を迎立す。休 立ち、綝を以て丞相と為す。綝 又 新君に礼無し。遂に誅せらる。

**◉現代語訳**

呉主の孫亮《そんりょう》は、政治を自ら行ない、しばしば中書省《ちゅうしょしょう》に出向いて、太帝《たいてい》（孫権）の時の旧事を調べた。あるとき生梅を食べたが（酸味を和らげるため宦官に）蜜を持って来させた。蜜の中には鼠の糞があった。そこで蔵役人を召して、「宦官がお前に蜜を求めたことがあったか」と尋ねた。役人は、「前に求められましたが与えませんでした」と答えた。（宦官を問い糺《ただ》したが）宦官は白状しなかった。そこで鼠の糞を割らせた。糞の中は乾いていた。それにより孫亮は大いに笑って、「もし糞が前から蜜の中にあれば、中も外も湿っているはずである。いま外は湿っているのに中は乾いている。必ず宦官の仕業に違いない」と言った。宦官を詰問すると、果たして罪に服した。左右の近臣は（亮の明察に）驚き震えあがった。大将軍の孫綝《そんちん》は、孫亮に詰問されることが多いので、病気と称して参朝しなくなった。（やがて孫綝は）兵で宮中を包囲し、亮を廃して会稽《かいけい》王とし、瑯邪《ろうや》王の孫休《そんきゅう》を迎え立たせた。孫休は即位すると、孫綝を丞相とした。孫綝はまた新君（孫休）にも無礼であった。こうして誅殺された。

## 解説・鑑賞

### 二宮事件

孫権の皇太子である孫登《そんとう》は、赤烏《せきう》四（二四一）年に死去し、王夫人の子である孫和《そんか》が皇太子とされた。ところが、王夫人は孫権の娘である全公主《ぜんこうしゅ》と不和なため迫害され、全公主のせいで孫和への孫権の寵愛も衰えてしまう。その後、孫和の同母弟である魯王孫覇《そんは》が、皇太子の地位を狙うようになった。ここから二宮事件と呼ばれる、皇太子孫和と魯王孫覇の後継者争いが始まったのである。

丞相の陸遜《りくそん》は、名士の価値基準である儒教的理念に基づき皇太子を正統とし、江東名士の多くもこれに賛同した。しかし、魯王派は、孫権の寵愛を背景に強力であった。結局、孫権は、喧嘩両成敗の形を取って皇太子孫和を廃すとともに魯王孫覇を殺害し、晩年の子である孫亮《そんりょう》を皇太子とした。

直接、後継者争いに関わりを持っていた太子太傅《たいしたいふ》の吾粲《ごさん》や朱拠《しゅきょ》、あるいは魯王派の楊竺《ようじく》は、孫権に責任を問われて殺された。それだけではない。孫呉を支えてきた丞相の陸遜《りくそん》は、甥の顧《こ》譚《たん》・顧承《こしょう》や姚信《ようしん》らが、みな皇太子の懐刀《ふところがたな》になっていると言いがかりをつけられ、幾度も使者

# 孫氏系図

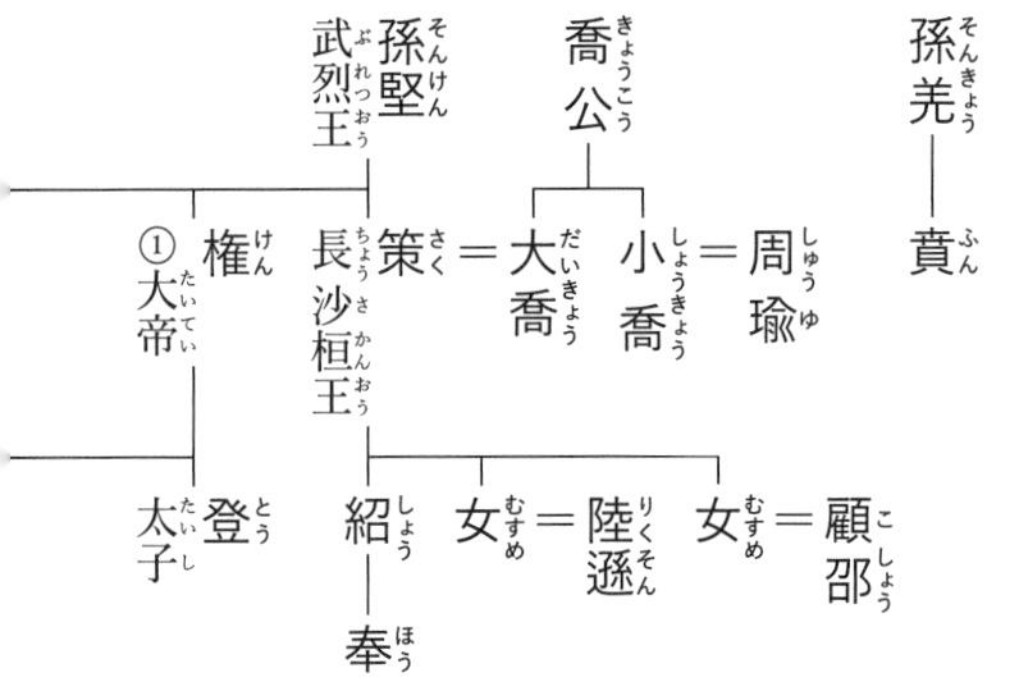


を派遣されたので、憤りで体調を崩して死去したのである。

二宮事件は、陸遜を筆頭とする江東名士に大きな打撃を与えたが、その背景には、孫氏と江東名士との確執の根深さがある。陸遜の死は、江東名士に孫呉への失望感を与えるのに十分であった。孫権の君主権力強化策は失敗におわり、孫呉はいつ滅亡してもおかしくない政権になり下がったのである。

### 亡国の君主

亡国の君主は、悪い話題にこと欠かない。呉の最後の皇帝となった孫《そん》皓《こう》も、例外ではない。名士の殺害と

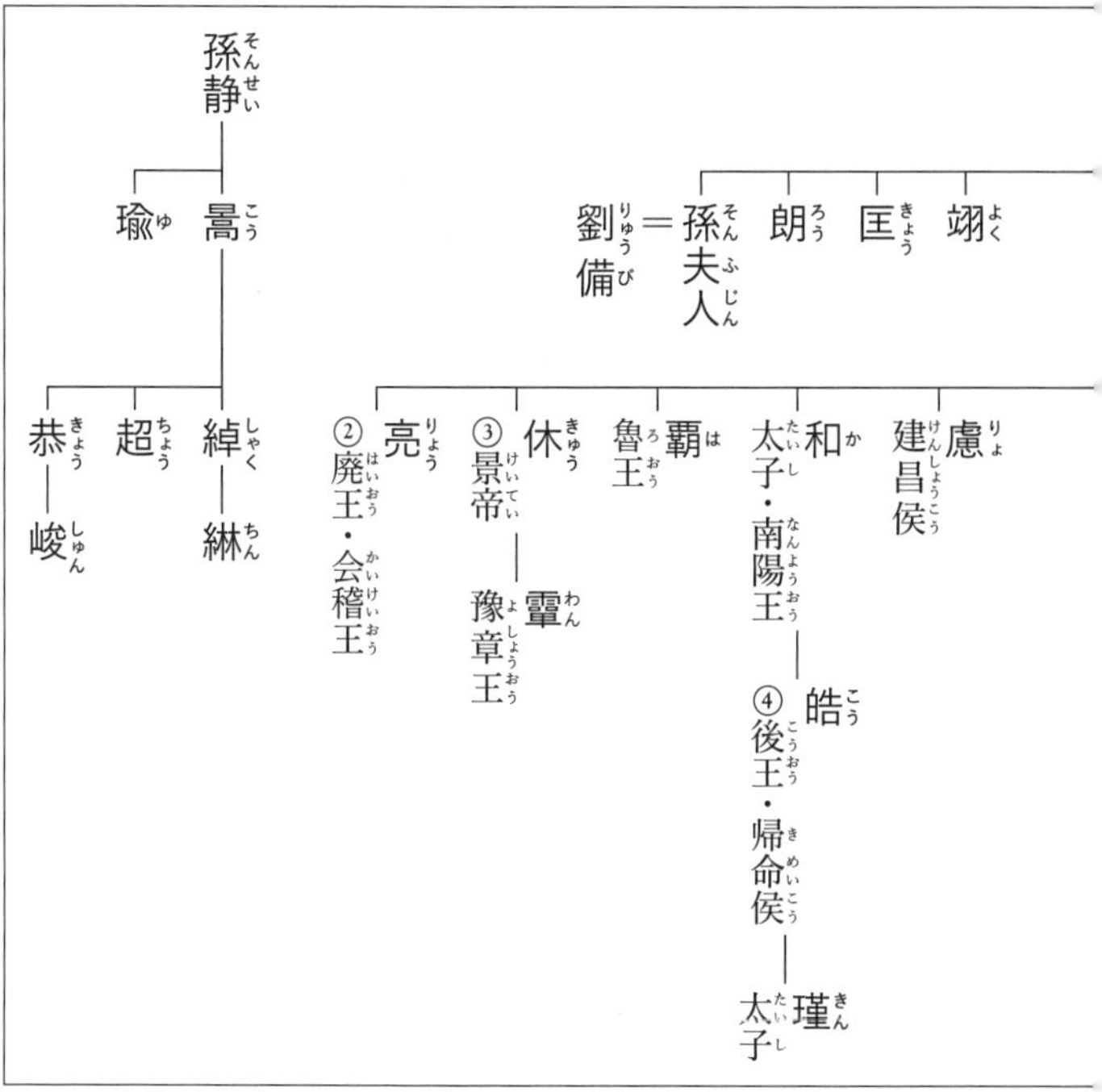


身分の卑しい者の寵用、官僚へのスパイを任務とする校事《こうじ》官の設置などその悪行は枚挙にいとまがない。しかし、即位前の孫皓は、文学的才能にあふれる有能な人物であった。即位直後も、宮女を妻のない者に嫁がせ、武昌《ぶしょう》に遷都して中央軍の強化を図るなど、着々と中央集権化の施策を実行していた。どうして暴君となり、滅亡を自ら招いてしまったのであろう。即位前の才気溢《あふ》れる孫皓と、即位後の「暴君」孫皓の姿には、腑に落ちないほどの違いがある。

　滅亡の際、孫皓が臣下に示した書簡の中には、ここに至るまでの孫皓の思いが凝縮されている。そこには、身分の卑しい者や校事官を寵用したことへの反省など、自らの悪行への謝罪が連ねられている。最後に名士に、心置きなく西晉に仕えるべきことを助言している。「孫呉への忠誠心などを発揮せずに、新天地でその能力を十分に発揮して欲しい」と。書簡には、才能を持ちながら君主権力の強大化のための方策がなく、名士のあり方も正確に理解できて苦しむ、孫皓のやるせない気持ちがにじみ出ている。

名士を弾圧しきれなかった者は、孫皓だけではない。孫皓が「大皇帝」と尊ぶ孫権ですら、張昭を屈伏させられなかった。それほどまでに名士は勢力を拡大し、君主は、もがいてももがいても国家を建て直すことはできなかった。国家の滅亡を他人事のように見つめる孫皓の醒めた視線の彼方には、中国貴族制が映し出されていたのである。

建業の石頭城

# 第二八回　皇帝の挙兵

魏主《ノ》髦見《テ》二威権日《ニ》去《ルヲ》一、不《ニ》レ勝《ヘ》二其《ノ》忿《ニ》一曰《ク》、司馬昭之心《ハ》、路人《モ》所レ知《ル》也《ト》。率《ヰテ》二殿中《ノ》宿衛・蒼頭・官僮《ヲ》一、鼓譟《シテ》出《デ》、欲《ス》レ誅《セント》レ昭《ヲ》。昭之党《タル》賈充、入《リテ》与二魏主一戦《ヒ》、成済抽《イテ》レ戈《ヲ》刺《シ》二魏主《ノ》髦《ヲ》一、殞《ツ》二于車下《ニ》一。追廃《シテ》為《ス》二庶人《ト》一。僭位《スルコト》七年、改《ムル》レ元《ヲ》者二、曰《フ》二正元・甘露《ト》一。

司馬昭迎二立《ス》常道郷公《ノ》璜《ヲ》一。是《レ》為《リ》二魏《ノ》元皇帝一。常道郷公元皇帝、初《メノ》名《ハ》璜、燕王《ノ》宇之子、操之孫也。年十五《ニシテ》即位《ス》。改《ム》二名《ヲ》奐《ト》一。

◉語　釈

忿《ふん》……いきどおること。
宿衛……殿内の宿直護衛の士。
蒼頭《そうとう》……雑兵や奴隷の類。青い頭巾で頭を包むのでこういう。
官僮《かんどう》……官庁の給仕のこと。
殞《いん》……ここでは車から落ちる意と死ぬ意を兼ねている。
追廃……死んだ後に帝位を廃すること。

◉書き下し

魏主の髦《ぼう》、威権日に去るを見て、其の忿《いかり》に勝へずに曰く、「司馬昭の心は、路人も知る所なり」と。殿中の宿衛《しゅくえい》・蒼頭《そうとう》・官僮《かんどう》を率ゐて、鼓譟して出で、昭を誅せんと欲す。昭の党たる賈充《かじゅう》、入りて魏主と戦ひ、成済《せいせい》戈《ほこ》を抽《ぬ》いて魏主の髦を刺し、車下に殞《お》つ。追廃して庶人と為す。僭位すること七年、元を改むる者《こと》二、正元《せいげん》・甘露《かんろ》と曰ふ。

司馬昭、常道郷《じょうどうきょう》公の璜《こう》を迎立す。是れ魏の元皇帝《げんこうてい》為り。常道郷公元皇帝、初めの名は璜、燕王の宇《う》の子、操の孫なり。年十五にして即位す。名を奐《かん》と改む。

◉現代語訳

魏主の曹髦《そうぼう》は、（皇帝の）権威が日ましに衰えるのを見て、その怒りに耐えられずに、「司馬昭の（帝位を奪おうとする下）心は、道行く人でも知っている」と言った。殿中の宿衛の士、奴隷や童僕などを率いて、太鼓を叩き大声をあげて討って出て、司馬昭を誅殺しようとした。司馬昭の党人である賈充《かじゅう》は、（宮中に）入って魏主と戦い、（賈充の部下の）成済《せいせい》が戈《ほこ》を抜いて魏主の曹髦を刺し、（魏主は）車から転げ落ちて死んだ。司馬昭はこれを追廃して庶人とした。（魏主曹髦は）位を僭称すること七年、改元すること二回、正元《せいげん》・甘露《かんろ》という。

## 解説・鑑賞

司馬昭は常道郷公《じょうどうきょうこう》の曹璜《そうこう》を迎えて立てた。これが魏の元皇帝である。常道郷公元皇帝は、初めの名を璜といい、燕王の曹宇《そうう》の子で、曹操の孫である。年十五歳で即位し、名を奐《かん》と改めた。

司馬昭と皇帝曹髦《そうぼう》との対立は、皇帝自らの武力抵抗という珍しい形で決着した。皇帝の権力が奪われることへの不満を爆発させた曹髦は、自ら剣を抜き、司馬昭がいる大将軍府をめざした。立ちはだかる者は賈充《かじゅう》である。賈充は、ひるむ部下に「公（司馬昭）がお前たちを養っているのは、まさに今日のためだ」と督励し、曹髦を殺害させた。前代未聞の皇帝殺害に対して、陳羣《ちんぐん》の子である陳泰《ちんたい》は、賈充の処刑を主張した。しかし、それすらかなわないほど、司馬昭の権力は絶対的なものとなっていたのである。

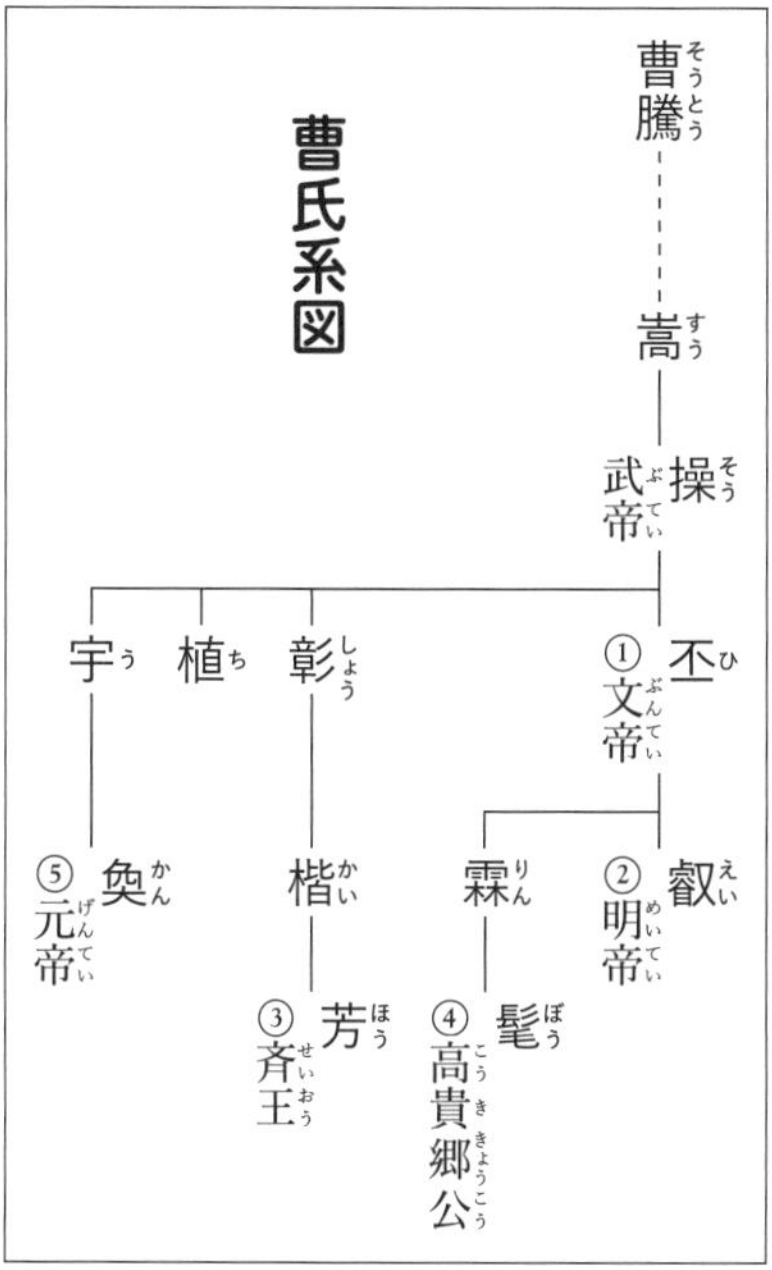


**君無道**

司馬昭は皇帝の曹髦を殺害したのち、その母の郭皇太后《かくこうたいごう》に詔を出させ、「不孝」な曹髦は皇帝の地位には居れないとして、皇帝殺害を正当化する。しかし、それは、あくまで郭皇太后を介してのものであり、西晋を建国すると無関係になる郭皇太后を介しての正当化は、無意味となる。司馬昭の皇帝弑殺《しいさつ》の正当化は、西晋の安定的な国家支配にとって重要な意味を持つことなのである。

ここに登場するものが、杜甫《とほ》の遠い祖先にあたる杜預《どよ》である。杜預は、孫呉を滅ぼす武将であるとともに、『春秋左氏伝《しゅんじゅうさしでん》』に注を付けた経学者《けいがくしゃ》でもあった。杜預は、司馬昭の皇帝弑殺を正統化するため「書弑例《しょしいれい》」という義例を用意する。『春秋左氏伝』には、君主が弑殺される記録が多く現れる。そのうち、君主が無道《むどう》で名が記された七例に対して、「君主であっても無道であれば、弑殺される」という注を杜預は繰り返し付けている。その根拠は、周公《しゅうこう》の「凡例《はんれい》」にある。『春秋左氏伝』宣公《せんこう》伝四年に、「凡《およ》そ君主を弑殺するときに、君主の名を（『春秋』の本文が）書いている場合は、君主が無道なのである。臣下の名を書いている場合は、臣下の罪である」と伝が付けられているのである。杜預は、この「凡例」を論拠に、君主が無道な場合には弑殺してもよいことを周公が承認している、とすることにより、司馬昭による「無道」な皇帝曹髦の弑殺を正統化したのである。すなわち、杜預は、漢を正統化していた孔子に代わって、周公により司馬昭の皇帝殺害を「君無道」のための弑殺として正統化することを通じて、司馬昭の、ひいては西晋の正統性を『春秋左氏経伝集解《けいでんしっかい》』において高らかに宣言したのであった。

杜預が正統化した西晋は、杜預自身の活躍もあり孫呉を平定、二八〇年に中国を統一する。ところが、武帝の子である恵帝《けいてい》の暗愚を背景に、やがて八王《はちおう》の乱が勃発する。乱の最中、趙王《ちょうおう》の司馬倫《しばりん》は帝室内で革命を起こし、恵帝を廃して皇帝に即位した。皇帝となった司馬倫に対して、斉王《せいおう》の司馬冏《しばけい》・成都王《せいとおう》の司馬穎《しばえい》・河間王《かかんおう》の司馬顒《しばぎょう》が挙兵する。その際、司馬穎の軍師であった盧志《ろし》（盧植の曾孫）は、「趙王は無道なので殺してもかまわない」と進言している。杜預による皇帝弑殺の正統化は、中国を大きな分裂へと導いていく経典《けいてん》解釈だったのである。

**張遼像**
曹魏と孫呉の激戦の地である逍遙津《しょうようしん》は、現在の合肥市内の中心部にあたる。逍遙津公園には、活躍した張遼の像がある。

# 第二九回　季漢の滅亡

漢ノ姜維度〻伐ツレ魏ヲ。司馬昭患ヒレ之ヲ、遣ムニ鄧艾・鍾会ヲシテ、将ヰテレ兵ヲ入寇セ一。会ハ従リ二**斜谷**・**駱谷**・**子午谷**一趨キ二漢中ニ一、艾ハ自リ二**狄道**一趨キテ二甘松・**沓中**ニ一、以テ綴ス二姜維ヲ一。維聞キ三会已ニ入リシト二漢中ニ一、引ヰテレ兵ヲ従リ二沓中一還ル。艾**追二‐躡**シテ之ヲ一大イニ戦フ。維敗走シ、還リテ守リテ二**剣閣**ヲ一、以テ拒グレ会ヲ。艾進ミテ至リ二**陰平**ニ一、行クコト二無人之地ヲ一七百里、鑿チテレ山ヲ通ジレ道ヲ、造リ二‐作ス橋閣ヲ一。山高ク谷深ケレバ、艾以テレ氈ヲ自ラ裹ミ、推転シテ而下ル。将士皆攀ヂレ木ニ縁リレ崖ニ、**魚貫シテ而進ム**。至ル二**江油**ニ一。以テレ書ヲ誘フ二漢ノ将タル諸葛瞻ヲ一。瞻斬リ二其ノ使ヲ一。列シテ二陣ヲ**綿竹**ニ一以テ待ツ。敗績シ、漢ノ将軍タル諸葛瞻死スレ之ニ。瞻ノ子タル尚曰ク、父子荷フモ二国ノ重恩ヲ一、不三早ク斬ラ二黄皓ヲ一、使ム二敗リレ国ヲ殄セ一レ民ヲ。用テ生クルモ何ヲカ為サント。策チレ馬ニ冒シテレ陳ヲ而死ス。

◉語　釈

**斜谷《やこく》・駱谷《らくこく》・子午谷《しごこく》**……いずれも陝西省にあり、蜀の要害の地であった。

**狄道《てきどう》**……甘粛省の県名。

**沓中《とうちゅう》**……甘粛省の地名。

**綴《てい》**……敵軍を引きつけて自由にさせないこと。

**追躡《ついじょう》**……後から追いかけること。

**剣閣《けんかく》**……四川省北部の地名。蜀の北門。

**陰平《いんぺい》**……今の甘粛省と四川省の北境にあった郡名。

**魚貫而進**……魚をつらねて串にさしたように一列になって進むこと。

**江油《こうゆ》**……四川省の郡名。

**綿竹《めんちく》**……四川省の地名。

**黄皓《こうこう》**……劉禅に寵されて中常侍《ちゅうじょうじ》となった宦官。専横を極め季漢が亡びる原因を作った。

陳……陣と同じ。

**◉書き下し**

漢の姜維 度〻魏を伐つ。司馬昭 之を患ひ、鄧艾《とうがい》・鍾会《しょうかい》をして、兵を将ゐて入寇せしむ。会は斜谷《やこく》・駱谷《らくこく》・子午谷《しごこく》より漢中に趨《おもむ》き、艾は狄道《てきどう》より甘松《かんしょう》・沓中《とうちゅう》に趨きて、以て姜維を綴《てい》す。維 会の已《すで》に漢中に入りしと聞き、兵を引《ひき》ゐて沓中より還る。艾 之を追躡《ついじょう》して大いに戦ふ。維 敗走し、還りて剣閣《けんかく》を守りて、以て会を拒ぐ。艾 進みて陰平《いんぺい》に至り、無人の地を行くこと七百里、山を鑿《うが》ちて道を通じ、橋閣を造作す。山 高く谷 深ければ、艾 氈《せん》を以て自ら裹《つつ》み、推転して下る。将士も皆 木に攀《よ》ぢ崖に縁り、魚貫して進む。江油に至る。書を以て漢の将たる諸葛瞻《しょかつせん》を誘ふ。瞻 其の使を斬り、陣を綿竹に列して以て待つ。敗績し、漢の将軍たる諸葛瞻 之に死す。瞻の子たる尚《しょう》 曰く、「父子 国の重恩を荷《にな》ふも、早く黄皓《こうこう》を斬らず、国を敗り民を殄《てん》せしむ。用《もっ》て生くるも何をか為さん」と。馬に策《むちう》ち陣を冒《おか》して死す。

**◉現代語訳**

漢の姜維《きょうい》はたびたび魏を征伐した。司馬昭はこれを患い、鄧艾《とうがい》と鍾会《しょうかい》に、兵をひきいて

**剣門閣**

剣門閣（剣閣）は、蜀漢滅亡時に姜維が立てこもって鍾会を防いだ要害である。

攻め込ませた。鍾会は斜谷《やこく》・駱谷《らくこく》・子午谷《しごこく》から、漢中に進み、鄧艾は狄道《てきどう》から甘松《かんしょう》・沓《とう》中《ちゅう》に進んで、姜維の軍を牽制した。姜維は鍾会がすでに漢中に入ったと聞くと、兵を引きまとめて沓中から還ろうとした。鄧艾はこれを追跡して大いに戦った。姜維は敗走し、帰って剣閣《けんかく》を守り、鍾会の軍を防いだ。（一方）鄧艾は進んで陰平《いんぺい》に至り、無人の地を行くこと七百里、山をうがち道を通じ、桟道《さんどう》を架設し（て進軍し）た。山が高く谷も深く（道のつけられないところでは）、鄧艾は毛氈《もうせん》で自分の体を包み、（人に）推させて転がるようにして下りた。将士もみな木に攀《よ》じのぼり崖にすがり、魚を串刺しにしたように（一列になって）進んだ。（かくして）江油《こうゆ》に至った。書簡により漢の将軍である諸葛瞻《しょかつせん》（亮の子）を誘っ（て降服させようとし）た。瞻は（怒って）その使者を斬り、陣を綿竹《めんちく》に張って敵を待った。（しかし）敗北し、漢の将軍である諸葛瞻はここに死去した。瞻の子である諸葛尚《しょかつしょう》は、「（わたしども）父子はともに国家の重恩を蒙《こうむ》りながら、早く黄皓《こうこう》を斬らなかったため、国を敗亡させ民を絶やした。もはや生きても何の甲斐があろうか」と言った。馬に鞭《むち》うち敵陣に斬り入って戦死した。

## 解説・鑑賞

### 忠義を尽くす

炎興元《えんこう》（二六三）年、曹魏の武将である鄧艾《とうがい》・鍾会《しょうかい》に率いられた軍が、季漢へと侵攻した。季漢は、廖化《りょうか》を沓中《とうちゅう》に駐屯する姜維の支援に、張翼《ちょうよく》と董厥《とうけつ》を陽平関《ようへいかん》の守備に派遣し、漢中の兵を漢城と楽城に集め、それぞれ兵五千で守らせた。

これに対して、鍾会は長安で軍を二手に分け、荀愷《じゅんがい》と李輔《りほ》に漢城・楽城を攻撃させる一方で、自らは陽平関に向かう。また、鄧艾が姜維を攻撃すると、姜維は撤退し、追撃する鄧艾軍に破られながらも、魏の諸葛緒《しょかつしょ》軍の探索を逃れて、陰平《いんぺい》郡を経へ、白水《はくすい》で張翼と董厥の軍に合流、蜀への入り口である剣閣《けんかく》を死守した。

**蜀の桟道**
諸葛亮が北伐の際、兵糧の運送に苦しんだ蜀の桟道は、絶壁に丸太を打ちこんでそれを土台に架けた橋である。

漢中を制圧した鍾会は、剣閣を守る姜維に対する攻撃に全力を注ぎ、後から合流した諸葛緒から軍勢を奪い、戦いを前に恐れていたとの理由により諸葛緒を送還する。しかし、姜維が守る剣閣を落とすことはできず、兵糧も尽きかけ、撤退を検討していた。

一方、鄧艾は、剣閣を通らず、険峻な山谷を突破して陰平郡より無人の地を七〇〇里あまり（約三〇〇km）にわたって行軍していた。山には穴を開けて道を通じ、川には橋をかけ、谷では羊毛にくるまって転げ落ち、江油《こうゆ》県まで到着、守将の馬邈《ばばく》を降服させた。

いきなり現れた鄧艾軍に対して、劉禅は、諸葛亮の子諸葛瞻を派遣して、綿竹《めんちく》を死守させた。諸葛瞻は、子の諸葛尚とともに父祖の名に恥じない戦いをし、季漢に忠義を尽くし

兵士達《へいしたち》は
号泣《ごうきゅう》しながら
剣《けん》を石《いし》にたたき
つけて折《お》った
バキ
バキ
泣《な》け
泣《な》くがよい
丞相《じょうしょう》
蜀《しょく》のあとを
託《たく》されていながら
この始末《しまつ》 申《もう》し訳《わけ》
ございませぬ
この剣《けん》ももはや
蜀《しょく》のために
使《つか》えませぬ

諸葛亮が第二次・第三次北伐で武都《ぶと》・陰平《いんぺい》を取って備えていたが、蜀漢は鄧《とう》艾《がい》にそのルートから攻め落とされた。剣閣《けんかく》を守り続けた姜維は、最後まで季漢の復興を目指す。

たのちに陣没する。鄧艾が軍を進めて雒《らく》県に到着すると、劉禅は譙周《しょうしゅう》の勧めに従い降服した。

そのとき姜維は、なお剣閣を死守しており、季漢の兵士は石に斬りつけて降服を悔しがったという。姜維は、鍾会の野心を操り、最後まで季漢の再興を目指したが、鍾会もろとも殺害された。

# 第三〇回　魏晋革命

漢人不レ意《ハ》二魏兵《ノ》卒《ニ》至《ルヲ》一、不レ為《サ》二城守《ヲ》一。乃《チ》遣《ハシテ》レ使《ヲ》奉《ゼシメ》二**璽綬**《ヲ》一、詣《リテ》レ艾《ニ》降《ル》。皇子《ノ》**北地王**《タル》諶怒《リテ》曰《ク》、若《シ》理窮《マリ》力屈《シテ》、禍敗将《ニ》《バ》レ及《バント》、便《チ》当《ニシ》下父子君臣、背《ニシテ》レ城《ヲ》一戦《シ》、同《ニ》死《シテ》二**社稷**《ニ》一、以《テ》見《エテ》二先帝《ニ》一可《ナル》上也。奈何《ゾ》降《ラント》乎。帝不レ聴《カ》。諶哭《シ》二於昭烈之廟《ニ》一、先《ヅ》殺《シテ》二妻子《ヲ》一而後《ニ》自殺《セリ》。艾至《リ》二成都《ニ》一、帝出《デテ》降《ル》。魏封《ジテ》為《ス》二**安楽公**《ト》一。帝在《ルコト》レ位《ニ》四十一年、改《ムル》レ元《ヲ》者四、曰《フ》二建興・延熙・景耀・炎興《ト》一。右自《リ》二高帝元年乙未一、至《ルマデ》二後帝劉禅《ノ》炎興癸未《ニ》一、凡《テ》二十六帝、通《ジテ》四百六十九年《ニシテ》而漢亡《ブ》。

呉主《ノ》休殂《ス》。諡《シテ》曰《フ》二景皇帝一《ト》。兄《ノ》子《タル》烏程侯《ノ》皓立《ツ》。

魏《ノ》司馬昭、先レ是《ヨリ》已《ニ》受《ク》二九錫《ヲ》一已《ニシテ》而進《メテ》レ爵《ヲ》為《ル》二晉王一《ト》。昭卒《シ》、子《ノ》炎嗣《グ》。魏主《ノ》奐僭位《スルコト》　六年、改《ムルコト》レ元《ヲ》二、曰《フ》二景元・咸熙一《ト》。炎迫《リテ》二魏主《ニ》一禅《ラシメ》レ位《ヲ》、封《ジテ》為《ス》二陳留王一《ト》。後卒《ス》。晉人諡《シテ》レ之《ニ》曰《フ》レ元《ト》。

魏自《リ》二曹丕一至《ルマデ》レ是《ニ》凡《テ》五世、四十六年《ニシテ》　而亡《ブ》。自《リ》二漢亡《ビテ》一後、又歴《テ》二甲申《ヲ》一、闕《クコト》二正統《ヲ》一一年《ナリキ》。

◉語釈

**璽綬《じじゅ》**……天子の印とその組み紐。

**北地王**……北地は甘粛省の地名。

**社稷《しゃしょく》**……社は土地の神、稷は穀物の神。国は土穀によって人を養うから、社稷は国家の意味となる。

安楽公……爵位の名。「公」は臣下が受ける五等爵の最上位である。
烏程《うてい》……浙江省の県名。
禅……天子の位をゆずること。

◉書き下し

漢人 魏兵の卒《にはか》に至るを意《おも》はず、城守を為さず。乃ち使を遣はして璽綬《じじゅ》を奉ぜしめ、艾《がい》に詣りて降る。皇子の北地王《ほくちおう》たる諶《じん》 怒りて曰く、「若し理 窮まり 力 屈して、禍敗 将に及ばんとせば、便ち当に父子君臣、城を背にして一戦し、同《とも》に社稷に死して、以て先帝に見えて可なるべし。奈何《いかん》ぞ降らん」と。帝 聴かず。諶 昭烈の廟に哭し、先づ妻子を殺して後に自殺せり。艾 成都に至り、帝 出でて降る。魏 封じて安楽公《あんらくこう》と為す。帝 位に在ること四十一年、元を改むる者《こと》四、建興《けんこう》・延熙《えんき》・景耀《けいよう》・炎興《えんこう》と曰ふ。右 高帝の元年乙未《いつび》より、後帝劉禅の炎興癸未《えんこうきび》に至るまで、凡《すべ》て二十六帝、通じて四百六十九年にして漢 亡ぶ。

呉主の休 殂《そ》す。諡して景皇帝《けいこうてい》と曰ふ。兄の子たる烏程侯《うていこう》の皓 立つ。

魏の司馬昭、是より先 已に九錫を受く。已にして爵を進めて晉王《しんおう》と為る。昭 卒し、子の炎《えん》 嗣ぐ。魏主の奐《かん》、僭位《せんい》すること六年、元を改むること二、景元《けいげん》・咸熙《かんき》と曰ふ。炎 魏主に迫りて位を禅らしめ、封じて陳留王《ちんりゅうおう》と為す。後 卒す。晉人 之に諡して元と曰ふ。魏 曹丕より是《ここ》に至るまで凡て五世、四十六年にして亡ぶ。漢亡びてより後、又 甲申《こうしん》を歴《へ》て、正統を闕《か》くこと一年なりき。

**◉現代語訳**

漢の人々は魏の兵が急にやってくるとは思わず、城の守りをしていなかった。そこで（帝は）使者に璽綬《じじゅ》を持たせ、鄧艾《とうがい》のところに行って降服した。皇子の北地王である劉諶《りゅうじん》は大いに怒り、「もし道理が行き詰まり力が尽き果てて、（国家に）禍害敗北が及ぼうとした際には、父子君臣は城を背に一戦し、こぞって国家のために討ち死にして、先帝に見ゆべきでありましょう。（それなのに）どうして降服するのです」と諫めた。帝は聞き入れなかった。劉諶は昭烈《しょうれつ》帝の廟で大声を挙げて泣き、まず妻子を殺して後に自殺した。鄧艾が成都に至ると、帝は宮城を出て降服した。魏は封建して安楽公とした。帝は在位すること四十一年、改元すること四回、建興《けんこう》・延熙《えんき》・景耀《けいよう》・炎興《えんこう》という。このように高帝の元年乙《いっ》未《び》から、後帝劉禅の炎興元年癸《き》未《び》に至るまで、合計で二十六帝、通計して四百六十九年で漢は滅亡した。

呉主の休がなくなった。諡して景皇帝という。兄の子である烏程《うてい》侯の孫皓《そんこう》が立った。

魏の司馬昭は、これより先すでに九錫《きゅうせき》を受けていた。しばらくして爵位を進めて晋王となった。昭が卒すると、子の司馬炎が嗣いだ。魏主の曹奐《そうかん》は、帝位を僭称すること六年、元号を改めること二回で、景元《けいげん》・咸熙《かんき》という。炎は魏主（の曹奐）に迫って位を禅らせ、封建して陳留王《ちんりゅうおう》とした。後に亡くなった。晉人はこれに謚して元とした。魏は曹丕からここに至るまで合計で五世、四十六年で滅亡した。

漢が（癸未の年に）滅亡してから、さらに甲申の年を歴て（乙酉の年に晉が起こるまで）、正統を欠くこと一年間であった。

## 解説・鑑賞

### 西晉の成立

西晉を建国した司馬炎《しばえん》は、字は安世《あんせい》といい、河内郡温県《かだいぐんおんけん》の人で、司馬懿の孫、司馬昭の子にあたる。咸熙《かんき》二（二六五）年、禅譲の準備を終えたことを待つように、父の司馬昭が死去すると、司馬炎は、曹魏最後の皇帝となる曹奐《そうかん》より禅譲されて皇帝として即位した。

司馬炎は、即位を天に報告する告代祭天文の中で、魏晉革命の正統性を伝説上の帝王である堯《ぎょう》→舜《しゅん》→禹《う》の禅譲に、漢→魏→晉の禅譲を準えることに求めている。曹魏が舜の後裔で土徳《どとく》を継承するのであれば、その禅譲を受ける西晉は、禹の後裔で金徳《きんとく》の国家となる。漢魏革命でも利用された五行相生《ごぎょうそうしょう》の考え方により、西晋の建国を正統化したのである。

司馬炎が儒教に基づいて曹魏から禅譲を受けたのは、儒教に対抗する文化として文学を宣揚した曹操、老荘を尊んだ曹爽に対して、司馬懿以来、儒教を中心とした名士の価値基準を守る

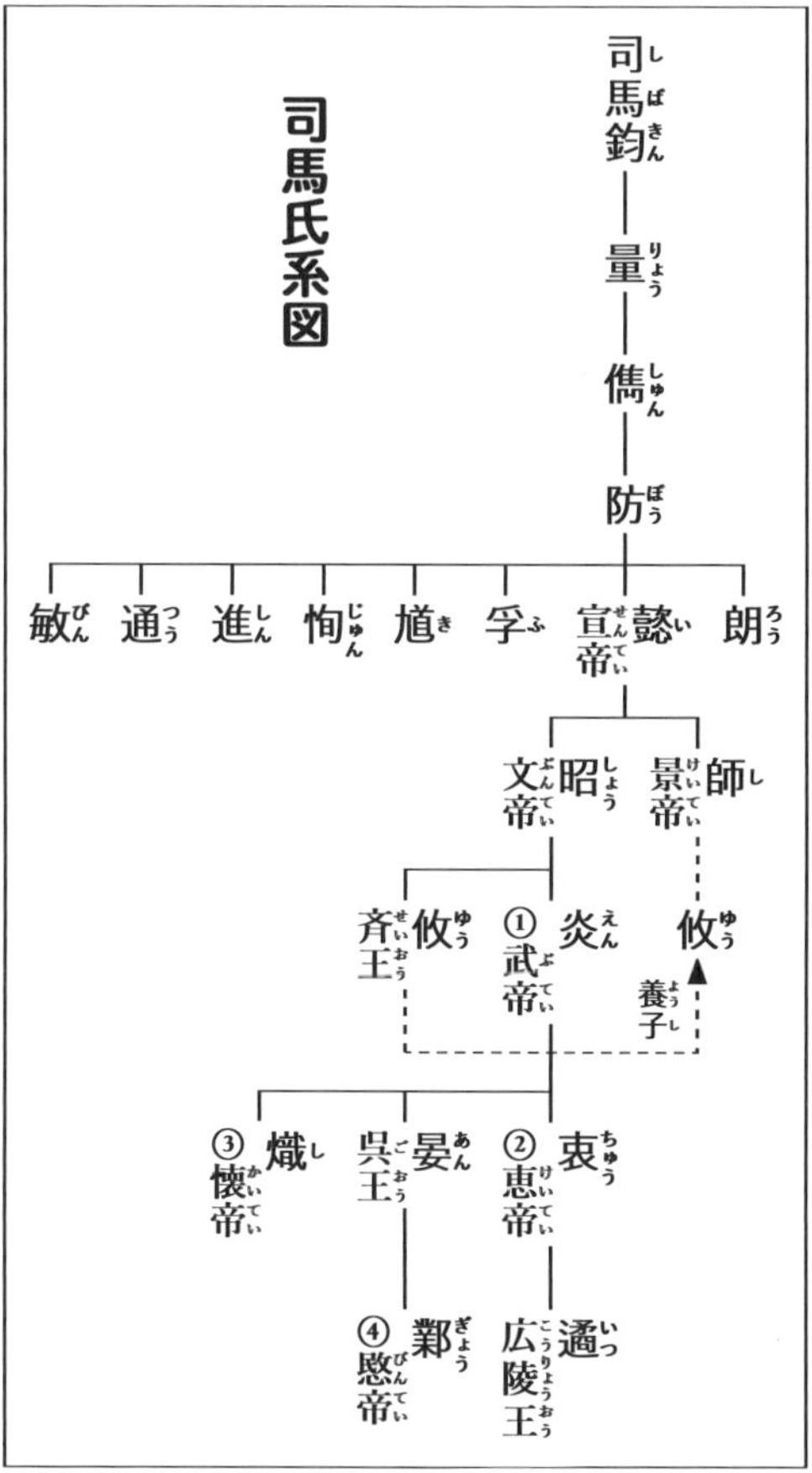
司馬氏系図
司馬鈞《しばきん》
量《りょう》
儁《しゅん》
防《ぼう》
朗《ろう》
懿《い》
宣帝《せんてい》
孚《ふ》
馗《き》
恂《じゅん》
進《しん》
通《つう》
敏《びん》
師《し》
景帝《けいてい》
昭《しょう》
文帝《ぶんてい》
攸《ゆう》
養子《ようし》
炎《えん》
①武帝《ぶてい》
攸《ゆう》
斉王《せいおう》
衷《ちゅう》
②恵帝《けいてい》
晏《あん》
呉王《ごおう》
熾《し》
③懐帝《かいてい》
遹《いつ》
広陵王《こうりょうおう》
鄴《ぎょう》
④愍帝《びんてい》

ことで司馬氏への支持を集めてきたためである。したがって、司馬氏を支持した貴族たちは、儒教の経典の解釈を変更してまで、司馬氏の行為を正統化しようとした。司馬師が皇帝を廃立すると、司馬昭に娘を嫁がせている王粛《おうしゅく》は、『孔子家語《こうしけご》』を著して、孔子を利用して司馬師の行為を正統化した。司馬炎は、王粛の娘の子にあたるため、西晉では儒教の経典は王粛の解釈（曹魏では、鄭玄の解釈が中心）に基づくことになった。また、司馬昭の娘を娶っている杜預《どよ》は、『春秋左氏経伝集解《しゅんじゅうさしけいでんしっかい》』を著して、君主が無道な場合には臣下が弑殺してもかまわないという周《しゅう》公《こう》の凡例《はんれい》を論拠に、司馬昭による皇帝の弑殺を正統化したのである。

このため、司馬炎は、西晉の国政を運用していく上でかれらの意向を尊重せざるを得なかった。孫呉の討伐が遅れた理由は、貴族の間が孫呉討伐派と慎重派に分かれて争っていたためである。孫呉の討伐に反対していた者は、賈充《かじゅう》を代表とする。賈充は、司馬炎の弟の司馬攸《しばゆう》だけではなく、司馬炎の子の司馬衷《しばちゅう》にも娘を嫁がせている権臣であった。討伐推進派の羊祜《ようこ》や杜預が、しきりに孫皓の暴君化を伝えても、賈充の反対により、なかなか討呉を果たせない。最後には司馬炎が、賈充を孫呉討伐軍の総司令に任命し、賈充が行かないのであれば自分が行く、との決意を示すことにより、ようやく咸寧《かんねい》八（二八〇）年、孫呉を滅ぼして中国を統一、三国時代に幕を下ろしたのである。

陛下《へいか》のために
死《し》んでいった者《もの》の
気持《きも》ちもお察《さっ》し
くださいませ
そうであった
気《き》をつけよう
この劉禅《りゅうぜん》は
安楽公《あんらくこう》として
魏《ぎ》から捨《す》て扶持《ぶち》を
もらい なんの
野心《やしん》も持《も》たず
六十五歳《さい》まで
のんびり暮《く》らしたという
だがこの劉禅《りゅうぜん》は
三国志《さんごくし》の英雄《えいゆう》を
祭《まつ》る武侯祠《ぶこうし》には
今《いま》も祭《まつ》られて
いない

成都《せいと》の武侯祠《ぶこうし》は、劉備の恵陵《けいりょう》に付設された諸葛亮を祀《まつ》る建物である。文革中も破壊から免れて、唐代の碑文も残っている。蜀の人々に守られてきた「三国聖地」である。

# 人物紹介

◉**袁術**…えんじゅつ　字は公路《こうろ》。汝南郡汝陽県の人。四世三公の名門袁逢《えんぽう》の嫡子で、庶子の袁紹とは不仲。一時は権勢を誇り、孫堅を配下として、袁紹と二大勢力を形成した。寿春で即位したが、敗戦を繰り返し、惨めな最期を遂げる。

◉**袁紹**…えんしょう　字は本初《ほんしょ》。汝南郡汝陽県の人。四世三公の名門袁逢の庶子。曹操とは何顒《かぎょう》を中心とするグループで旧知の仲。反董卓連合の盟主となり、冀州を拠点に公孫瓚を破って、河北を統一。官渡の戦いで曹操に大敗し、失意のうちに病没。

◉**王允**…おういん　字は子師《しし》。太原郡祁《き》県の人。若くして「一日千里、王佐の才」と評価された後漢の司徒で、董卓暗殺の立役者として後世に名を残した。

◉**賈詡**…かく　字は文和《ぶんわ》。武威郡姑臧《こぞう》県の人。董卓の死後、李傕《りかく》と郭汜《かくし》に長安を奪回させ、やがて張繡《ちょうしゅう》の軍師となる。劉表と結び、また知略により曹操を苦しめたが、その後、張繡を説得して曹操に降服。馬超討伐では韓遂と馬超との仲を切り裂く離間の計を立案した。

◉**郭嘉**…かくか　字は奉孝《ほうこう》。潁川《えいせん》郡陽翟《ようてき》県の人。袁紹の配下であったが、荀彧の推挙により曹操に仕える。官渡の戦いでは、袁紹の十の弱点を掲げて曹操に勝利を確信させ、袁紹の子を分裂させ一気に滅ぼす策を進言し、曹操に最も寵愛された。

◉**郭汜**…かくし　董卓配下の校尉。董卓の横死後、李傕と残兵を率いて長安を攻め、王允を殺害して呂布を放逐、政権を奪取する。李傕との内紛の際、献帝に逃げられ、のち部下に殺された。

◉**郝昭**…かくしょう　字は伯道《はくどう》。太原郡の人。雲梯《うんてい》・井欄《せいらん》を用い、地突《ちとつ》を行うなど様々な手段で攻撃してくる諸葛亮を、陳倉の守将として撃退した。

◉**郭淮**…かくわい　字は伯経《はくけい》。太原郡陽曲県の人。夏侯淵の司馬として漢中で活躍。のち関中平定に功績があり、諸葛亮の北伐とも戦った。

◉**夏侯淵**…かこうえん　字は妙才《みょうさい》。沛国譙《しょう》県の人。夏侯惇の従弟。曹操挙兵時からの宿将。急襲を得意とするが、その猪突猛進ぶりを曹操から諫められていた。曹操の心配どおり、定軍山で黄忠に斬られた。

◉**夏侯惇**…かこうとん　字は元譲《げんじょう》。沛国譙県の人。曹操の従弟にあたる。曹操挙兵時からの腹心で、乱戦の中、片目を失った。専ら後方補給と本拠地の守備を担当する、曹操の信頼が最も厚い武将であった。曹丕が即位すると大将軍となり最高位に就いた。

◉**賈充**…かじゅう　字は公閭《こうりょ》。平陽郡襄陵《じょうりょう》県の人。魏の高貴郷公曹髦《そうぼう》が司馬昭から奪回しようとした際、成済《せいせい》に命じて皇帝を弑殺させた。西晉司馬炎の佐命の功臣となり、娘は恵帝の皇后となった。

◉**何進**…かしん　字は遂高《すいこう》。南陽郡宛県の人。霊帝の皇后である何氏の兄。宦官誅滅を謀ったが、事前に察知した中常侍の張譲たちに宮中におびきよせられ、殺害された。

◉**関羽**…かんう　字は雲長《うんちょう》。河東郡解県の人。劉備の宿将で、兄弟同然の仲。曹操に捕らわれても劉備への忠誠を捨てず、劉備のもとへ帰参した。赤壁の戦いの後、荊州を守備したが、配下の裏切りもあり、挟撃されて非業の最期を遂げた。

◉**毌丘倹**…かんきゅうけん　字は仲恭《ちゅうきょう》。河東郡聞喜《ぶんき》県の人。曹魏の明帝の命を受けて、遼東の公孫淵を討伐したが、撤退、のち司馬懿の指揮下で公孫氏を滅ぼす功績があった。

◉**韓当**…かんとう　字は義公《ぎこう》。遼西郡令支県の人。孫堅に仕え、孫策の江東平定に功績があった。孫権のもと赤壁の戦いで活躍し、夷陵の戦いでも功績があった。

◉**甘寧**…かんねい　字は興覇《こうは》。巴郡臨江県の人。はじめ劉表の部将黄祖《こうそ》に仕えたが厚遇されず、周瑜の推薦で孫権に仕えた。曹操が濡《じゅ》須《しゅ》へ侵攻した際に、百名を率いて夜襲をかけ、曹操軍を混乱させた。

◉**魏延**…ぎえん　字は文長《ぶんちょう》。義陽郡の人。荊州より劉備に仕え、漢中都督に抜擢された。諸葛亮の北伐でも活躍したが、亮の死後、反乱を起こし馬岱《ばたい》に斬られた。

◉**姜維**…きょうい　字は伯約《はくやく》。天水郡冀県の人。祁山《きざん》に進出した諸葛亮に魏から帰順。諸葛亮の高い評価を受け、その死後、北伐を継承。蜀漢滅亡時には、鍾会《しょうかい》をそそのかし、蜀漢の復活を試みるが殺害された。

◉**許劭**…きょしょう　字は子将《ししょう》。汝南郡平輿《へいよ》県の人。人物鑑定に優れ、若き日の曹操を評価した。毎月のはじめに人物評論を行い、「月旦評」と呼ばれた。

◉**許攸**…きょゆう　字は子遠《しえん》。南陽郡の人。汝南郡を名声の場とする何顒《かぎょう》グループで、袁紹・荀彧・曹操らと知り合い、袁紹の幕僚となった。官渡の戦いの際に、曹操に寝返り、烏巣襲撃を進言した。

◉**献帝**…けんてい　劉協《りゅうきょう》。後漢最後の皇帝。霊帝の中子で、九歳で即位する。しかし、朝政は董卓に掌られ、強制されて長安に遷都する。洛陽に帰還したのち、曹操を頼って許に遷都したが、曹操の死後、魏王曹丕に帝位を禅譲し、山陽公となった。

◉**呉懿**…ごい　字は子遠《しえん》。陳留郡の人。妹が劉備に嫁ぎ、皇后に立てられた（穆皇后）。諸葛亮の死後、車騎将軍として漢中を守った。

◉**黄蓋**…こうがい　字は公覆《こうふく》。零陵《れいりょう》郡泉陵県の人。孫堅・孫策・孫権の三代に仕えた。赤壁の戦いで火攻めを進言、偽降で曹操を欺き、火のついた軍船を突撃させ勝利を得た。

◉**黄皓**…こうこう　蜀漢を滅亡に追い込んだと言われる宦官。劉禅の寵愛を受けて実権を握り、姜維と劉禅との仲を裂いた。

◉**公孫瓚**…こうそんさん　字は伯《はく》珪《けい》。遼西郡令支県の人。大儒の盧《ろ》植《しょく》に学んだが、学問よりも武力で身を立てた。劉虞《りゅうぐ》を殺害して、幽州を支配。直属軍「白馬義従」の強さにより、袁紹を脅かしたが、界橋《かいきょう》の戦いに敗れて滅亡した。

◉**皇甫嵩**…こうほすう　字は義真《ぎしん》。安定郡朝那《ちょうな》県の人。張角の弟である張梁・張宝を撃破して、黄巾の乱を平定した。

◉**孔融**…こうゆう　字は文挙《ぶんきょ》。魯国魯県の人。孔子の二十世孫で、「建安の七子」の一人。文章の名手。曹操を批判し殺害された。

◉**司馬懿**…しばい　字は仲達《ちゅうたつ》。河内郡温県の人。曹操には警戒されたが、文帝のとき行政の最高位に登り、明帝のとき諸葛亮の侵攻を防いで軍事権を掌握した。一時、曹爽《そうそう》に権力を奪われたが、正始《せいし》の政変により曹爽を打倒、司馬氏の基盤を作った。

◉**司馬炎**…しばえん　字は安世《あんせい》。西晋の武帝。河内郡温県の人。司馬懿の孫。曹魏から禅譲され西晋を建国し、孫呉を滅ぼして、三国を統一した。暗愚な恵帝に皇帝位を継がせたため、八王の乱を招き、滅亡の原因をつくった。

◉**司馬徽**…しばき　字は徳操《とくそう》。潁川郡陽翟《ようてき》県の人。宋忠とともに荊州学を担い、また襄陽名士の中心でもあった。諸葛亮と龐統を劉備に推薦している。

◉**司馬師**…しばし　字は子元《しげん》。河内郡温県の人。司馬懿の長子。父にもまして、強力に権力掌握を進めた。曹爽の残党である夏侯玄《かこうげん》らを誅殺し、皇帝を廃立。それに反発して挙兵した毌丘倹を自ら兵を率いて平定したが、その際に病死した。

◉**司馬昭**…しばしょう　字は子《し》上《じょう》。河内郡温県の人。司馬師の弟として兄の死後に曹魏の実権を掌握した。蜀漢を滅ぼした後、五等《ごとう》爵《しゃく》制を施行して、国家的身分制としての貴族制を成立させた。

◉**周瑜**…しゅうゆ　字は公瑾《こうきん》。盧《ろ》江《こう》郡舒《じょ》県の人。孫策・孫権に仕え、赤壁の戦いで曹操を撃退した立役者。揚州随一の名家の出身で、周郎（周のおぼっちゃま）と呼ばれ、美男子で音楽の素養もあった。稀代の名将であるが、早く亡くなった。

◉**朱儁**…しゅしゅん　字は公偉《こうい》。会稽《かいけい》郡上虞《じょうぐ》県の人。黄巾の乱の平定に功績があり、董卓の長安遷都に反対した。のち李傕と郭汜の調停に失敗、死去した。

◉**淳于瓊**…じゅんうけい　字は仲《ちゅう》簡《かん》。潁川郡の人。霊帝の設置した西園八校尉の一人として佐軍校尉となった。そののち袁紹の部下となり、官渡の戦いで烏巣を守ったが、曹操の奇襲に敗れた。

◉**荀彧**…じゅんいく　字は文若《ぶんじゃく》。潁川郡潁陰《えいいん》県の人。何顒より「王佐の才」と評価された。袁紹より曹操に仕え直し、献帝推戴の方策、多くの人材の推挙、官渡の戦いにおける後方支援など勲功第一の働きをした。曹操の魏公就任に反対、自殺した。

◉**荀攸**…じゅんゆう　字は公達《こうたつ》。潁川郡潁陰県の人。荀彧の甥。曹操の軍師として「奇策十二種」を立てたが、後世に伝わらなかった。

**◉蔣琬**…しょうえん　字は公琰《こうえん》。零陵《れいりょう》郡湘郷《しょうきょう》県の人。諸葛亮の北伐では、軍需物資の供給につとめた。亮の死後、蜀漢の政権を担当し、大司馬に至った。

**◉鍾会**…しょうかい　字は士季《しき》。潁川郡長社県の人。鍾繇《しょうよう》の子として神童と称され、司馬昭の腹心となったが、蜀漢を征服した後、反乱を起こして殺害された。

**◉諸葛誕**…しょかつたん　字は公《こう》休《きゅう》。琅邪郡陽都県の人。夏侯玄と親しく、明帝には免職されたが、曹爽政権下で、揚州刺史となった。のち、淮南を拠点に反乱を起こすが、司馬昭に平定された。

**◉諸葛亮**…しょかつりょう　字は孔明《こうめい》。司馬徽を中心とする襄陽グループで荊州学を学び、臥龍と称された。劉備の三顧の礼を受け出廬、草廬対を掲げて基本戦略を定めた。劉備の死後は、劉禅を輔佐し、出師表を捧げて北伐に赴くが、五丈原で陣没した。

**◉徐庶**…じょしょ　字は元直《げんちょく》。若年のころは剣を得意としたが、一念発起して荊州学を学び、諸葛亮や崔州平《さいしゅうへい》と交友した。荊州で劉備に仕えたが、曹操に母を捕らえられ、やむなく曹操に仕えた。

**◉曹叡**…そうえい　字は元仲《げんちゅう》。曹魏の第二代皇帝（明帝）。曹丕（文帝）と甄《しん》皇后の子で、曹操に寵愛されていたが、母が誅殺されたため太子に立てられることが遅かった。諸葛亮が陣没すると、大規模な土木工事で国を疲弊させ、司馬懿を台頭させた。

**◉曹真**…そうしん　字は子丹《したん》。曹《そう》邵《しょう》（秦伯南）の子。幼少のころ、父が曹操の身代わりになったため、曹丕と共に育てられた。曹丕が即位すると、鎮西将軍となり、明帝のとき、大将軍として諸葛亮と戦った。

**◉曹仁**…そうじん　字は子孝《しこう》。曹操の従弟。曹操とともに挙兵し、騎兵を率いた。江陵で周瑜と戦った際には、配下の牛金を救出、樊城を関羽に包囲された時には、援軍が来るまで持ちこたえた。

**◉曹操**…そうそう　字は孟徳《もうとく》。沛国譙県の人。祖父の宦官曹騰《そうとう》の財力と人脈により台頭。董卓を追撃して名士の注目を集め、荀彧らを配下に迎える。官渡の戦いで袁紹を破り華北を統一するが、赤壁の戦いで周瑜に大敗、天下統一は夢と消えた。

◉**曹爽**…そうそう　字は昭伯《しょうはく》。曹真の子。明帝に重用され、その死後、司馬懿を抑制しようとしたが、正始の政変で殺害された。

◉**曹丕**…そうひ　字は子桓《しかん》。曹操の子。魏王の位を継ぎ、献帝の禅譲を受け、曹魏の初代皇帝（文帝）となった。関羽に降服した于禁を憤死させ、妻の甄皇后に自殺を命じるなど冷酷な性格も目立ち、後継者を争った曹植《そうち》を圧迫した。

◉**沮授**…そじゅ　広平郡の人。袁紹に献帝の擁立を説くが、聞かれず、官渡の戦いの後には、郭図の讒言《ざんげん》により監軍として権限を縮小された。

◉**孫堅**…そんけん　字は文台《ぶんだい》。呉郡富春県の人。十七歳のとき、海賊退治で台頭。陽人の戦いで華雄《かゆう》を斬るが、名士を傘下に納めなかったため本拠地を保有できず、兵糧や軍勢を袁術に依存した。袁術の命で劉表を討ち、不慮の戦死を遂げる。

◉**孫権**…そんけん　字は仲謀《ちゅうぼう》。兄孫策の後を嗣ぎ、周瑜・張昭ら名士を中心に据え、安定した政権を築く。赤壁の戦いの際、主戦を唱えた周瑜・魯粛・呂蒙が死去し、降服を唱えた張昭の力が強くなってからは、君主権力の伸長をはかった。

◉**孫皓**…そんこう　字は元宗《げんそう》。孫権の孫で、孫呉最後の第四代皇帝。即位当初は、積極的な中央集権政策を展開したが、その限界を知ったのちに暴君化、西晉に攻撃されると降服、帰命侯《きめいこう》に封建された。

◉**孫策**…そんさく　字は伯符《はくふ》。孫堅の長子。父の死後、袁術の命で陸康を攻め、江東名士の中心である陸氏と対立関係を持つに至った。袁術から独立すると周瑜が合流し、江東における孫呉の基盤を築いた。しかし、支配は安定せず、暗殺された。

◉**趙雲**…ちょううん　字は子龍《しりょう》。公孫瓚から劉備に仕え直し、騎兵を指揮した。荊州で曹操に敗れた際には、阿斗《あと》（劉禅）を救出する。入蜀時には、諸葛亮と共に劉備を助け、漢中争奪戦では曹操の大軍を門を開けて迎え撃ち、劉備から称賛された。

◉**張角**…ちょうかく　後漢末の太平道と呼ばれる宗教集団の指導者。御札と聖水による治病で勢力を伸長し、漢に代わる「黄天」の到来を掲げて、反乱を起こしたが、まもなく病没。乱もまた皇甫嵩・朱儁により平定された。

◉**張郃**…ちょうこう　字は儁乂《しゅんがい》。はじめ袁紹に仕えたが、官渡の戦いの際に、曹操に降服。街亭《がいてい》の戦いでは、馬謖を撃破した。のち、北伐より撤退する諸葛亮を追撃するよう司馬懿に命ぜられ、木門《ぼくもん》で戦死した。

◉**張紘**…ちょうこう　字は子綱《しこう》。広陵郡の人。戦乱を江東に避け、孫策に仕えて正議校尉となった。孫権にも仕え、秣陵《まつりょう》への遷都を献策した。

◉**趙咨**…ちょうし　字は徳度《とくど》。南陽郡の人。孫権が呉王に封建された際、曹魏への使者となり、曹丕の問いに君命を辱めずに答えた。

◉**張昭**…ちょうしょう　字は子布《しふ》。彭城郡の人。孫策の丁重な招きに応じて配下となった。赤壁の戦いの際には、曹操への降服を唱え、そのため孫権と対立した。それでも、孫呉を代表する「名士」として尊敬を集め、孫権に諫言を続けた。

◉**貂蟬**…ちょうせん　『三国志演義』の創作人物。西施・王昭君・楊貴妃と共に、中国四大美人に数えられる。董卓と呂布とを仲たがいさせ、呂布に董卓を殺させる連環の計を行った、とされる。

◉**張飛**…ちょうひ　字は益徳《えきとく》。涿郡の人。関羽とともに劉備の挙兵より従い、程昱《ていいく》に「一万人に匹敵する」と言われた猛将。荊州で曹操に敗れた時には、長坂橋に一人立ちはだかったという。関羽の仇討ちの準備中、部下に殺害された。

◉**張翼**…ちょうよく　字は伯恭《はくきょう》。犍為《けんい》郡武陽県の人。諸葛亮に抜擢され、北伐で活躍し、諸葛亮の死後は、姜維の積極策に反対した。それでも姜維とともに剣閣《けんかく》を死守したが、鍾会の反乱の際、死去した。

◉**張魯**…ちょうろ　字は公祺《こうき》。漢中に勢力を張った五斗《ごと》米道《べいどう》の教祖。益州を支配した劉焉《りゅうえん》とは良好な関係にあったが、その子劉璋《りゅうしょう》とは断交した。のち、曹操が漢中を攻めると、降服して鎮南将軍となり、その信仰を魏に伝えた。

◉**陳宮**…ちんきゅう　字は公台《こうだい》。東郡の人。黄巾と戦って刺史が戦死した兖州に、曹操を迎える。曹操が徐州で大虐殺を行うと失望し、呂布を兖州に引き込んで張邈とともに反乱を起こした。

◉**陳羣**…ちんぐん　字は長文《ちょうぶん》。潁川郡許昌県の人。荀彧の女婿。荀彧の後継者として順調に出世し、後継者争いでは、曹丕を支持した。曹丕が即位すると名士に有利な九《きゅう》品中正《ひんちゅうせい》制度を献策した。

◉**程普**…ていふ　字は徳謀《とくぼう》。右北《ゆうほく》平《へい》郡土垠《どこん》県の人。孫堅以来の宿将で、呉軍の最年長として尊重され「程公」と呼ばれた。赤壁の戦いでは、周瑜とともに全軍の最高指揮官に任命された。

◉**董允**…とういん　字は休昭《きゅうしょう》。南郡枝江《しこう》県の人。太子舎人として劉禅に仕え、その即位後は、黄門侍郎として劉禅をよく補導した。

◉**鄧艾**…とうがい　字は士載《しさい》。義陽郡棘陽《きょくよう》県の人。司馬懿に見出され、運河を利用して屯田と輸送を両立させる策を献策した。鍾会とともに蜀漢を討ち成都を攻略したが、讒言により殺された。

◉**陶謙**…とうけん　字は恭祖《きょうそ》。丹陽郡の人。はじめ張温の部下であったが、黄巾討伐のため徐州刺史となった。のち曹操の攻撃を受け、民まで殺戮された。

◉**鄧芝**…とうし　字は伯苗《はくびょう》。義陽郡新野県の人。劉備の死後、諸葛亮に進言して、孫呉への使者となり、孫呉との同盟を結び直した。

◉**董卓**…とうたく　字は仲穎《ちゅうえい》。隴《ろう》西《せい》郡臨洮《りんとう》県の人。何進の宦官誅滅の詔を受け、洛陽に向かい、混乱の中、少帝と陳留王（献帝）を保護した。献帝を擁立したのちは宮廷で権勢をほしいままにしたが、呂布の裏切りにより、殺害された。

◉**杜預**…どよ　字は元凱《げんがい》。京兆《けいちょう》尹《いん》杜陵県の人。司馬昭の妹をめとり抜擢される。『春秋《しゅんじゅう》左《さ》氏《し》経伝集《けいでんしっ》解《かい》』を著し、司馬氏の皇帝殺害などを正当化。羊祜《ようこ》の後任として、孫呉を滅ぼした。

◉**馬謖**…ばしょく　字は幼常《ようじょう》。襄陽郡宜城《ぎじょう》県の人。兄の馬良は、諸葛亮に兄事していた。亮は、南征に際し、「心を攻めよ」と進言した馬謖の才能を愛し、北伐で、最も重要な街亭の戦いに抜擢した。しかし、命に背き、張郃に敗北して処刑された。

◉**馬超**…ばちょう　字は孟起《もうき》。扶風茂陵県の人。涼州に勢力を有したが、曹操が漢中を攻めると危険を感じて、反旗を翻した。曹操に敗れた後、張魯に身を投じ、やがて劉備に仕えた。涼州への影響力により高位に抜擢されたが、病死した。

◉**馬良**…**ばりょう**　字は季常《きじょう》。襄陽郡宜城県の人。諸葛亮とともに「蜀科《しょくか》」を制定し、夷陵の戦いの際には、荊州蛮の支持獲得に努めたが、戦死した。

◉**費禕**…**ひい**　字は文偉《ぶんい》。江夏郡鄳《ぼう》県の人。諸葛亮に高く評価され、孫呉への使者となり、北伐にも随行。亮の死後、蔣琬とともに蜀漢を支え、北伐を焦る姜維には、一万以上の兵を与えなかった。

◉**麋竺**…**びじく**　字は子仲《しちゅう》。東海郡の人。伝説的な大商人。陶謙の死後、徐州を劉備に託した。妹を嫁がせ財政的に劉備を支えた。

◉**費曜**…**ひよう**　曹魏の将軍。諸葛亮の陳倉包囲に対して、曹真の支持を受けて、救援にあたったが、祁山で諸葛亮に敗退した。

◉**法正**…**ほうせい**　字は孝直《こうちょく》。扶風郡郿《び》県の人。張松とともに劉備に通じ、その益州征服を支援。入蜀後の劉備の寵愛を受け、諸葛亮に対抗できる地位に就いた。

◉**龐統**…**ほうとう**　字は士元《しげん》。襄陽郡の人。諸葛亮と並び「鳳雛《ほうすう》」と称された。劉備に仕え、益州侵攻の参謀として従軍し、劉備に益州侵攻のための三策を献じた。その策により、益州は劉備が支配するが、龐統自身は雒城《らくじょう》攻撃中に戦死した。

◉**孟獲**…**もうかく**　南中の有力者。建寧太守の雍闓《ようがい》が、蜀漢に反乱を起こした際、南蛮を率いた。諸葛亮は、孫呉との外交関係を修復して南征し、七回捕らえ七回解き放つという「七縦《しょう》七禽《きん》」の末、孟獲を心服させ、蜀漢への帰順を誓わせた。

◉**孟達**…**もうたつ**　字は子慶《しけい》。扶風郡の人。法正とともに劉備を益州に迎えたが、関羽を救援しなかったため、曹魏に降服した。のち諸葛亮と呼応して曹魏に反乱を謀るが、司馬懿に滅ぼされた。

◉**楊儀**…**ようぎ**　字は威公《いこう》。襄陽郡の人。尚書令の劉巴と折り合いが悪く左遷されていたが、諸葛亮に参軍に抜擢され、部隊編成や軍糧を担当した。魏延とも仲が悪く、魏延が背く原因となった。

◉**陸遜**…**りくそん**　字は伯言《はくげん》。呉郡呉県の人。呉の四姓の筆頭で、孫策に殺された陸康の一族の生き残り。孫策の死後、その娘をめとり孫権に出仕した。のち呂蒙と協力して、関羽の守る荊州を奪いとり、攻めよせた劉備を夷陵の戦いで破った。

◉**李厳**…りげん　字は正方《せいほう》。南陽郡の人。益州で劉備に降服したのち、尚書令として諸葛亮とともに劉禅を補佐した。諸葛亮の信任のもと、兵糧の補給に努めたが、失敗をごまかし、平民にされた。

◉**劉璋**…りゅうしょう　字は季玉《きぎょく》。父の劉焉《りゅうえん》を継いで益州牧となるが、政権の軍事的基盤である東州兵と益州豪族との対立を激化させた。やがて張松や法正の手引きを受けた劉備に攻められ益州を失った。

◉**劉諶**…りゅうじん　劉禅の五男。北地王。滅亡に際して、徹底抗戦を主張したが、父に容れられず劉備の廟の前で自殺した。

◉**劉禅**…りゅうぜん　字は公嗣《こうし》。劉備の長男で、幼名は阿斗。季漢の第二代皇帝。荊州で劉備が曹操に敗れた際には趙雲に救われた。即位後は、諸葛亮を相父《しょうほ》と呼んで全権を委任した。しかし、亮の死後、国政を乱し、魏に降服した。

◉**劉琮**…りゅうそう　山陽郡高平県の人。劉表の次男であったが、劉表政権を支えた蔡瑁と親しく、兄の劉琦《りゅうき》を差し置いて後継者となった。その際に南下した曹操に荊州をあげて降服し、青州刺史となった。

◉**劉備**…りゅうび　字は玄徳《げんとく》。涿郡の人。中山靖王劉勝の後裔とされる。関羽・張飛を従え、傭兵集団として各地で戦い、荊州で諸葛亮を得て本拠地を確保し、益州を取って蜀漢を建国した。しかし、関羽の復讐戦に大敗、白帝城で病没した。

◉**劉表**…りゅうひょう　字は景升《けいしょう》。山陽郡高平県の人。漢室の一族で荊州牧。蔡瑁・蒯越《かいえつ》らの協力により安定した統治を実現した。平和を求めて司馬徽《しばき》や諸葛亮など多くの知識人が荊州学と呼ばれる学問を形成した。曹操が南下した直後に病死する。

◉**廖化**…りょうか　字は元倹《げんけん》。襄陽郡の人。関羽の主簿として呉に降服したが、その後、劉備に帰参、右車騎将軍まで出世した。

◉**呂布**…りょふ　字は奉先《ほうせん》。五原郡九原県の人。三国時代最強の武将。ただし、卓越するものは個人的武力であり、群雄として本拠地を維持し、兵を養っていく力には欠けていた。そのため裏切りと放浪を繰り返し、下邳《かひ》で曹操に殺された。

◉**呂蒙**…りょもう　字は子明《しめい》。汝南郡富陂《ふうひ》県の人。若いころは武力一辺倒であったが、孫権に諭されて勉学に励み、魯粛にその成長ぶりを「呉下の阿蒙にあらず」と評された。魯粛の後任として、関羽を挟撃して荊州を奪ったが、直後に病死した。

◉**霊帝**…れいてい　劉宏《りゅうこう》。後漢の第十二代皇帝。外戚の竇武《とうぶ》が政権を運営したが、党錮《とうこ》の禁により、実権を宦官に奪われた結果、黄巾の乱が起こり、政局は混迷を極めた。

◉**魯粛**…ろしゅく　字は子敬《しけい》。臨《りん》淮《わい》郡東城県の人。周瑜に評価されて名士となり、孫権に長江流域を領有して皇帝となり、天下を三分すべきことを勧めた。赤壁の戦いの後には、曹操への対抗のため、劉備の勢力拡大を支援した。

◉**盧植**…ろしょく　字は子幹《しかん》。涿郡涿県の人。若くして鄭玄《じょうげん》とともに馬融《ばゆう》に師事した。文武の才能を兼ね備え、黄巾の乱の討伐でも戦功を挙げた。のちに董卓の皇帝廃立に単身抗議して免官された。

# あとがき

『十八史略』は、科挙を受験するための参考書として書かれた本であり、中国では伝承されず、滅んだ本である。日本で熱心に読まれたのは、『史記』から始まる十八史の概略を読むことで中国史を学べ、しかも、難しい文章が直されているためであろう。

本書が対象とする三国時代についても、たとえば『三国志』所収の「出師の表」と比べると、『十八史略』の「出師の表」は読みやすい。ただ「出師の表」は、劉禅に捧げるものであるため、もともと読みやすいので、それほどの違いを感じない。だが、四六駢儷体《しろくべんれいたい》という、典拠を踏まえた対句を用いて韻を踏む難しい文章が流行した時代の文章を比べると、『十八史略』がとても読みやすいことに気がつく。

『十八史略』が『三国志』と異なるのは、文章だけではない。その正統観も、大きく異なる。『三国志』は曹魏を正統とするが、『十八史略』は蜀漢を正統とする。魏・呉の君主を魏主・呉主と呼び、蜀の君主を漢帝と呼ぶのはそのためである。本書の第三〇回には、劉禅が降服することで、漢は二十六帝、四百六十九年で滅亡した、と記されている。前漢・後漢・季漢（蜀）

は一体であり、すべて「漢」の正統を継承した国家とするのである。

　こうした考え方は、蜀漢を正統とする『三国志演義』や、それを始祖とする日本の「三国志」物語と同じである。

　今回、新書として再版されるに際して、横山光輝先生の漫画を加えていただいた。もちろん、正統観は違っても、『十八史略』は、あくまで正史の省略版なので、『三国志演義』とは異なる。それでも、横山先生の絵を入れていただくことで、史書が具体像を伴って読めるようになったことに感謝したい。担当として横山先生を支え続けた岡谷信明さんには、『横山光輝で読む「項羽と劉邦」』に続いて編集の実務を担っていただいた。記して感謝する次第である。

二〇二四年二月

渡邉義浩

本書は二〇一二年八月に朝倉書店より単行本化されたものを、加筆・修正し、
あらたに横山光輝「三国志」の作品から画像を加え、新書化したものです。

**渡邉義浩**……**ワタナベ・ヨシヒロ**

一九六二年東京都生まれ。筑波大学大学院博士課程歴史・人類学研究科修了。文学博士。大東文化大学文学部教授を経て、現在、早稲田大学常任理事・文学学術院教授。専門は「古典中国」学。大隈記念早稲田佐賀学園理事長。三国志学会事務局長。訳書の『全譯後漢書』（全十九巻、汲古書院）で、大隈記念学術褒賞を受賞。

『三国志』でも『史記』『論語』からでも、中国に興味を持ち、何の偏見も持たずに中国を認識するきっかけになればという思いから、研究だけではなく、啓蒙書の執筆や講演、動画チャンネル出演、テレビ番組、映画、ＤＶＤの監修など幅広く活動を続けている。

著書に『三国志で楽しく学ぶ中国語』『横山光輝で読む三国志』『横山光輝で読む「項羽と劉邦」』（ともに潮出版社）、『三国志が好き！』（岩波書店）、『始皇帝 中華統一の思想』（集英社）、『後漢国家の支配と儒教』（雄山閣）、『三國志よりみた邪馬臺国』（汲古書院）、『三国志事典』『三国志演義事典』（ともに大修館書店）、『儒教と中国－「二千年の正統思想」の起源』（講談社）、『全譯後漢書』『全譯論語集解』（ともに主編、汲古書院）など多数ある。

潮新書 058

「十八史略」で読む「三国志」
横山「三国志」で迫る具体像

2024年　4月20日　初版発行

著　者｜渡邉義浩
画　　｜横山光輝
発行者｜南　晋三
発行所｜株式会社潮出版社
〒102-8110
東京都千代田区一番町6　一番町SQUARE
電話　■ 03-3230-0781（編集）
　　　■ 03-3230-0741（営業）
振替口座 ■ 00150-5-61090

印刷・製本｜中央精版印刷株式会社
ブックデザイン｜Malpu Design
本文デザイン｜仁川範子
編集協力｜パラレルヴィジョン


ISBN978-4-267-02421-4　C1222

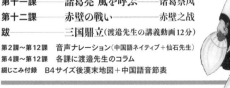

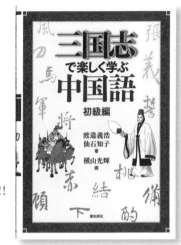